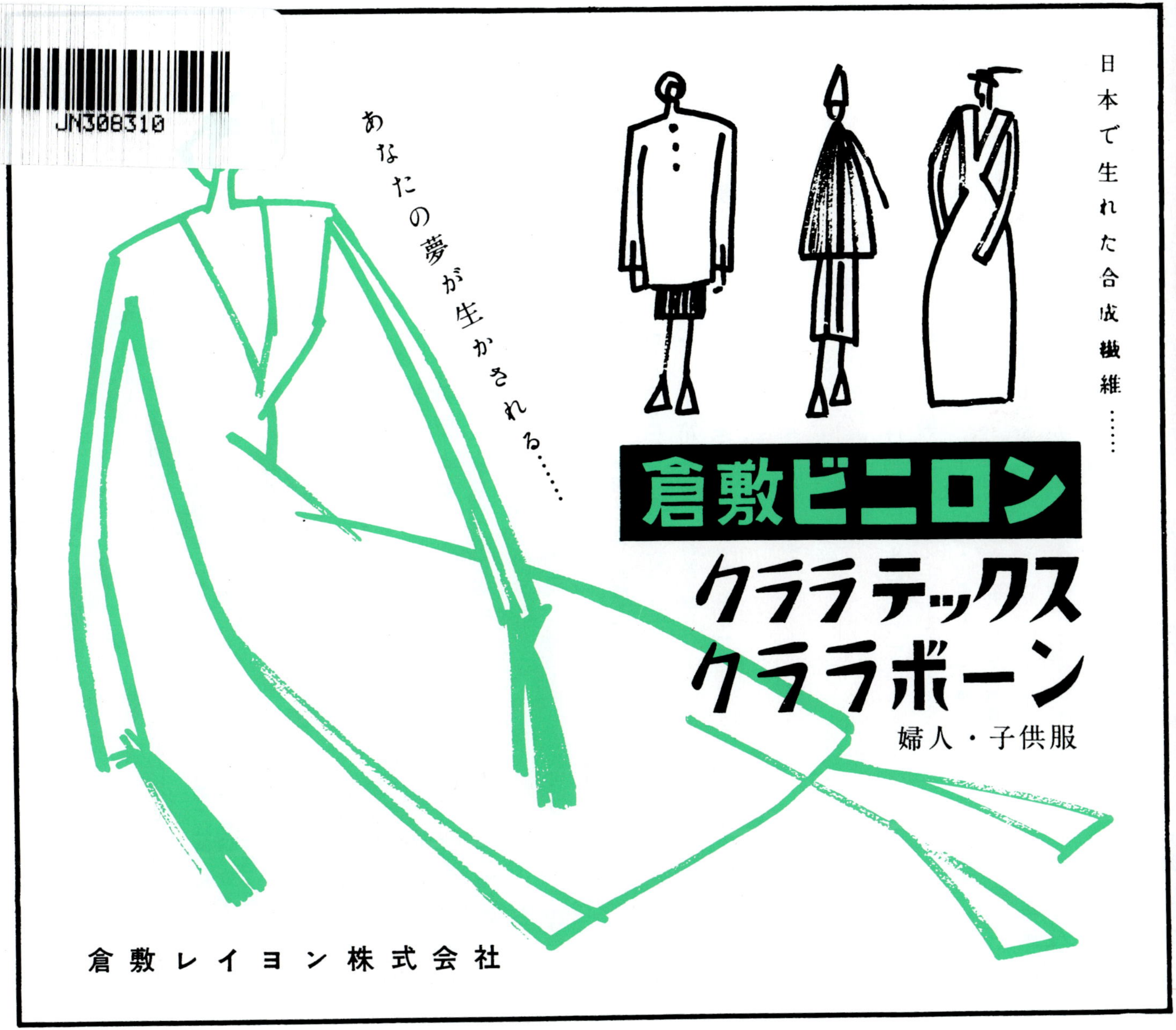
日本で生れた合成繊維……
あなたの夢が生かされる……
倉敷ビニロン
クララテックス
クララボーン
婦人・子供服
倉敷レイヨン株式会社

SOLEIL

それいゆ33号・特集・希望を育てる

目次

それいゆ・ぱたん……中原淳一 7

特集「希望を語る」……17
芥川比呂志・芥川也寸志
宮城黎子・宮城淳
山田五十鈴・瑳峨三智子
原田良子・七浦弘子
江藤俊哉・江藤玲子
早川真平・藤沢嵐子
英百合子・長谷部健
中村時蔵・中村錦之助

特集・「希望を育てる」……25
希望と幸福……武者小路実篤 26
希望と健康……石垣綾子 28
希望と野心……串田孫一 30
希望と富……河盛好蔵 32

たけくらべのくつしよん "美登利と信如"……中原淳一 36
くつろいだ部屋着……中原淳一 38
こんなに甦える―重山規子さんの着古した服を仕立直す……中原淳一 40
私はこんな人に支えられて仕事をしている……50
伊藤整・高峰秀子・水の江滝子・鶴田浩二
四ケ年振りに帰った石井好子さんのパリ土産の衣裳拝見……58
マッチ箱―ただで出来る贈り物―……中原淳一 62
妻になる条件―愉しく新しく・23―……中原淳一 63
純潔について……田中澄江 66
最近の言葉から―その5―……70
ドン・キホーテの会話……花田清輝 72
LPあれやこれや……佐多洋一 76
チャンスは何処にでも転がっている……庄野誠一 78

特集・「美しい夫人」……83
千嘉代子・川喜多かしこ・芦田寿美子・猪熊文子
永田文子・永井悦子・楢橋文子

髪・ものがたり……諸家 90
櫛と女……平井房人 96
和服も洋服もテクニックから生れる性格は皆同じ……中原淳一 99
TIGHT・SKIRT……中原淳一 102
ムッシュ・プードル……水野正夫 104

デテール……水野 正夫 106
特集・「ある夫婦の茶の間の会話」（短篇小説集）……109
あるささやかな家で……佐多 稲子 110
のり茶の味……伊馬 春部 112
愛すればこそ……水木 洋子 114
妻の落しもの……田村 泰次郎 116
私は朱と紺と紫が好き――岡田茉莉子さんの衣裳調べ――……119
完全なる住宅照明……126
動くカラー……小井手 伊勢子 130
帽子の空箱でハンドバッグを作る……水野 正夫 132
特集・「職場と生活」――働く女性の手帖から――……135
それいゆ歳事記……155
歌舞伎らぶ・ろまんす……寺川 知男 162
手紙は文字で書く会話……阿部 艶子 168
たけくらべのくつしよん・作り方……中原 淳一 170
ペギー・葉山さんの和服姿拝見……175
彼はたれ？……182
小さいいたずらっ子たち……内藤 瑠根 190
美容べからず帖……牛山 喜久子 194
台所のメモ……196
美しくつくるコツ――洋裁メモ3――……200
くつろいだ部屋着・作り方……202
特集・「私の今望んでいること」……諸家 204

表紙……中原 淳一
写真……東 正治
カット……松永 禎郎
高橋 秀
橋野 富彦
内藤 瑠根
鈴木 悦郎

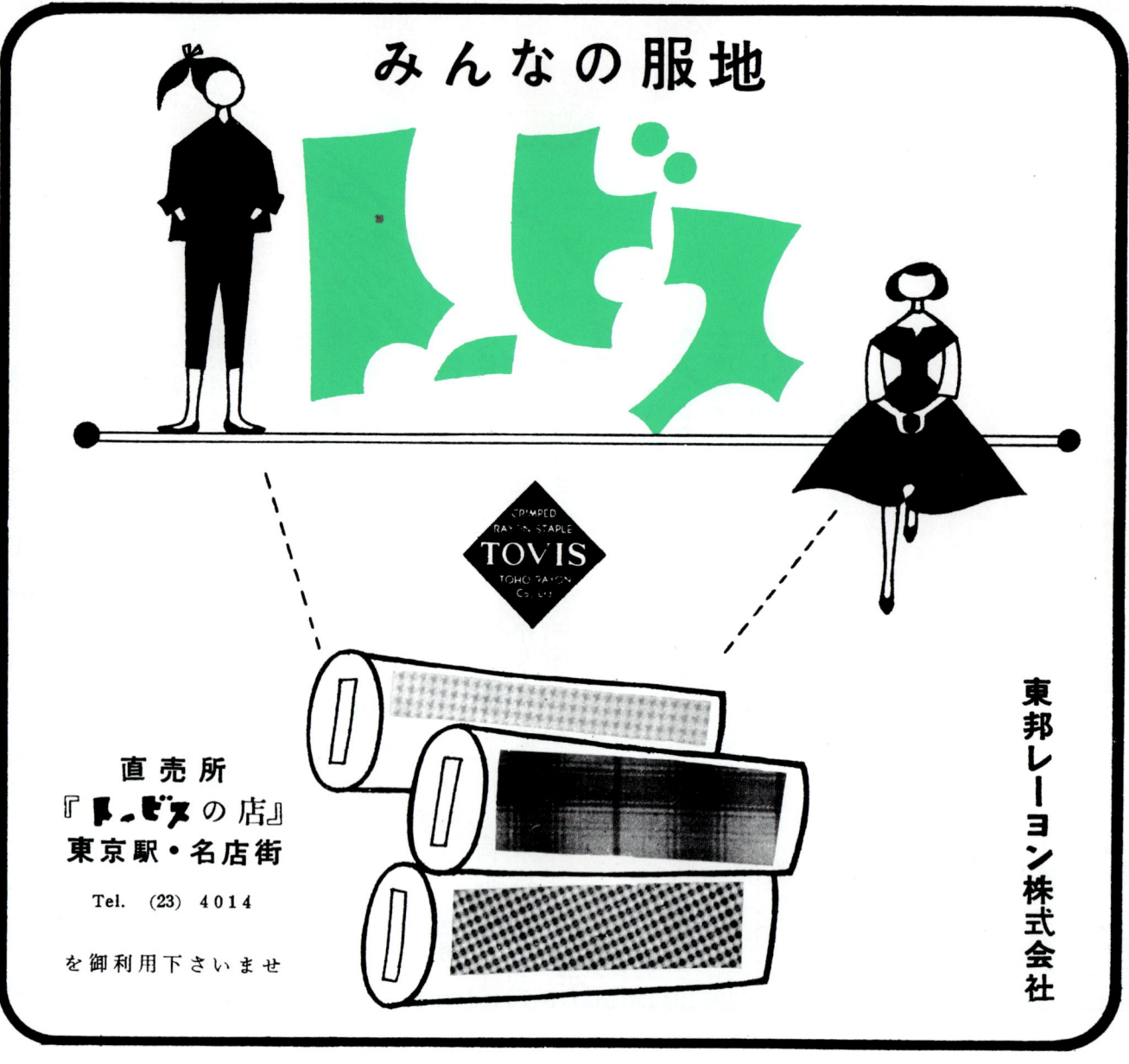

それいゆ ぱたーん

中原淳一

三月ときけば、
春たけなわ、と云うよりも、
春の来たのをやっと肌に感じ
る季節であるのに、
着るものへの夢は、
もう春のものではなく、
やがて来る初夏へはせてゆく。

あつ、なんと冬のコートの肩に重く、
腕をつつんだ長い袖は、はさみでチョキンと
きりとってもみなければ、もう一度だって
着てみる気にはなれない、太陽のかがやき。

春来たりなば 初夏も遠からじ。
脱ぎすてた冬のきものは、もう一度見
なおして、そのまま来年も着てみたい
と思うものなら それはよく手入をして
しまって置くのだが ―― もう来年は
―と頭をかしげる様なものなら、
ほどいてといて、アイロンをかけ、
又やって来る秋の日迄に、その布で
出来るかぎりの新しいスタイルを考えて
みよう。
春がすぎて、夏がゆくと、又秋も冬
もやって来る。

日・米・独の技術資本提携
Caron
キャロン
特に働く女性に——
丈夫で美しい30デニール51ゲージのキャロンを！
（新製品）
片倉ハドソンの
ナイロン婦人靴下
ヴアラエテイ・シヨウ
『私はキャロン』
司会　伊東絹子
ニッポン放送　毎週日曜
11. 35AM−12. 00
朝日放送　毎週水曜
10. 00PM−10. 25PM
九州朝日放送　毎週火曜
9. 30PM− 9. 55PM
東京・京橋　片倉ハドソン靴下株式会社　大阪・北浜

特集

希望を語る

兄　（新劇俳優）芥川比呂志（写真右）

弟　（作曲家）芥川也寸志（写真左）

こつちがせつかちなら、向うはのんびりしている。こつちがわがままで、疳癪もちなら、向うは我を張らず、冷静です。

こつちが駄々つ子めいているなら、向うは大人びている。事実、也寸志を僕の兄貴だと思いこんでいる方もあるらしい。

ところが、時と場合によりけりで、その対照が全然あべこべになることが、少くありません。いつ、どこで、どうあべこべになるか、そこに、何か法則めいたものがあるのか、そんなことは、無論、僕は知らない、也寸志も知らないでしよう。

一ばんそれがはつきり分つているのは、僕達の母に違いありません。

まあ、向うの方が身だしなみがよく、こつちの方が割に無雑作なこと、向うは甘いものを好み、こつちはビールを好むこと、そこらへんが、変らぬ区別になりそうです。それも、戦死した中の弟が生きていたら、どう変つたか分つたものではありません。両端は案外通じ合うようです。

一緒に仕事をしたのは、芝居の「どん底」と、映画の「煙突の見える場所」だけです。後はラジオで時々顔を合わせるぐらいのものですが、互いに、何となく照れ臭い。

直接に批評をしあうようなことは、全然ありません。

それでも結構、相手のことは気にし合つているようです。

がんばれなどと月並なことを言つたり言われたりしたことは、むろん一度もない。せいぜいやりたいことをやるがいいと、互いに思つている。

二人とも、相手の仕事からうける無言の激励だけで十分らしいのです。

也寸志は今ヨーロッパに留学中ですが、むこうの劇場音楽などをどんな風に聴いてくるか、たのしみです。今年の秋、僕の演出する芝居に、作曲が間に合つてくれるといいのだが、これは少々おぼつかないらしい。

一つの仕事で、口角泡をとばし合う、最初の機会がしばらく持ち越されるかも知れないと思うと、いささか残念な気がしないでもありません。

（芥川比呂志・記）

姉弟

（テニス選手）宮城黎子

（テニス選手）宮城淳

母の遠い思い出語りの中に、淳が家の中の壁にボールを打ちつけて、真黒にした話がよく出ます。又彼の小学校の作文に、テニスの試合に飾られているカップの、一番小さいのでも構わないから欲しいとも書いています。

斯うして幼い時からテニスになじんでいた弟ではありましたが、中学の頃は野球に熱中していました。

父が古い、テニスの矢張り選手生活を送り、しかも私達が住んでいる田園調布にテニスクラブが在つて、家庭的環境と地の利に恵まれて、ラケットを杖に大きくなつていつた弟は、早大に入学してから又急にテニスへと還えり、異常な速さで、上手《うま》くなつていつた様でした。

テニス姉弟といわれ、或いはテニス一家と言われる私どもの家で、もはや先輩格の私が、及びもつかない程に成長して仕舞つた淳に、ともすると、細かい姉思いの神経で導かれさえするのです。

歯切れの良い、清潔な、スピーディな、と賞めて下さる先輩の方々と、余りにも無駄なエラーが多過ぎる、と叱声をいたゞいたりしつゝ、最近の一二年は、やゝ成熟を見せつゝある様に思います。

斯うして、昨年の全日本選手権には、幸運にもチャンピオンとなり、一応の段階には到達したのでありますが、世界の群がる強剛との、倘数段の開きを、今年こそは少しでもちゞめて呉れたらと希つています。

外国に遠征して、言葉の不自由さとか、色々のハンディキャップを克服する体力も、或いは勝とうとする気力も、勿論重大な要素には相違ありませんが、おそらく本人が相手と斗う事よりも、自分自身と闘う力が必要なのでないかと存じます。

弟も今春は学校を出て、社会人に成ろうとしています。

テニス生活から得たファイトと、活動力を活かして、テニスと学業の二つの道を切り拓いて来たように、テニスと職業の二条の道も開拓して、立派な社会人になつてくれる事も念ぜずには居られません。

（宮城黎子・記）

母娘

山田五十鈴（映画女優）
瑳峨三智子（映画女優）

母と娘が、同じ道を進む運命となりました。三智子が美しく女らしく成長して映画界へ行つた時、実際本当に心配で御座居ました。浪の高く荒い映画界の生活に打ち勝つ事が出来るかと長い間この道を歩いて来ました私には、あまりにも娘の足元に多くの石がころげている事を知つていましたが、本人がやりたいと云う希望に、私はなにも云う事もなく、どこまで行けるかと映画界へ足を入れる事を許したので御座居ます。

見掛けは可弱い程に見えます三智子ですが、大変芯はしつかりしている事は驚くばかりです。小さな、ほんのねんねと思つていた三智子が、色々な大役をまずまずこなして行くのを見ると、母としてこんなうれしい事はありません。それにつけても美しさとかそういう表面の事におぼれて、芸の道を忘れぬ様心掛けてほしいと思います。まだ〳〵若い三智子ですから、あせらずじつくりと腰を落着けて勉強してもらいたいものです。

色々な作品に出して頂き勉強するのも良いでしよう。けれども、私もそう丈夫な方ではないのですが、三智子も丈夫とは云えない身体の持主です。自分の身を、いかに有効に大切に利用するかと云う事をもつと良く考えて見ると良いと思います。自然に良い作品を大切に真面目に勉強しながら、演ずる事になり、本当に自分の納得の行くお仕事が出来る様になると思います。

今、それいゆの誌上をかりて、すつかり、三智子に意見をしてしまいました。意見をしていると云う事を、が、この良い作品に出演させて頂くと云う事を、もつともつと考え、たゆまぬ努力と勉強を続けなくてはならないと思いました。お互に忙しく、三智子とは、ほとんど顔もあわす事も少ないのですが、私達は良く理解しあえた母娘だと思つて居ります。二人で、本当に愉しく美しい映画を作る事が出来たらと顔を逢わせれば口にする言葉です。我が娘ながら本当に美しく立派に育つてくれました。私達は、大変幸せな母娘で御座居ましよう。

母が娘に贈るプレゼントは、ただ幸福と富を祈るばかりで御座居ます。お互にけわしい山登りを初めたのです。途中で坐折する事なく、真直に勇敢に登らなくてはなりません。（**山田五十鈴・記**）

姉妹

原田良子（ファッションモデル）写真・右

七浦弘子（映画女優）写真・左

何時迄も子供だと思つて居りました妹が映画界に入つてから、もうかれこれ四ケ月も経つてしまいました。私もファッション・モデルとして、忙しい毎日を過して居る為め、同じ屋根の下に住み乍ら、殆どゆつくりと顔を合わせる事もなく、ましてや話し合う事等めつたに有りません。

小さい時から良く似て居る姉妹と云われて居ましたが、最近妹が大人になるに従つて益々そつくりらしく、雑誌社等に二人揃つて出掛けたりしますと、何時迄も二人の顔を見較べて居るので、思わず吹出してしまう事が有ります。

私も妹も、お互いに忙しい世界に居るせいか、何かに附けて相手の苦労が身に泌み、先日等は国際劇場初出演の私の為めに、撮影の合間を縫つて、わざ〳〵楽屋迄来てメーキャップ、その他馴れぬ私の為に、色々と世話をやいて呉れた事には、本当に姉妹なればこそと嬉しさで一杯でした。私も姉らしい事の一つもしてやりたいと思つて居乍ら、つい忙しい事でそんな機会もなく、せい〳〵出来る丈はと、本読みの相手になつて上げたり、又衣裳の相談相手となつたり、出演映画を観て批評をして上げたりして居ますが、こんな時もまだ〳〵二人共子供のせいか茶目気が抜けず、世間話から何時の間にかはしやぎ廻つてしまい、母から注意される事が常なのです。とにかく妹も私も仕事を離れてこんな時が一番楽しく、思わず時間の経つのも忘れてしまうのです。

まだ〳〵年から云つても色々な点で欲がなく、仕事の事で不平を云う度にそんな事ではと叱りつけて居るのですが、無理もない事と時々不憫でならない時もあります。

又色々と外で接觸のある度に、原田良子の妹と云う前置が付くと云つて、「早く七浦弘子と云う名だけで立派に通る様になりたい」。と仲々立派な事を、或る人に云つたと聞いて居ますが、それだけの意慾のある事が本当に嬉しく、又本当にそうなつて貰いたいものと思つて居ります。それだけに私も姉としてうか〳〵して居られず、仕事こそ違え総べての意味でしつかりしなければと、大いに責任を感じます。とにかく映画界と云う派手な世界だけに、表面だけの人気に囚れる事なく、私のモットーとして居ります、自分だけの雰囲気を持つたモデル、云い換えれば妹として独特な味の有る演技者と云われる様になつて貰いたいと、願つて居るのです。それには勿論自分自身の教養が、最も重要な土台となる事でしよう。

何はともあれ三年前、両親の反対を押して松竹歌劇に入りたいと私に相談した時の情熱を忘れず大いに頑張つて貰いたいと思います。

（原田良子・記）

兄妹

（バイオリニスト）江藤俊哉

（ピアニスト）江藤玲子

廿九年の暮れも近い頃、羽田に向えに出た私達の前に降り立つた兄の姿を、私は忘れる事が出来ない。羽田から井荻の家に着くまで私達家族は、あまりの感動に胸一ぱいになつていました。昼食もそこ〳〵に私達は、兄のリサイタルの練習を初めました。私が伴奏をする事になつていたのです。

兄が留学に喜び勇んで日本を出発して、早六年たつたのです。その間、私は兄のバイオリンを耳にする事のなかつた永い時間。私達は、お互の成長に耳を傾けあつたのでした。

兄は、六年の間に、素晴らしい進歩を見せていました。妹としてばかりでなく、私も音楽を勉強する人として、その兄の音楽の前には、ひれ伏す思いがしました。私は、こんなにも素晴らしい才能を持つた兄を持ち、つく〴〵幸せを感じると共に、大いに私も学ぶ事が出来ました。

リサイタルまでの短い練習期間、私は何遍となく叱られ泣かされました。

けれども、兄の芸術に対して、心より尊敬しているのですし、その叱り声も、私へのはげましの声と思えばと、感謝の気持で練習にはげむ事が出来ました。

六年振りでの祖国での成巧、兄の其の努力に私が、出来るだけの力で盡し伴奏出来た事は本当にうれしい事でした。家族も先輩も、友人も喜んで拍手を贈つて下さいました。「真の音楽家になりたい。」と云つている兄の希望へこの皆様の拍手が一番の力づけであつた事と思います。

兄の帰国は短い期間でしたが、兄と私とは本当に理解しあえたと思つています。兄の音楽に対する大きな野心と情熱を、妹として、大切に守つてあげたいと思います。勉学の為にアメリカ永住の手続きを取つて飛立つた兄の強い決心。家族はただ兄の成功を祈るばかりでなく、日本の音楽界の成功、発展を祈つてやまないのであります。近くアメリカ留学のチヤンスに恵まれた私も、微力ながら、力一ぱい音楽の道にはげんで行たいと思つて居ります。

また、いつの日に兄妹で演奏会を持つ事が出来るでしようか。二年後に再びなつかしの日比谷に舞戻つて来ると云う兄、私達はその兄に敗けぬ様勉強しなくてはなりません。お互にはげましあいながら学ぶ楽しさ。尊敬出来る立派な兄を持ち、私は本当に幸せだと思います。たゞ一つ今度の兄の帰国で残念だつたのは、チエロをしている妹の蘭子と三人で演奏会を持つ機会に恵まれなかつた事でございます。私達三人の兄妹で愉しく、芸術的な香り高い会を持つ日はいつ来る事でしようかその会を近くに持つ事を楽しみに一生県命音楽を学びたいと念願致して居ります。（江藤玲子・記）

夫妻

（楽団指揮者）早川真平

（タンゴ歌手）藤沢嵐子

タンゴを歌い始めて私は六年になりますが、これからもます〳〵アルゼンチンタンゴの勉強を続けて行きたいというのが、何と云つても私達二人の希望です。

振り返つて見ますと、クラシックを志して上野の音楽学校に学んだ私は、二年生に在学中の時、当時増々激しくなる戦争のために、この志を断念して、両親と満州へ渡らなければなりませんでした。やがて翌年には終戦、そして二年後に日本に引揚げて来たのですが、まだ落着きを取り戻していない終戦後の日本では、父の仕事場も思う様にならず、三人の弟を抱えて私はダンスホールに勤めたり、旅に出たりして生活の為に歌わなければなりませんでした。そんな訳で私は、ここで始めて軽音楽の世界に足を踏入れる事になりましたが、流行歌、ハワイアン、ジヤズ、と歌い続けても、どうも自分の気持にぴつたりと合つたものが無く、これが自分の仕事場だと定められるものを摑む事が出来ませんでした。〝歌う〟という仕事は（何の場合でも同じでしようけれど）自分が好きで打込めるものでないとどうしてもうまく行かないものです。

やがて、原孝太郎さんのバンドで初めてタンゴを歌う様になり、又、現在の主人である早川のオルケスタ・テイピカ、東京に放送を頼まれる様になつて、ここで始めて自分にぴつたりしたものを見つけた様な気がしました。そして一年位後に早川のバンドに加わる事になつてからは日に日に下きになつて、これが自分の仕事だ、という確信の持てる様になりました。今では、これからも迷わずこれだけを一本に続けて行きたいと希つて居ります。

タンゴを歌つて或る程度世の中に認めて頂ける様になつたのも、早川の援助の下で、自分の気持に合つた恵まれた環境の中で何の不安もなく勉強を続ける事が出来たからでしよう。

又、一人の女としても、誰かに授けられなければ一人ではやつて行けない欠点だらけの私が、私の足らない所を全部持合わせていてくれる様な早川と廻り逢えた事は、何よりもの幸福と感謝して居ります。

私をここ迄育ててくれた恩人として、同時に恩師であり、時には友達であり、マネージヤーであり、そして主人である早川と、喜びも苦しみも分ち合い援け合い、人間的にも向上し乍ら、好きな道に精進出来る自分をたゞ幸運だと思う許りです。

今後も二人で力を合わせて日本人に喜ばれるようなタンゴの発展のために一心にぶつかつて行きたいと希つて居ります。

（藤沢嵐子・記）

母子

英　百合子（映画女優）
長谷部　健（映画俳優）

俳優稼業のつらさも憂さも、永い生活から一通りは解っていると思う私ですのに、もう少し時間的に余裕がないものかと、これは年寄りの愚痴ばかりではないようでございます。同じ屋根の下に起き伏しする親子が、俳優と云う職業故に、せめて合わせて三日に一度、顔も見られないとはよくよく因果な親子でございます。

従って、お互いの生活に、或いは作品に意見を出し合うなどの機会もないまゝに、息子に何一つ援助の出来ないのが、これ又、母親の煩悩として淋しいものとなっているのでございます。

長谷部は、未だ映画入りしてから日も浅いことですので、たゞもう夢中で若さに任せて張切っているばかり、私など考えている要領の良さも解らず、息抜きのコツも摑めないところでしよう。

その苦労も解りはしますが、瘦せこけた顔を見るのが、又私の一つの気苦労なのでございます。

一人息子の我侭ッ子は、その性質に何処かムキなところがあって、負けず嫌いはあの子の勉強と努力の為めに、私が買ってやっている所ですが、その反面、とつき難く照れ屋で、人見知りするのです。おもしろい話ですが、長谷部が撮影のセットに入っている時は、絶対に親の私を中に入れてくれないのです。

あの子の性質から、他人からよく言われる母子共演映画など　とても出来そうにありません。

長谷部に今私が望みます事は、あの子の性質から来るもので——外見からして、親の眼には勿論他所眼にも年より若く見られる当人に、年相当の仕事をして貰いたい事でございます。

それには会社の都合もありましようが、一人前の役を、誰かの弟役みたいなものを脱け切って、あの子なりの立場で活躍さしてやりたいと念願しております。

こう申しますれば、親の慾目と他人様には笑われるようでございますが、永年勤め上げた私の俳優生活から、一人の俳優の成長の為めには、何よりも厳しい悩みだと存じて居ります。

幸い長谷部自身も、今年はそんな所に努力を払うように意気込んで居りますので、大きな期待をかけている次第でございます。

一人前の俳優としては長谷部は、まだ此れからの人。長い眼で、母の愛情を以て見守って行きたいと思って居ります。

母子ともども、同じ道を歩む私共に、今年こそは有意義で明るい希望の年でありますように祈って已みません。

その為の苦労もさる映画の題名「いとし子と堪えていかん」と覚悟致している次第でございます。

（英　百合子・記）

毎朝山の様に届けられる錦之助あてのファンレターを手にする時に、今更ながら、彼の成長を感じるのです。

すく〳〵とのびる呉竹のごとく強く美しく育つてくれた息子を、この上なく、大切な宝だと思うのである。

錦之助達兄弟が仲良く皆健康で自分自身の道をんでくれる事は、親として本当に有難い事だと思つている。

錦之助も、今は大変な人気を得ている

先輩、ファンの皆様の御声援のお蔭で今の位置が出来たのである事を、良く考え、慢心せず、今後自分の努力と信用によつて、本当の俳優としての名声を築づいてほしいと思う。常に学ぶと云う事を忘れないでほしい。

お互に多忙をきわめ、ゆつくりと話すひまもない此頃の生活だが、折りにふれ考えさせられるのは、親として、子の幸せばかりなのである。

どの子も偉くなつてほしい。けれども、名声のみが幸せか。というとそうではないと思うのだ。

自分自身を良くみつめ、そして計り出した力量でこそ、本当の名声を得、幸せを得るのだ。

「穣ればみのる程頭をさげる稲穂」の古くからのたとえを、そのまゝ錦之助にあたえたいと思う。親の手の届かぬ様に、立派に成長してほしい。そして、いよ〳〵芸の道をみきわめてほしい。若いと云う取得も、月の流れとともに消えさるのだ。

人気と云う言葉は、時計の針の様に刻々と動いて行く。今こそ、自分と云うものを良くつかんで考えるべき時だと思う。

本人の進む様に進めば良い。親の心として、ただ子供の幸せと栄誉を祈るばかりである。

子供達家族皆で出来上る芝居、映画を愉しむ事も私の親としての希望の一つである。いつまでも、仲良くしてほしい。共々に学び共々に進む心を忘れないでほしい。

錦之助にあてゝの希望が、とりもなおさず、親として、我家の子供達にあたえる言葉とおきかえられるのである。

最後に一言偉くなつてほしい。が、謙譲でいてほしい。

（中村時蔵・記）

父　中村時蔵（歌舞伎俳優）

子　中村錦之助（映画俳優）

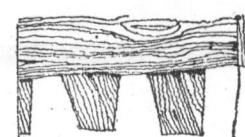

特集

希望を育てる

夢のようなたわいない希望から、きわめて現実的でささやかな希望迄、私達の生活を支えている希望にはいろいろある。何かにちよいとつまずくと、すぐ大袈裟に絶望する。しかし本当に絶望したとしたら、そうたやすく生きて行けるものではない。心に芽ばえた希望を育てていくことはどういう事かを、もう一度よく考えてみたい。

希望と幸福
作家 武者小路実篤

希望と健康
評論家 石垣綾子

希望と野心
評論家 串田孫一

希望と富
評論家 河盛好蔵

希望と幸福

武者小路実篤

希望と幸福との関係を少し考えて見たい。

希望のない人生は不幸にきまっている。人間はいつも未来の希望を持つことで生きて来れた動物で、過去の為には生きられない人間だ。過去も現在の為、未来の為に役立つ事が大いにあるから貴いのだ。

僕達は過去の人間の為には働けないのだ。現在と未来の人間の為に働けるだけなのだ。過去のものを尊敬するのはいゝが、過去に戻る事は出来ないのだ。人類は絶えず進歩するものだ。未来をよりよくする為に我等は生きているようなものだ。だからその未来に希望が持てなかつたら、人生はお先真暗になるわけだ。だから希望と幸福は大いに関係がある。少くも幸福になるには希望が持てることが大事だ。

しかしこの希望にもいろいろある。希望を持つことは大事だが、虫のいゝ希望を持つ事は結果として面白くないことが多い。それは希望と言う名に価いしない慾望かも知れないが、しかし人間はいつも正当な希望を持っているわけではない。例えば富くじを買うのも当る希望が持てるからで、あたらないときまっていたら誰も富くじは買わないと思う。

富くじがあたつたらと言う希望をあつさり持つて、あたらなければあたらないでいゝと思つて居る人はあたらないでも笑つてすませるが、あまり富くじに当る希望を強く持つている人があるとすると、あたらないと随分がつかりするにちがいない。

富くじがあたると迷信して、あたることにきめて借金した人の話をずつと前に読んだ事があるが、馬鹿な人も居るものと思つた。自分の信用する易者があたると言つた番号を買つたのだから、必ずあたると言うような話だつたが、もし易者に当りくじがわかるなら易者自身が買うはずだと可笑しく思つた。

そう言う馬鹿気た希望に自分の運命をかける者は、失望するのが落ちと思うから、希望も馬鹿気た希望を持つことは、幸福でなく不幸だと言える。

希望にもいろいろあるわけで、僕達もつい虫のいゝ希望を持ちたくなる事があるが、そういう希望は勿論根拠のない希望で、万事は中々そう思う通りにはならない。それでも人間はこりずに希望を持ち、それによつて楽しむ事が出来るものだ。

正当な希望でも、中々希望通りはゆかない。希望通りゆかないでも、人間は現実に甘んじる事も出来る。

若い男女の希望の一つに新家庭があると思う。理想的な愛人があらわれて楽しい家庭を持つ、之は若い独身の人の大半の人が持つ希望ではないかと思う。しかし中々希望通りの人はあらわれてくるものではない。その内に思わぬ愛人が出来たりする事もあり、出来ずにすむ場合もある。希望通りの新家庭を持てる人は少ないと思うが、しかしある程度で満足して幸福な家庭をつくる人も少くないと思う。

あまりに自分にふつりあいな希望を持つと、幸福になれない、と言うこともある。だから希望も持ち方によつて、幸福とはきまらない場合もあり得る。

僕は人間はいつも現在には満足せず、何か未来に希望を持つて生きてゆく事が幸福と思うが、その希望によつては不幸になる事もある事を一方認めないわけにゆかない。それならどんな希望が一生を幸福にし、どんな希望が人生を不幸にするかを一寸考えて見たい。

希望を持つことで、その人が本当の意味で努力する事、或は勉強する事が出来る希望は、その人を向上させる力があるから、その人を幸福にする結果になる。

その反対に、その人が怠けて、棚から牡丹餅が落ちてくることを望むような虫のいゝ偶然の幸福を希望する場合は、希望通りの結果は得られないにきまつているから幸福にはなれない。

つまり希望を持つ資格をつくることに熱心な人は、いつか希望通りになる。通りにならないでも、その方に一歩一歩近づく事が出来る。段々大きな希望が持てるようなる。

その反対に希望は持つているが、努力や勉強はいやだ。そのうちには何とかうまい話があるだろうでは、いつまでたつてもうまい話はない。あつても自分の力がそれを、保つ力がないから、反つて面白くない結果になりやすい。

自分が進歩することで、希望も進歩する。時々希望通りのことが出来たり、希望以上の結果を得られたりする。しかしそれでも満足せず、更に大きな希望を持つ、そして毎日たのしく努力する。そう言う人は幸福な人と言えると思う。

希望に裏切られる場合も、一生の内には何度かあると思う。虫のいゝ希望を持ち易い人間は、そうそう希望通りになるわけはない。しかしその時、一寸はがつかりしても、自分の虫のいゝ考え方を反省して更に努力を重ねれば、又新な希望がわいてくるわけである。

人間はいつも現実と戦つて生きる事が必要だが、しかし夢を持たないでは居られない人間で現実で満足したら成長はとまつたわけである。一つの希望が満されたら、それに感謝しながらも次ぎの希望が頭をもたげるわけである。

我等の希望が満されるのは、多くの場合予期しない時である。予期した時に希望がかなつた事は、僕の七十年の経験でも殆どない。大概まるで予期しない時、希望は実現されるが、その希望の実現で人間は永遠に満足出来るものではなく、次の瞬間に又、新しい希望がわくのは事実である。

「龍となれ雲自づと来たる」

と僕は人に書をたのまれる時、よく書くが、希望も、その人の実力があつて始めて実現されるので、実力にともなわない希望は、夢想に終ることが多いわけだ。

現実はそうあまいものではないから、十実力があつて、始めて七つ八つの希望がかなうわけである。又それで希望がその人を堕落させず、更にその人を奮起させる事になるのだ。

実力以上の幸運にめぐりあう人は、いつまでもその幸運をつかまえておくことは出来ない。だから自分の実力以上の希望を持つものは結局、不幸になりやすい。しかし自分の実力相当の希望を持つ人は、いつか思わぬ時に希望は実現し、その人は幸福になり得る。

大きな希望を持つて、その為に大いに勉強する人は壮観だと言えるが、小さい希望を持つて、こつこつ働く人は、可憐である。

この人生はいつも生長しているもので、未来に希望を持つようにつくられていると思う。僕はいつも希望が持てゝ、毎日努力仕甲斐を感じて働いてゆける人を、幸福な人と思つて居るのである。

希望と健康

石垣綾子

希望というものは、はじめから存在しているものではない。ちようど、山の中の細道のように、最初は道のない草むらや岩ころの間を、誰れかが通つて、かすかな足跡を印してゆく。その後から来る人が、その足跡をたどつて進んでゆくうちに、いつの間にか、細い道となつて、歩くことができるようになる。希望もそれと同じで、だれか一人の歩む希望の足跡が、だんだんに踏みひろげられて、希望という道が開かれてくる。このように云つたのは、多分、中国作家の魯迅であつたと思うが、よりよい明日を求める人間の希望は、道を開いては、更にまた、道なき山の彼方にむかつて、希望の道を探し求めてゆくようなものであろう。

それは永遠につづく開拓の道であるとも云える。希望は、人間の生きる力であつて、希望を失つたとき、生きる力も失われてしまう。人の歩かない道を希望を求めて、歩いてゆくには、健康がなければならない。生きる力をもつには、健康が何よりも大切になる。

若い時には、希望の道は、遥かの山のあなたに、長々とつづいている。生きる力は全身にみなぎり、若い肉体は健康に張り切つている。とくべつに身体の弱い人や、病人でないかぎり、若さは、希望と健康をあたえてくれる。生きる力にあふれている。

ところで、若いあなたがたは「いいえ、そんなことはありません」と、否定するかもしれない。現代の社会の中で、若い人たちが生きてゆく道はけわしく、希望は暗い雲に蔽われている。生きる力はむしりとられて、だらりと羽をたらした小鳥のように、しよげることが多い。これは一面の事実ではあるけれども、また一方、若さからあふれ出る生命の泉は、道のない希望の山道を進んでゆかずにはいられない。

若さの健康は、あなたがたを、前へ前へと動かすものなのだ。一つ場所に、足ぶみをしてはいられない。

人間は健康であるときには、そのありがたさを知らない。それと同じように、若い時には、若さの中から自然に出てくる生きる力の逞《たくま》しさを、自覚しないで通りすぎてしまうことが多い。自覚しないから、生きる力を浪費して、平気でいる。生きる力を与える健康に対しても、それはあたりまえなものとして、たいした注意を払わない。払わないどころか、健康を痛みつけている。これは何というもつたいないことであろう。

肉体の健康が、希望を育てるのに、大切であるのは云うまでもないが、それ以上に、心の健康は、希望の種をまく大地のようなものである。その大地が、くろぐろとした豊かな土地であれば、希望の芽はすくすく伸びてゆくが、心が不健康ならば、その芽は腐つてしまう。

その日ぐらしで、毎日をどうでもよいと、投げやりな気持でいるならば、明日への希望がわいてこない。

希望のない人生は、死んでいるのと、同様ではないか。魂が死んでいれば、肉体だけが生きていても、人間としての価値は失われる。若さや美しさも、希望のない涸れた大地からは、育たない。つぼみもつけず、花もひらかないであろう。若い人たちが、美しく魅力的であるのは、希望にみちた、心の緊張があるからだ。健康な魂が、輝きをはなつているからである。

たとえ、肉体的の健康は持つていなくとも、心の健康があれば、生きる力にあふれ、希望のともしびを、たやすことがない。

私は盲目の一少女が、占字を綴つて、心のうちにある抵抗を叫び、人生に明るい希望を抱いて、詩の世界に生きている「春のだいち」という詩集を手にして、心の健康が、盲目の少女に、生きる力をあたえている、ということを強く感じた。

彼女は須藤春代という十九歳の少女で、小さな漁村に生れた。産声をあげた一ケ月ほど後に、風眼という目のわずらいにかかつて、永遠に視力を失つてしまつた。

どうせ、ふつうの人間ではない
ひとなみの夢をもてば、わらう
もつても、ひとに語つてはならない
けいべつと、あざけりばかりが
ふりかかつてくる
泣いちや、いけない
無力で無能なことを
くやんでは、ならない
ひとにからかうことができ
さげすむことばできても
もえようとする、胸の火を
みこころならでは
だれに消されよう
反抗心を、かなしみの涙を
ひとおもいに、ぐつとのみこんで
すなおで、ひろい心をもつて
ただ静かに地の底で
数年を、もんもんと生きる
蟬の子になろう
いうまい、語るまい
声はたてまい
ひそかに、くすぶる
この火をまもり
人に知れない、祈りをささげ
飛ぶことを、ゆるされる
その日を、待とう。

彼女の母親は、この盲目の娘を愛していながらも、「片輪を生んで恥かしい。お前がおるおかげで村を歩くのもいやだ。何のばちでこんな子供がうまれてきたのだろう」と、口ぐせのように云うのであつた。幼い春代さんは、お客がきても、ひとりぼつちで別室におかれ、外に出て遊べば、世間の笑い者になる、と家の中につれこまれてしまつた。彼女は泣きながら「病気のために盲目になつたのが、どうして恥かしいのだろう、盲目つて、人の屑なのかしら」と思いなやむのだつた。

彼女は「肉体的にどんなにせばめられても、しばられても、心だけはとざされたくない。魂の自由を失ったあとに残る絶望にだけはおちいりたくない。いつでも、どんな時にでも、望みや自由をもつて生きてゆきたい」と書いている。

肉体の瞳は閉ざされているが、希望に生きる彼女の心の瞳は大きくみひらいて、前方をながめている。希望のはるかな山道を仰ぎみている。

彼女は盲目の女として、あんまになりたくはない。彼女は同じような不幸な者の、心の瞳を開くために、一生をささげ、詩の世界に生きてゆこうとしている。希望のあるところに、心の健康があり、魂の自由がある。肉体のハンディキャップをもちながら、人の歩かない山奥の道を、かきわけて、希望の道を開いてゆこうとする盲目の一少女、彼女のかかげるともしびは、たとえ、僅かなものであろうとも、希望の道を、きつと、開いてゆくであろう。

彼女のかかげるともしびは、健康な心の中から、生れ出たもので、この豊かな希望の大地から、美しいものが、花を開くにちがいない。

心の健康がある時に、希望は育つてゆく。盲目の少女のもつ、健康な心は、私たちの心にも、ともしびをかかげてくれるのである。

希望と野心

串田孫一

希望と野心のちがいを私がここに書く責任はないのだそうだが、同じようなことでありながら決して同じではない、ただ似たような言葉が並べられているとなると気になる。そういう時のために私の書棚には何冊かの辞書が置いてあるのだが、どうもこういう種類の事柄について、私の辞書はいつもあまり親切に教えてくれない。それにこんな常識的なことで、変に学究的態度をとることはみつともない。ところが常識的と私自身が言いながらよく分らないので困つてしまうのだが、ひよつとして、人が抱く望みのうちで、明るく立派で、美しい心が踊り出すようなものを希望と言い、策略めいたものが途中に加わつたり、望むべからざるものを望むのが野心だという、常識を持つている人がいるとしたら、それはちよつとそのままでは受け取る訳には行かない。何故なら、私は、希望は持つているけれど、野心は持つていないなどと言うほど自分を知らないつもりはないからである。

最初からこんな理窟を言う筈ではなかつたのだが、時々こういう癖が出る。ついでだから先にもう少し言つてしまうと、希望とか野心とか、あるいは野望などという言葉を作つて、人の望みをすなおに見ないで、そこに段々と何か知ら魂胆があるにちがいないと思い込むのは、それは希望を抱いている人の周囲にいる人が、それをまるで面白半分に見守つているうちに、美しくなつたり、悲しくなつたり、怒りたくなつたりするからだと思う。しかしそればかりではなく、希望を抱く人の心にも時には影がさす。というのは、第一、私たち人間の抱く希望自体が何とも奇妙なものでもあるのだが、それはまあすべて美しく明るいものであると仮定しても、それを一つの貴重な羅針盤として一歩二歩と踏み出せば、人の世はいつも大変に込み合つているので、すぐに他人にぶつかる。猪突猛勇《ちよとくきゆう》ということもあるけれど、そうは行かない。込み合つたデパートの中は、方々の売場へ向つて進む人の群れでごちやごちやである。中には、あてもなく、お金を出しさえすればどんなものでも自分の所有物になり得るいつぱいの品物のそばを、ただぶらぶら歩いているのが至極うれしいと思つているらしい人も大勢いる。だから、込んだデパートで、一つの買物だけを急いで済ませてさつさと出ようとする時には、人にぶつかる度にいらいらする。あれが人生の縮図だなどという言い方は私は好まないが、たつた昨日、ある百貨店の地下室で牛肉を買つたばかりなので、つい思い出してしまつたのである。

そこは食料品ばかりの売場が並んでいるところだけに、買物をする人の眼ざしも、洋服や切地をさすつたり、ボンボン時計を見あげたり、婚礼の衣裳を眺めたりする人の眼つきとはおのずからちがつているのも当りまえなのであるが、食べものから発散するにおいが天井の低い地下室にただよい、そんなところまでまつすぐに歩けなかつた私は、盛大に佗しくなつてしまつたという訳である。デパートの食品売場で、すらつと買物が出来ると思つていたわけでもないので、それもお断りしておきたい。

ちよつと横道へ入り込みかけたが、そんな具合に、希望を持つことは大層よいことで「人間の最大の幸福は希望である」と言つた人もいるし、「希望は救いの兜である」という古い諺もあるくらいなのだが、問題はそれを持つてから先のことである。誰だつて希望を持つ術は知つているのだけれど、それから先が思いどおりにならないことが分つてしまうから、持つことをやめるのである。やめるばかりではなく、それがただ愚かな夢のような気持さえして、こつそり抱いてみることすら恥かしくなつてしまうのである。

希望や野心は若い人たちが占有しているものではなくて、人間は多分、死ぬ瞬間まで、大小色とりどりの望みを持つているにちがいない。養老院のようなある施設へ、録音機をかついで行つたある放送局の人が、そこにいる身寄りのない老人たちにマイクを向けるといろいろの希望をのべたそうだ。中には、まあそれは、ちよつとした儀礼的な言葉かも知れないけれど、なるべく他人のお世話にならないように気をつけて、一日も早く、この世からお暇をしたいと言つた人もいる。それも本心からの言葉ではないにせよ希望であることにはちがいがない。そしてその言葉さえも悪い意味の含まれた野心だと思われるかも知れない。

佳代ちゃんはそろそろ三十になる。その佳代ちゃんが、八、九年前に抱いた希望を私はよく覚えている。それは戦争が終つて間もないころだつたから、一応誰もが希望を持つた時だ。人の真似をしても希望を抱いた。絶望という言葉などをお互いに流行させながらも、何となく大がかりの望みをめいめい秘かに持つた。それだから、その希望をもつ恥かしさをかくすために、みんな絶望などということを言い合つているのかしらと、ひねくれ者だと言われる私は考えたくらいだ。

私は久し振りに会つた友だちが、佳代ちゃんと言つて私に紹介したからそのままそう呼ぶことにしているのだが、友だちの話によると、彼女は、大きなガラス張りの自動車を作りたいと言うのである。トラックを買つて、それを自分の思い通りに改造して、調理自動車を作り、ちよつとした屋敷町にお得意をこしらえて、朝は無理ならば昼と夜、暖かい家庭料理を自動車の上で料理しながら各家庭へ配るというのである。その考えに共鳴して相談している最中に私は会つた。

今またそのことから配給の長い長い行列を想い出し、スコップでかますの中に入れて貰つた可憐なじやがいもを想い出さなければならないが、それをみんなめいめいの家へ持ちかえつてから口へ運び込むまでの、とぼしい薪の薪割りや、あまり高級でない涙を否応なしに誘う焚火などを思うと、この調理自動車は恐らく救い主になるだろうと考えたのである。そして、少しずつ世の中がよくなつてきて、人々の口がおごり出せば、ふかしいもがコロッケになればよいのだし、またメンチボールになつて行けば、この自動車の寿命も短かいものとは思えない。……こうしたけなげなお嬢さんの計画を、友だちは、彼女の対社会的な希望として敬服し、何とかしてやりたいものだともじもじしていた。

家庭の主婦と名づけられる人々だけに限らず、すべての人がその日その日の、自分の口へ入るものについて、真剣な実践家でなければ生きていられなかつたその頃、私もその話をきいて佳代ちやんとはどういう人なのか知らないけれど、頭の悪くない人だと思つたし、仮りに、二人ぐらい純白の服をきたコックさんと、そうしたお嬢さんの乗つた自動車が廻つてくれば、よろこんでお米の袋でも、おいもの叺でも、皿でも茶碗でも預けるだろうと思つた。

都心からははるかに離れた郊外に住んでいる私は、自分の家の前にそういうガラス張りの自動車が実際にとまるところまで夢みることは出来なかつたけれど、その後新聞や雑誌などを見ている時、彼女ならびにわが友S君の、美しき希望の実現された記事が出ているのではないかと思つたことも実際幾度かあつた。けれどもそれは今日まで現われない。どんな故障があつたのか、調理自動車はどこの街をも走らなかつた。

ただ私が最近別の友人に会つて、いろいろの旧友の噂話をきいている時、S君はどこかのお金持の奥さんのお伴をしてヨーロッパへ行つていることを知つた。

へええ、その奥さんというのは佳代ちゃんという人じゃないのかい？　と私が訊ねると、友人は眼を丸くして、そんなこと知らないけど、どうしてさと訊ねかえされ、私は困つた。困つたものだから、知つたか振りをして、それは奥さんだか何だか知らないけど多分佳代ちゃんという人だよ、きつと。と教えてやつた。友人は三分の一ほど感心していた。

彼女ならびにわが友S君がどうなろうと、何処へ行こうと、私とは別に利害関係は全然ないのだから一向構わないのだが、私は十年前のことを想い出し、天使のような彼女の希望を、それが実現したとかしないとかは無関係に、野心という言葉に、うつかり置きかえたくなつたことを告白しなければならない。いや、実際にS君は佳代ちゃんと呼ばれていた女性とともにヨーロッパに行つているのかどうかも分らないのだが、仮りにそうだとして、また更に私の淋しい想像を加え、言葉もよくないけれども、最初からヨーロッパへ逃げるつもりがあつて、それで金儲けの算段をしていたのだとする。つまり、私がきかされた希望は、二段又は三段構えのものの一部分であつたことが分つた時に、つい野心という言葉にかえたくなつたというのは、私がさつき少々威張つて退けたつもりの常識をやつぱり持つているのかと思う。野心だつて悪くはないのだが、かくされていた希望を同じ希望と呼びたくない気持は、どうも私の方を惨めにするのである。

希望と富

河盛好蔵

いまの世のなかで、金銭の力を借りないで達せられる希望というものがあるだろうか。手近なところから考えてみると、いまは丁度上級学校の受験期である。私のように学校の教師をしているものは、よく、どこそこの学校に入りたいから便宜を計つてもらえないかという依頼を受ける。私はその度に固く断ることにしているが、時々、どこそこの学校はいくら金を出せば必ず入れてくれるというような噂をきくと、そして実際の事実でそれを証明されたりすると、ひどくいやな気持になると同時に、結局、金のあるやつが勝になるのかと暗い気持になる。しかし、他人の場合は、それですませておれるが、自分の子供が、入学試験の準備に精魂をすりへらして勉強している姿を見ると、金さえ出せば必ず入れてくれるという言葉が、大げさに云うと、悪魔のささやきのようにきこえてくるのである。

これは就職の場合にも同様であろう。今年の大学の卒業生は殊のほか深刻な就職難であるらしく、私の教えている学生なども、まだ殆んど就職先がきまつていない。皆いらいらした、暗い顔つきをしている。しかし私の力ではどうすることもできず、ただ徒らに同情しているだけである。だが、この場合にも、情実とか縁故ということが大へんものをいうらしい。父兄が社会的に羽ぶりを利かしている家庭の子供は、いつのまにか、どこかの会社におさまつている。これなども父兄の社会的地位とか財力などがものを云つているからであつて、やつぱり金銭の力である。

恋愛のような、最も精神的であるべきものについて考えても、事情はやはり同じであるらしい。私は先日「コンクリートのなかの男」という映画を見たが、あのなかで男から結婚を申し込まれた女は、相手が彼自身の家を所有しているという条件で、始めて結婚を承諾している。しかしそれは男のついた嘘であり、そのために、いろいろの悲劇が起つてくるのであるが、あの映画を見ていると、どんなに心がけのよい夫婦であつても、金銭に見放されると、決して幸福な家庭を作ることができないことがよく分るのである。悲しいことであるが、現実がその通りであるから仕方がない。

現代の若い男女で、相手が一文なしであつても、恋愛だけに殉じることができる、というようなロマンチックな人間は一人もいないであろう。いないのが当然である。たとえ、どのように熱烈な恋愛であつても、明日の生活にも困るような状態では、一週間と生活を共にすることができまい。むしろ現代の若い男女は、相手に大した愛情を感じなくとも、生活の保証さえついていれば結婚しよう、そのうちに深い愛情が生れてくるだろう、もしくはそれを生むように努力しようと考える場合の方が多いのである。そして現実としても、それで成功している例が少くはない。これまで愛情だけは金銭では買えないと考えられてきたのであるが、金銭がなければ愛情さえも湧いてこないというのが現実なのである

新聞の身上相談に出ているさまざまな家庭の悲劇も、その殆んど九九パーセントまでは金銭に不自由しなければ起らなかつたものであることが分る。「貧しき者は幸いなり」というような言葉は、高い精神をもつた人々の間にしか通用しない言葉である。現代人は、われに富を与えよ、しからば必ず幸福になつてみせると叫ぶであろう。金銭を巧みに使つて自分の希望を達し、自分の幸福を築くことのできないような人間は現代人ということができない。

清貧という言葉がよく使われる。日本人の大好きな言葉であるが、大ていの場合、金をうんと持つているくせに、人の前では、貧乏を衒う人間が使つたり、もしくは一生県命に働くことをしない人間が自分の怠惰を正当化するために口にする言葉である。貧乏というものは、それを経験した人間なら誰でも知つているように不愉快きわまるものである。後年富を得た人間が、過去をふり返つて、若い時代の貧乏生活を懐しむ、ということはよくあるが、それは現在の豊かな生活を一層楽しく味わいたいためにそうするのであつて、もし一生涯貧乏であつたなら、貧乏した時代が懐しいなどとは誰も云わないだろう。貧乏というものは決して清らかでも、すがすがしいものでもない。薄ぎたなくて、じめじめして、なんとも厭なものである。

清貧などというものにどうして人は敬意を払うのであろうか。それよりもわれわれはどうして清富を志さないのであろうか。孔子も、悪い時代に不正なことをして金を儲ける人間は悪人であるが、正義が行われている時代に、富を積むことのできないような人間、もしくは志を遂げることのできないような人間はぐうたらであると云つている。賛成である。われわれはもつと逞ましい生活力をもたなければならない。

ところで現代はどういう時代であろうか。正義の行われていない時代だろうか。世のなかの表面的な現象だけを見ていると、いかにも不正の横行しているような時代に見える。しかし、その根柢にあるものは決して腐つていない。少くとも現代の日本は実に健康な国である。戦後これだけに復活したのも、勤勉な大衆がよく働いたからである。そしてこんな風に本気になつて働けるということは、正しい秩序があるからである。不正だけが行われていないからである。第一、不正が行われていることを声を大にして糺弾できるだけでも、正義が行われている証拠ではないか。政治の悪さについては改良すべき点は実に多い。しかし働くものが損ばかりしている時代では決してない。働いただけのことは、不充分ながらも報われている時代である。日本をよりよい社会にしなければならないことは当然であるが、何をやつても駄目だといつて自暴自棄になるべき時では決してない。むしろ、そのように考えるものこそ日本を悪くするものである。

すでに述べたように現代は金銭の力を借りずしては、自分の希望を容易には達成しがたい時代である。と同時に、額に汗して働くことによつて金銭を蓄えることのできる時代でもある。云いかえれば、自己の希望がある程度までは達成する可能性をもつ時代である。

しかしながら、今日の日本ほど、人々が金銭を浪費している時代はない。金銭を浪費するとは、徒らに、無目的に金を使うことをいうのであるが、われわれの日常生活をふり返つてみても、実に、つまらないことに金銭を使つている。また、そのような不生産的な消費生活を行わせるための設備や誘惑が至れり尽せりに備わつているのも現在である。単にパチンコだけではない。競輪といい、競馬といい、また映画といい、われわれの乏しい金銭をなんとかして奪い取ろうとする機関が八方からわれわれを狙つている。食物や服装の点から云つても、日本人は戦前よりははるかにぜいたくになつている。それでいて、家には一銭の蓄えもない人間が実に多いのである。誰もがその日暮しに甘んじて、新しい、もつと合理的な、将来の見通しのある生活様式を打ち建てようとはしないのである。今日の百円は惜しみもなく浪費するが、これを蓄積して千円にし、一万円にするという忍耐力に乏しいのである。

したがつて、百円で達成される希望には満足を与えることはできても、一万円を必要とする希望は遂にかなえられることはないのである。身分不相応な高級なカメラを買うことはできても、ささやかな自分の家を建てることは決してできないのである。このような不健全な生活の仕方は恐らく日本だけにしか見られないのではあるまいか。

くり返して云うが、現代では金銭の力を借りずして自己の希望を達成することは殆んど不可能である。富の大きさは希望の大きさに比例する。もしわれわれが希望を大きくしたいならば、その日暮し的な消費生活を一日も早く改革しなければなるまい。

中村メイコの問題の小説と詩はこれです

一冊の單行本から二つの映画化が進行中!?

「ママ横をむいてて」（松竹）「十代とお別れの頃」（大映）の二本がそれです。これだけでも、この本がどんなに話題になる内容かがわかるでしょう。臆病な癖に心臓な、明朗でセンチな所のある十代娘の愉快な行状記!!

四版発売中
定価　¥230

ママ横をむいてて

左記の諸先生がこの本を推薦していられます。（敬称略五十音順）

井伏鱒二
内村直也
川端康成
サトー・ハチロー
竹内てるよ
徳川夢聲
古谷綱武
三木鶏郎

★

書評を掲載した週刊誌

週刊朝日
サンデー・毎日
週刊サンケイ

読後に寄せて

阿部知二

ゆたかな天分におどろきます。鋭いが、つめたくありません。あたたかで美しい心情が花の様に匂つています。多くの人々にうつたえる力があります。

近刊豫告 **中村メイコ作品集**

絶版「小さな花の背のび」に、最近の詩と小品を集めた「ママ横をむいてて」以外の、中村メイコ作品集

出版元　東京都中央区銀座東8の4
振替東京2324　TEL(57)7025・7611～4
ひまわり社

日本では森永だけのチョコレート製造装置
NEW PROCESS
NPプラントで
おいしさ・なめらかさ が
世界最高水準になりました
シールのついたのをお求め下さい
Morinaga
森永ミルクチョコレート
MILK CHOCOLATE
NEW PROCESS
新製法
CHOCOLATE
生粋の
ヨーロッパ風の味
森永ミルクチョコレート
20円・50円・100円

たけくらべのくっしょん
美登利と信如
中原淳一

解説　本文１７０頁

くつろいだ部屋着

デザイン　男・中原淳一
　　　　　女・水野正夫

モデル　羽鳥永一（N・D・T）
　　　　飯田由利子（N・D・T）

生地提供　東邦レーヨン

作り方・本文202頁

男が家でくつろいでいる時、和服の場合には〝どてら〟とか〝浴衣〟とか適当なものがあるが、洋服の場合はそうしたものがなくて困るものだ。事務服の様な上着を着てもおかしいし、ジャンパーの類も外出向という感じだし、中でもセーター類が一番楽なものだろうが、やはりそれもちやんとしたものは家庭の部屋着としてそれ程くつろいだ感じはしない。男にもそうしたくだけた洋服だけの部屋着があつたらきつとたのしいことと思い、これを作つてみた。

男ものは茶と白、女ものは赤と白の、フカフカと温かそうな化繊の地厚な生地で、この縞が非常に綺麗だつたので、これで作つた。

男ものは、すつぽりとした楽な形で、体が中で遊んでいる様な感じ、前裾のポケットの蓋は身頃に続けて裁ち出したもので、なるべく切り替の線を少くあつさりとさせ、全体に楽な感じを狙つたもの。

女ものも、前の打合せに白い大きな釦を並べた楽な形で両脇に張り出した大きなポケットがついている。

男、女、共こうした大きめのポケットは、部屋着としてはぜひ慾しいものでもある。

こんなに甦える
重山規子さんの着古した服を仕立直す

中原淳一

重山規子さん（N・D・T）の着古した服がこんなに甦える。

着古した、と云っても中には、二度も仕立直しをして、掛継ぎをしたボタンホールの跡があちこちにあるなど、このまま置いておけば屑屋にでも売るより他に仕方のない様なものもあった。

それを、こんな風に仕立変えて見ると、まだ着られるどころではない、全く新しいものの様に甦った。

だから、もう着られないと思っているものでも、もう一度新しい目で見直してみてはどうだろう。

1

色の褪せたシヤークスキンのコートから、シックなワンピースドレスを

これは、もと下の写真のような、グレーのナイロンシヤークスキンのコートだつたが、着飽きた上に、丈も短く、色もあせてしまつてもう着られない、と思つていたものだという。それを、大きなポケットの蓋をあしらつたこんなワンピースに仕立替えた。

下図でみる通り、ユート丈が短いのでヘムを一つぱいに下し、へ

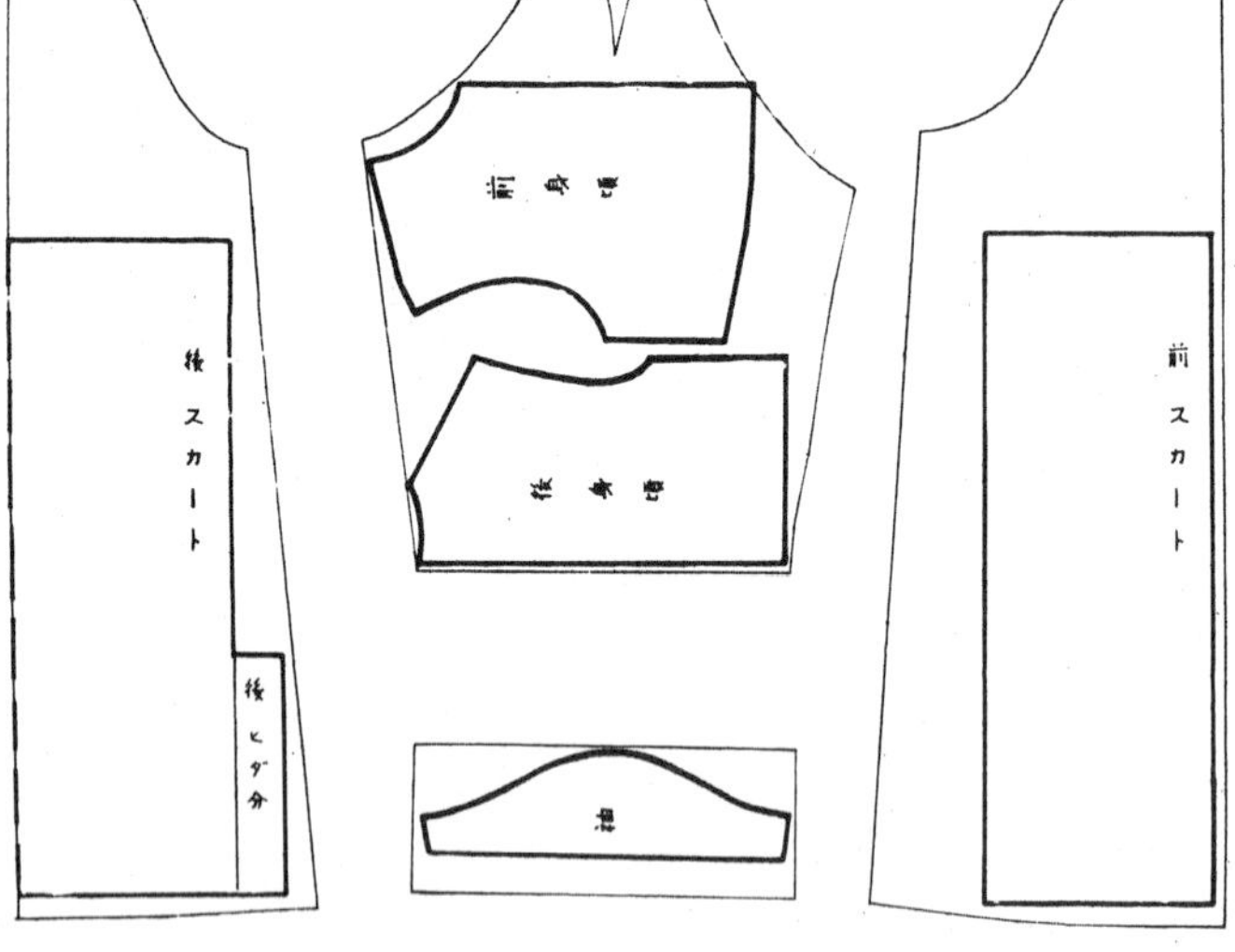

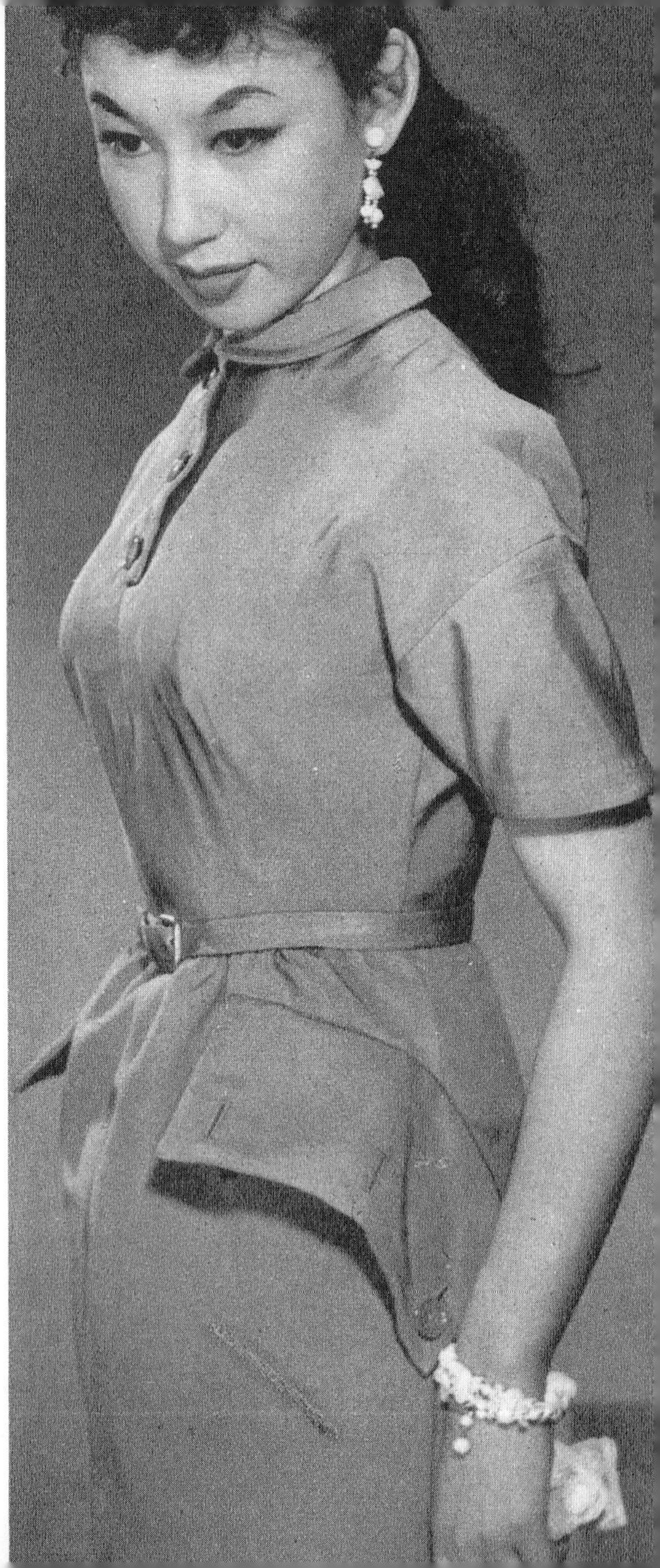

ムには別布を接ぐ様にして、その布端から上へワンピースのスカートを取つた。そして、元のポケットの切口を隠す為に、ヒップに大きなポケットの蓋を置いてみた。この蓋にはボタンホールが三ツあいていて、それがスカートに止まるかの様に見えているところが狙い。前後の身頃はコートの両袖から、小さな袖はコートの太いカフスから、又ポケットの蓋や小さい衿等はそれ〴〵残り布から取つたもの。色があせているので勿論裏返したが、全く新しい感覚のワンピースになつた。

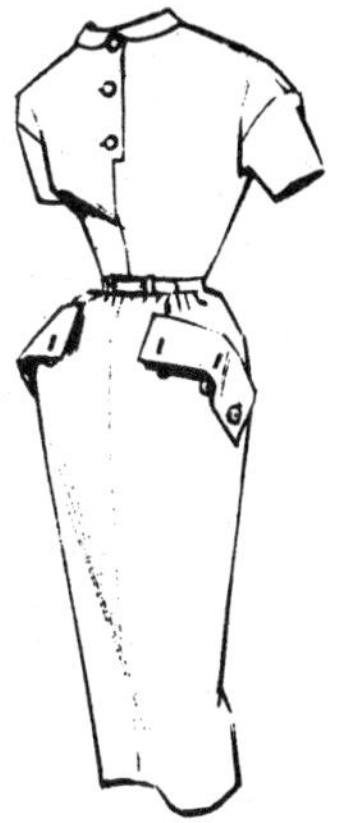

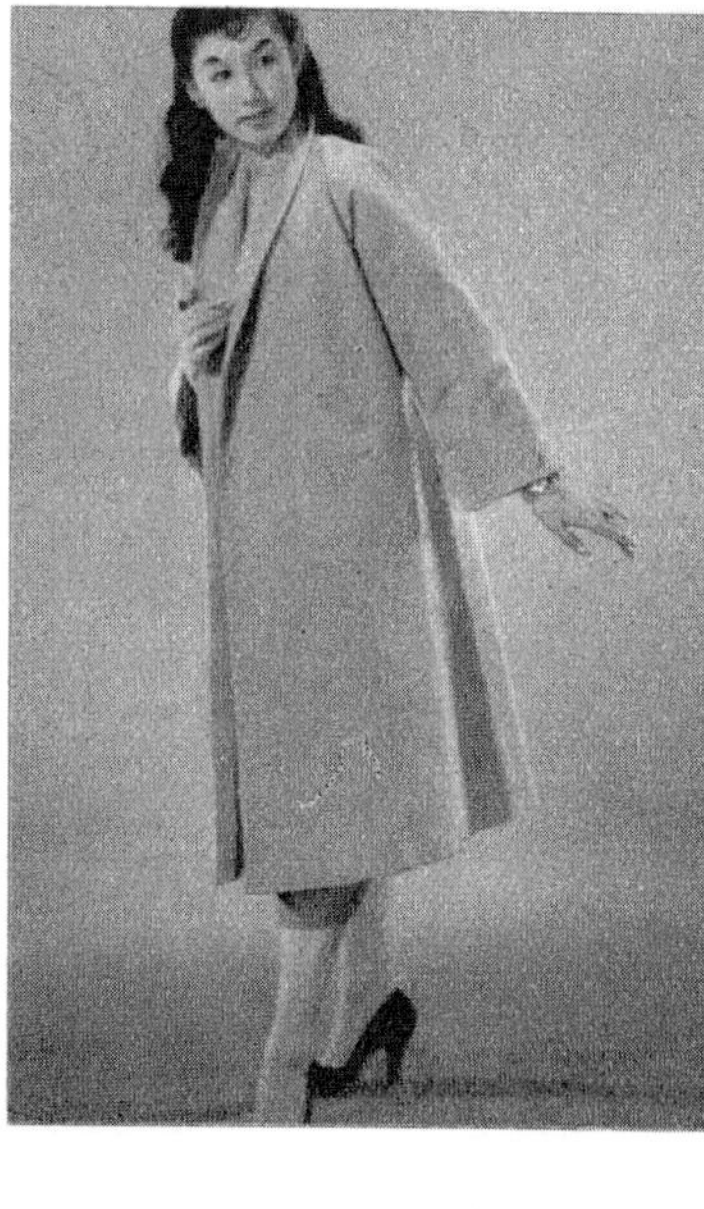

2

着古したボックスコートから
ローネックのジヤケットを

これは下の写真の様な、濃い緑に白の格子の厚地のボックスコートだつたが、以前は好きでさんぐ〜着古したものだけれど肩に高いパッドの入つた形も古くさくてもう着られないと思いそのままになつていたのだそうだ。それを、下図の様に、元の袖ぐりの位置から裾までを丈に取つて肩をドロップさせ、小さく丸くローネックになつたこんな上衣に仕立変えてみた。袖は元のまゝを肩のドロップ分だけ下げる。

袖口はカフスで絞り、両脇のポケットの蓋が後まで長く廻つている。

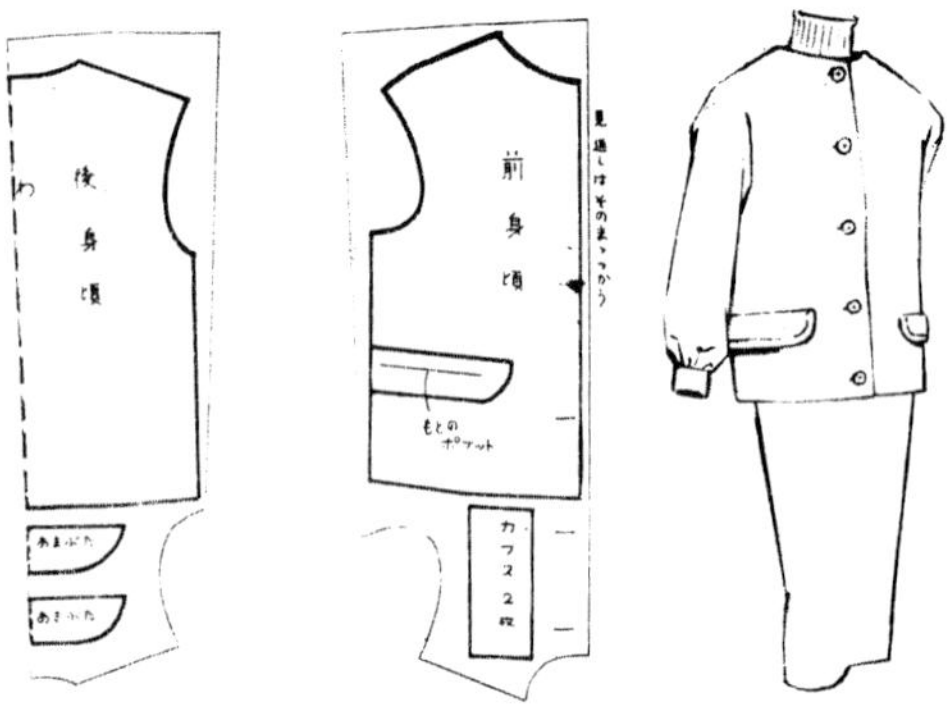

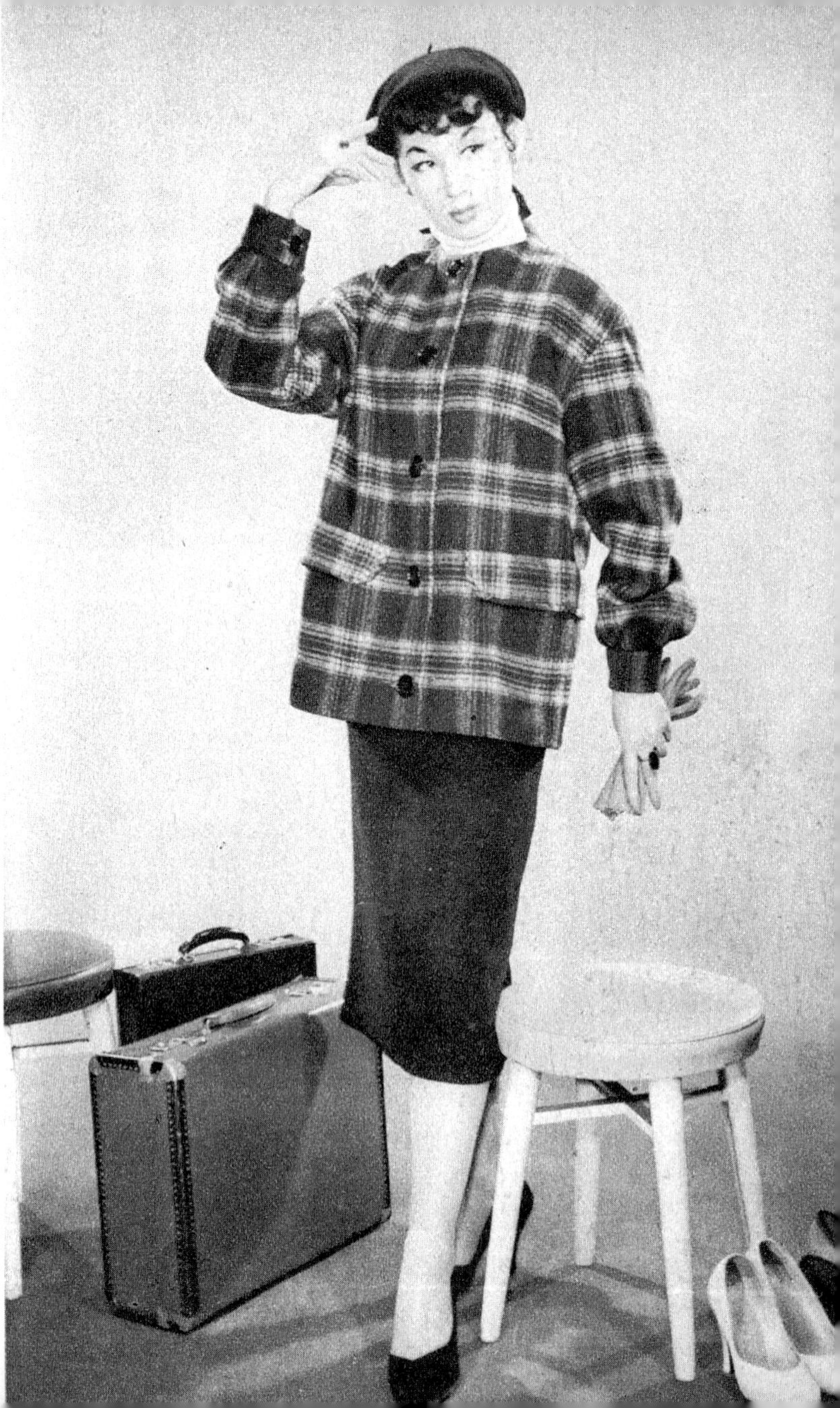

3 女学生時代の古いオーバーからしやれたジヤンパースカートを

右の写真の黒のオーバーは、まだ小さい女学生の頃に着たものだそうで、今かりに袖を通してみると丈も膝位迄、前の釦もよくはまらない位に小さくなつたもので、勿論屑切れの様な意味でしまつてあつたのだそうである。それを、裾からスカート丈を計ると丁度元のオーバーの胸で切る様になる。そこで、少しの残り布をあしらつてこんな吊りスカートを作つてみた。そして元のポケットの切口がヒップよりずつと下つた所にあるので、それをかくす為に後まで廻る思い切つて大きなアウトポケットをつけてみると、捨てようと思つていた古着がこんなしやれた新しいジヤンパースカートに甦えつた。

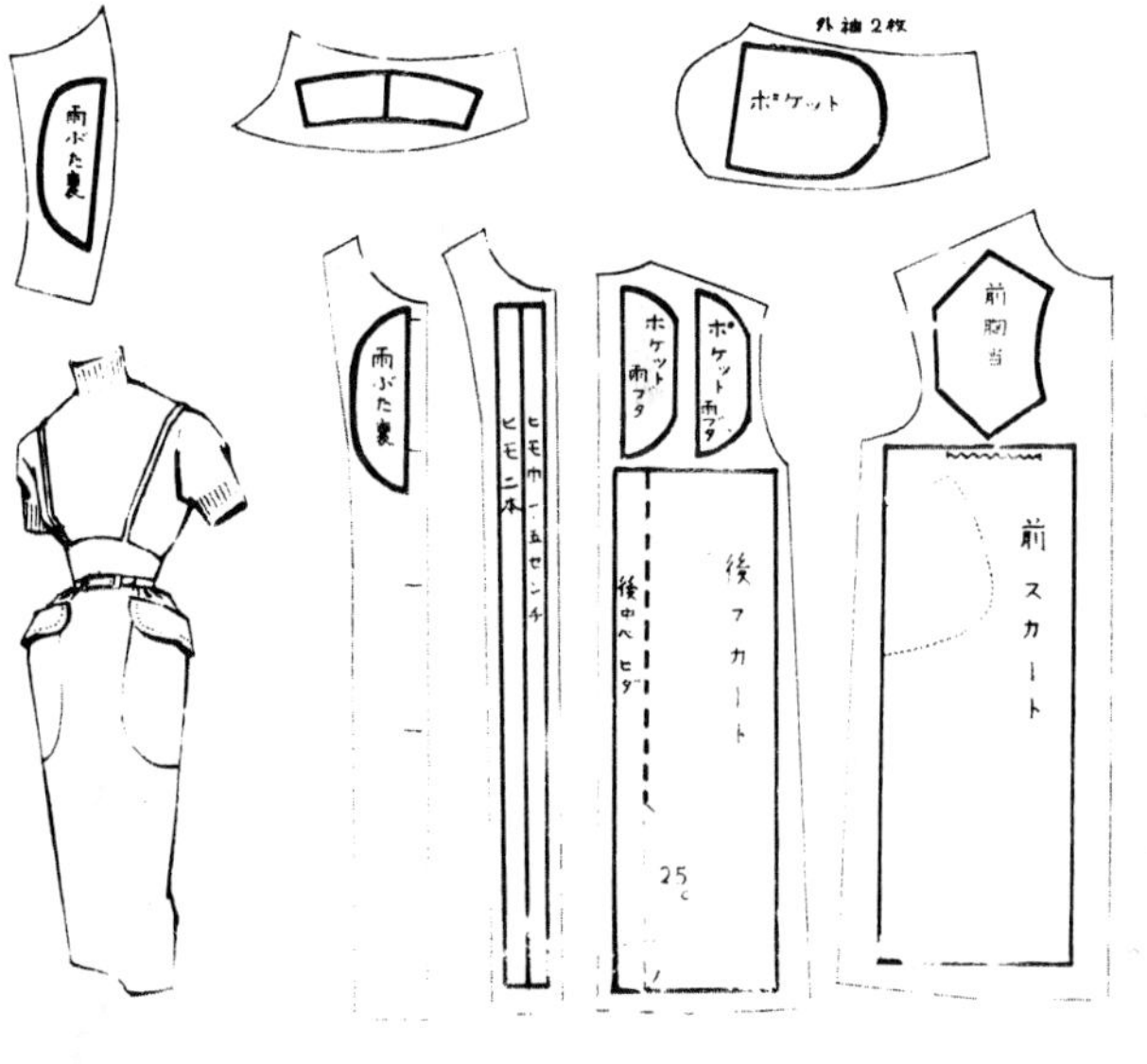

4

卵色のシャークスキンのワンピースとグリーンのジャケットから
愉しいカクテルドレスを

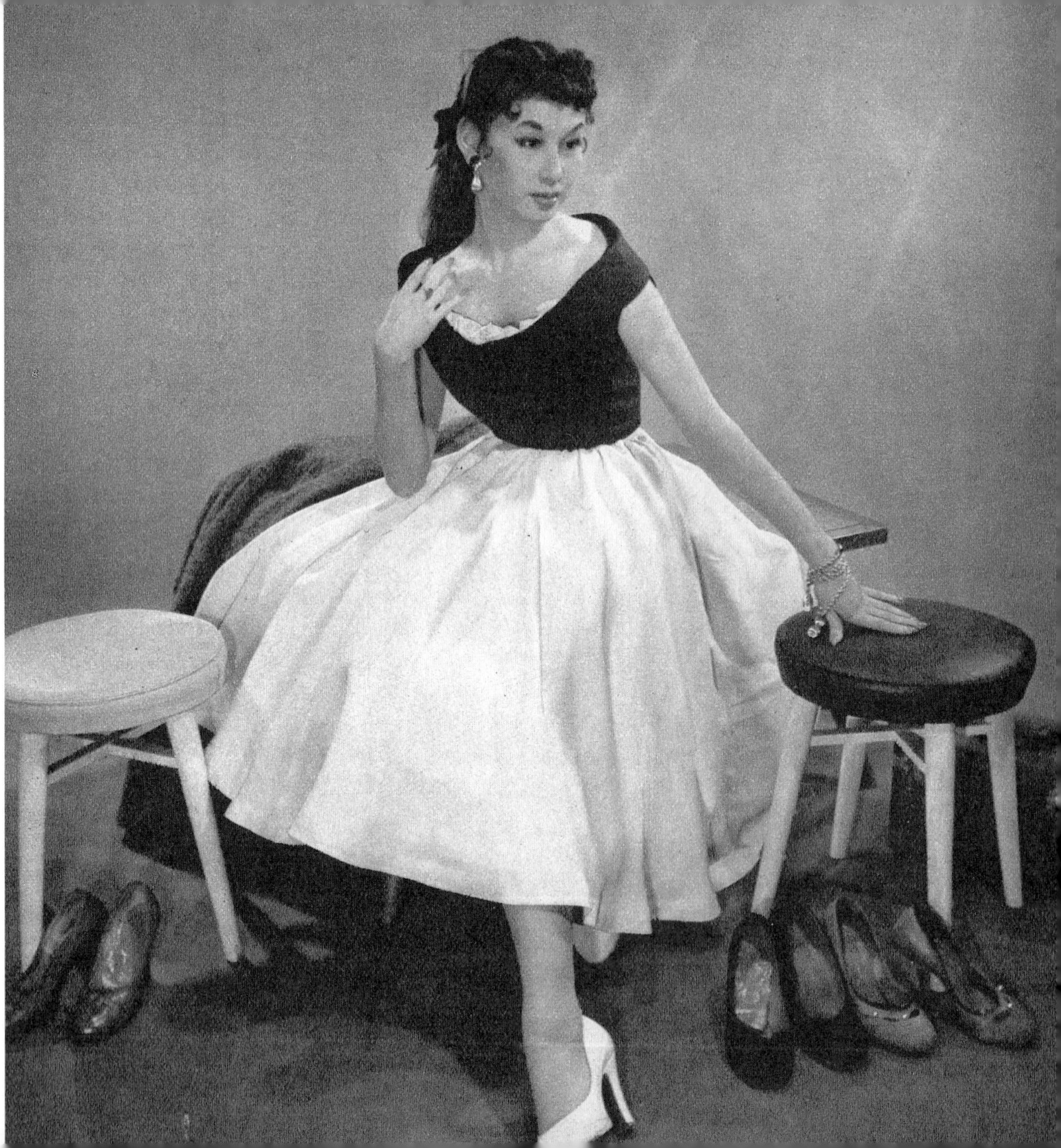

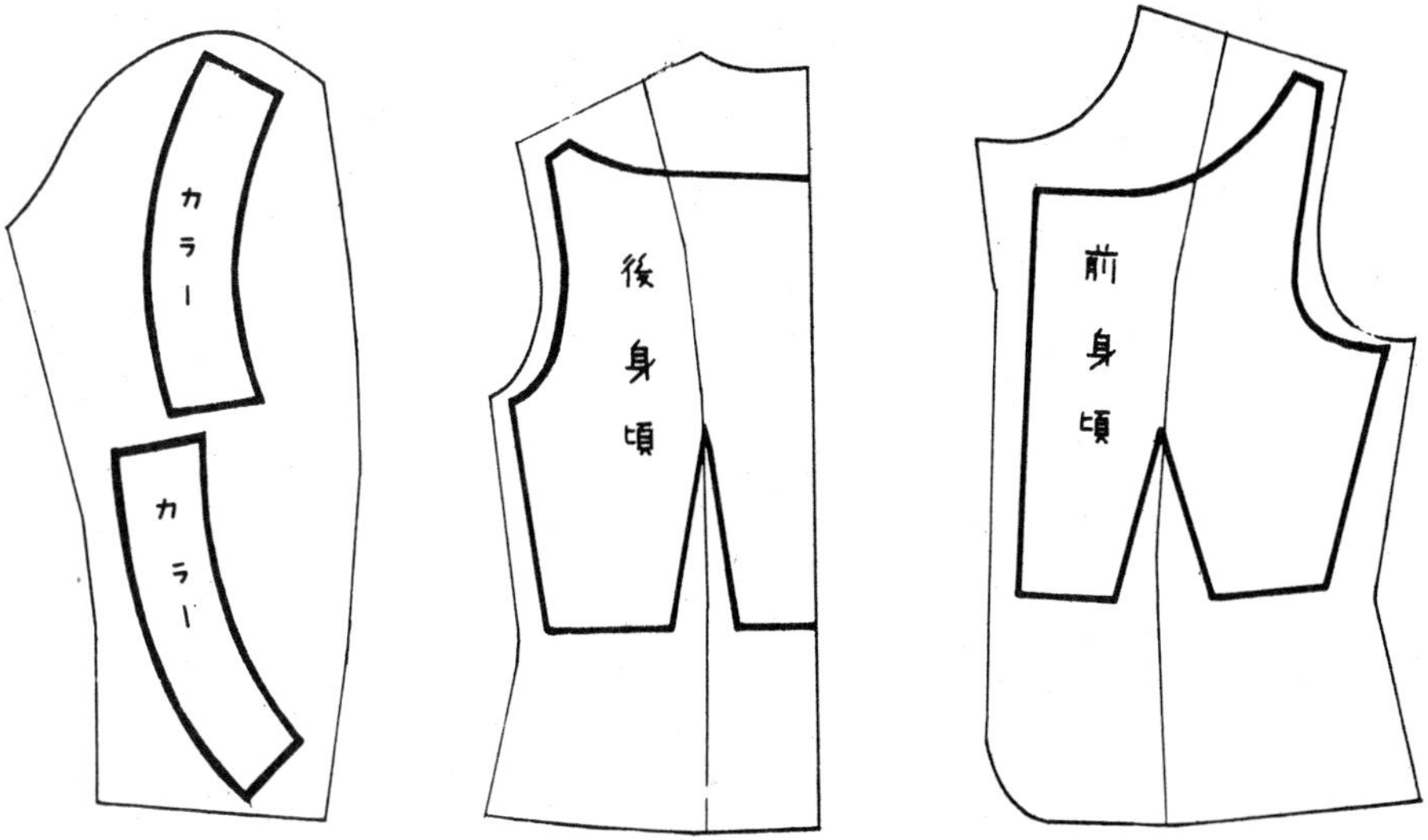

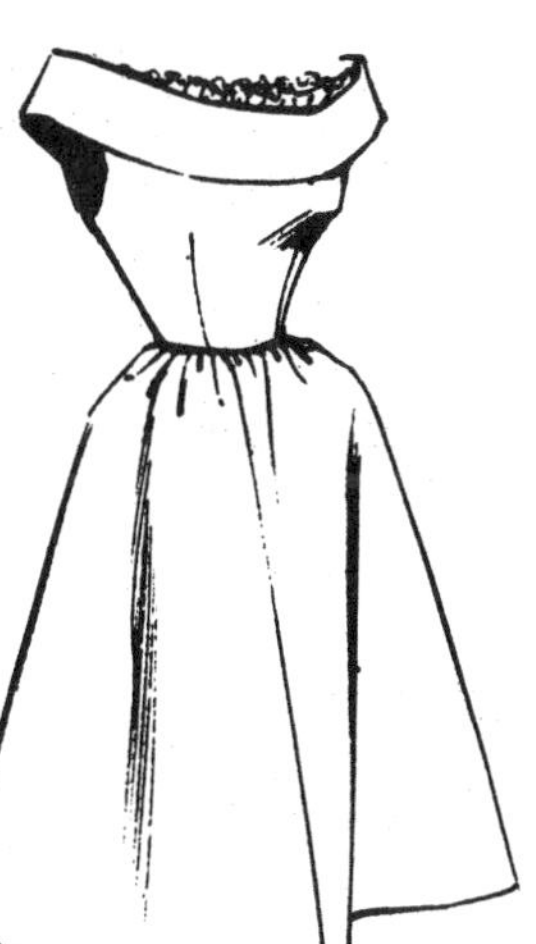

薄い卵色のシャークスキンのワンピースと、グリーンのウールのジャケットを組み合わせて、こんな愉しいカクテルドレスを拵えてみた。

このワンピースはゆつたりとしたギャザーフレヤーのスカートだつたが、そのバイヤスの部分が伸びて、不規則な裾の線が出るのと、ウエストのダブ〱なのが気になつて着られなかつたものだと云う。

それを、スカートの裾を短い部分の線に揃えて裁ち直し、そのまゝこのカクテルドレスのスカートを作つた。上半身の残り布は全部細いフリルにして、カクテルドレスの上衣の胸いつぱいに溢れるような感じに取りつけた。

この元の緑色のジャケットは、ウエストがだぶ〱で着られなかつたものだそうで、これを上図の様に、後身頃から前身頃、両袖から後身頃を、前身頃から衿の部分をとつて、カクテルドルスの上衣を作つた。

淡い黄色とグリーンの色調も美しく映えて、華かな愉しいカクテルドレスになつた。

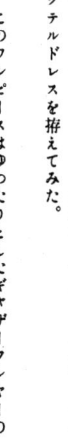

5 若草色のツウピースと格子のトッパーからアンサンブルを

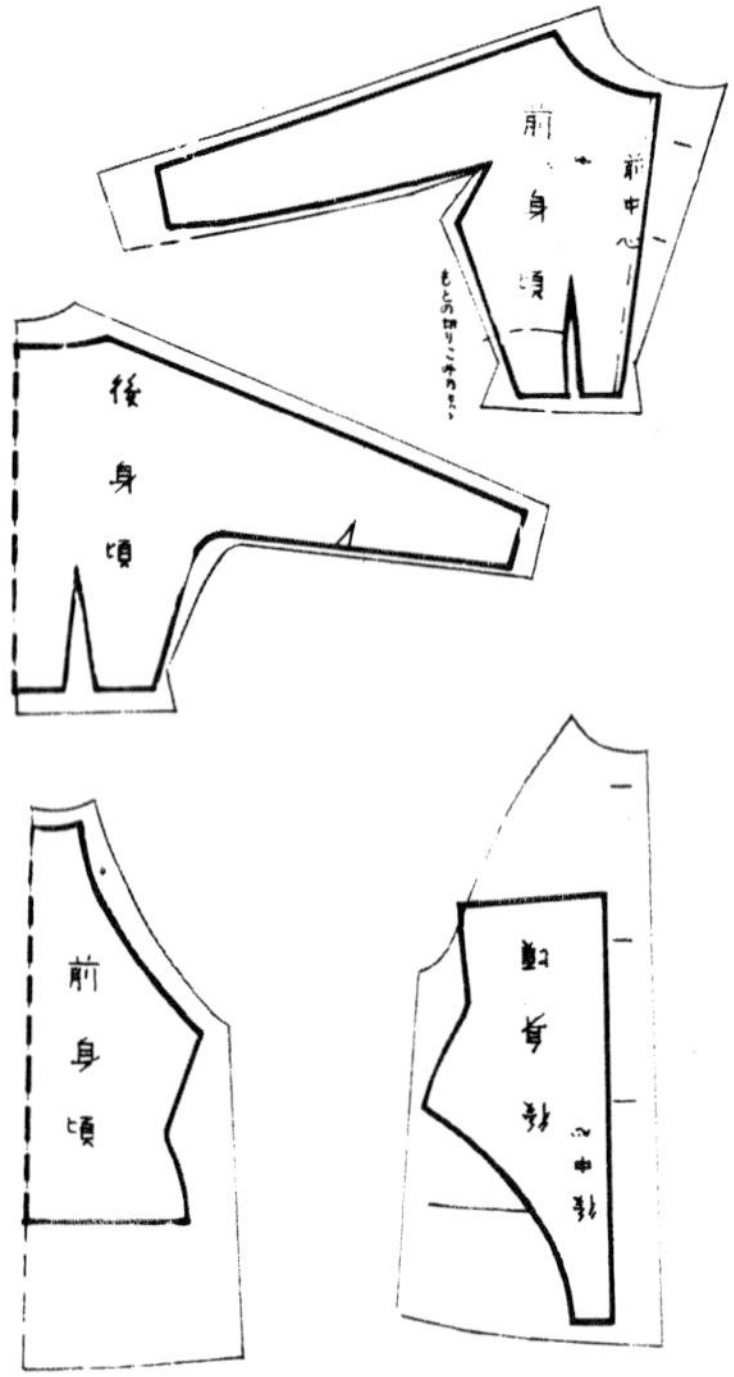

若草色のツウピースと、やはり同じような淡い緑とねずみと白の細かいチェックのトッパーを組み合わせて、こんな、ロマンチックなツウピースとブラウスのアンサンブルを作った。

右の写真のブラウスは、ラグラン袖のゆつたりとしたトッパーからとつたもの。このトッパーはさん〴〵稽古したので格子の色もあせて了つたのだそうだが、クリトニングして見ると色の薄いなりに大変に美しいチェックだつたので、そのラグランの切替をそのまま利用してハイネックのブラウスを作つた。

そして、上の写真のツウピースは、元、この生地の色が大変に好きで愛用したものだそうだが、最近は、スカート丈も長過ぎ、ウエストもゆるくなつて着られずに放ておいたと云う。それで長過ぎるスカート丈を裾から計るとヒップのところで切れるので、そのゆるみ分をギャザアを寄せてフレヤーギャザーのツウピースのスカートを作り、広く開いた衿と前の身返しに下のブラウスの残り布をあしらつてみると、こんな若々しいアンサンブルになつた。

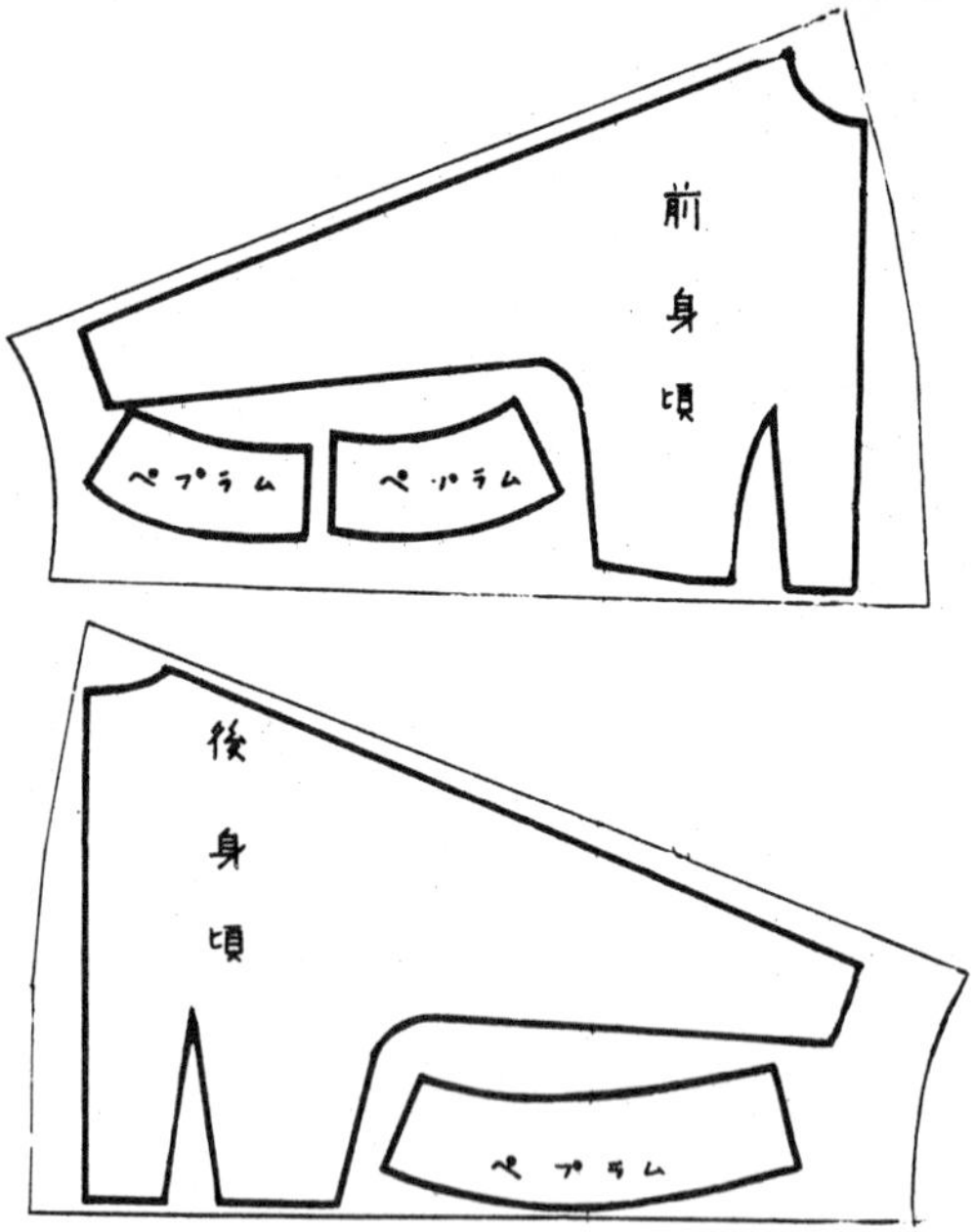

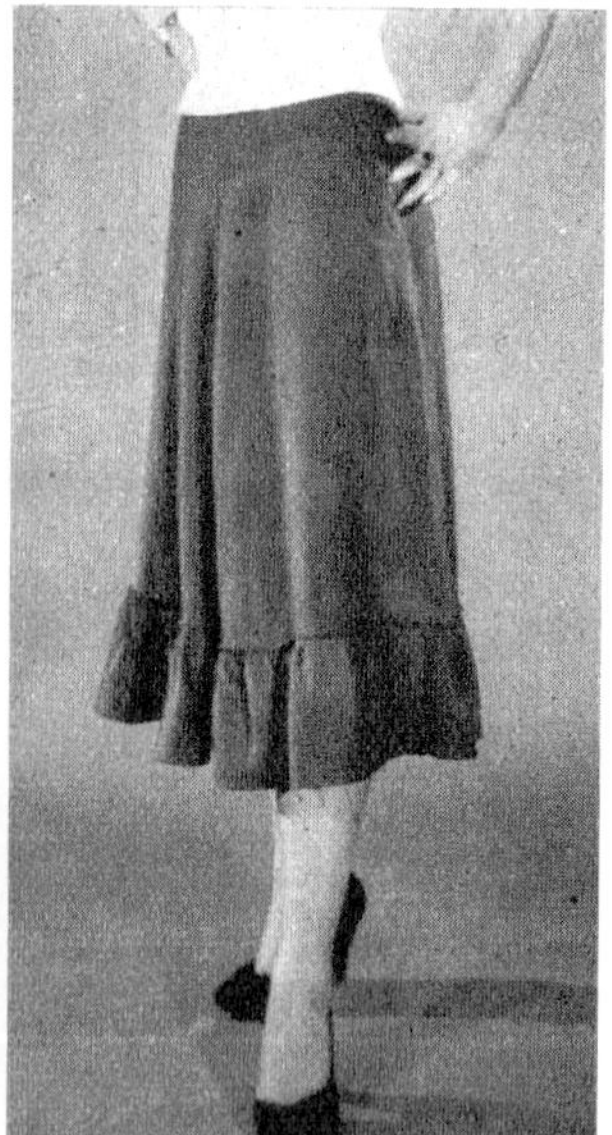

6

真赤な四枚接ぎのスカートから若々しいブラウスを

これは、極く僅なフレヤーの裾にギャザーの布を取りつけた小さなスカートでこのままではもう着られないけれどもこの布の赤の色がとても綺麗で気に入つていたのだそうだ。

それで、四枚接ぎのスカートの布に、型紙を横にして前後二枚ずつの身頃をあてると、丁度きつちりこのブラウスがとれた。

前明きには小さな釦を並べ、如何にも若々しい可愛いブラウスになつた。

7 古びたグリーンのオーバーから ローネックのワンピースを

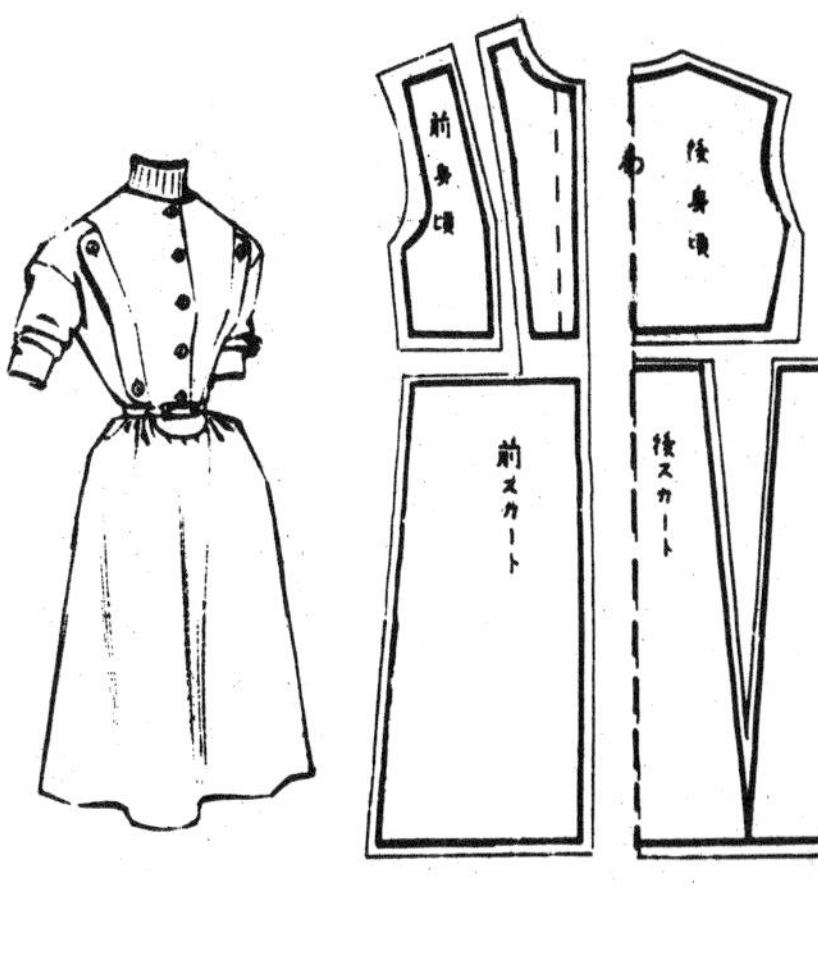

これは前がダブルになり、後身頃はスカートが三枚接ぎになつて背のベルトの下からギヤザーになつている軍隊調のオーバーだつた。が、もう感じも古く丈も短くなり、又裁ち方のせいか前の打合せが開いて了つて着られなかつたものだという。

それを、裾に相当の折込みがあつたので、それを一杯に下してギヤザアフレヤーのスカートを取り、身頃は切替を利用して両胸にポケットの蓋をはさみ、前スカートの上端にも三角の切れ目が出たので同じポケットの蓋をおいてみると、ローネックの衿元から覗いた白いとつくりのセーターとの調和も非常に美しい深いグリーンの、見違える様なワンピースになつた。尚袖は元のまゝを細くしただけ。

私はこんな人に支えられて仕事をしている

人が〃仕事〃をしてゆく上には、必ずその人を支えている陰の人が存在する。

云う迄もなく、大きな仕事をしてゆく為には、その度毎に支えてくれる色んな人々は沢山あつて、それぞれに感謝の気持も深いものだけれど、また、例えば〃空気〃とか〃手足〃の様に、普段その有難さには余り気が附かないけれども、もしそれがなかつたら、又生きて行くのにも不便を感ずる、という様に、ふと気がついてみると、そうした意味でもつと身近に大きくクローズアップされてくる人達がある。

ここでは、四人の人に、仕事をしてゆく上に大切な、そうした人を五名ずつあげて頂いた。

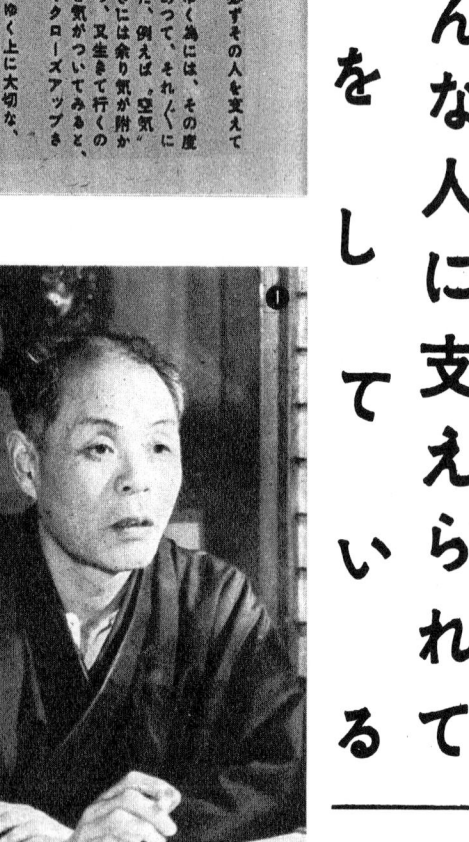

1 作家 伊藤整

「私を支える五人の人」と云う題では、私は本当に困つた。私は誰かから支えられているにちがいないのだが、支えられていると考えると、五人や六人でなく、三十人ほどの人が、それぞれ違つた意味で、しかも、同じような強さで頭に浮ぶのである。その選択をして五人を抜き出すことは、私にはとんでもない失礼なことだと思われるのである。私は五人を選択することが不可能なのだ。

第一に、田舎にいる私の母を考えて、その写真をさがした所、あんまりよい写真がなくつて、どれも母に気の毒でやめることにした。

その次には、うちの奥さんを出すべきだろうが、これは本人から反対が出て、行き悩んだ。大学生の息子が二人いるが、私が彼等に「支えられている」ということは、どうも穏当な考え方でなく、私がひどく老いぼれて見えるかと思つて、これはやめにした。

私は本当は誰からも支えられていない人間として自分を考えたいのに、本当はあまり多くの人に支えられているものだから、その内から指名申し上げたり、選択申し上げたりすることに不機嫌で、侮辱されたような気がするらしい。

さういう気持にならない人として、そして写真がすぐ間に合う人を考えて、結局昔同人雑誌を一緒にやつた文学者で現役の人を三人、挙げさせてもらつた。

小説家の**上林暁氏、**（本名徳広巌城）（写真①）小説家で国文学者の**福田清人氏、**（写真②）文芸批評と文学史家の**瀬沼茂樹氏、**（写真③）である。瀬沼君は昔商科大学（一橋大学）にいた時からの友人で、「島崎藤村」とか「近代日本文学の成り立ち」などの評論がある。福田君は東大国文科の出で「国木田独歩」とか「硯友社の文学」等の研究ものの外多くの小説がある。この二人とは「文芸レビュー」という同人雑誌で一緒にいた。

上林君は、もと「風車」という旧五高出身の東大出の人たちの雑誌の同人であつたが、この雑誌と私たちの「文芸レビュー」が合併して「新作家」となつた時、同じ仲間になつた。「聖ヨハネ病院にて」その他の名作があることはよく知られている。この三人との交際は二十四五年位続いている。この人たちがよき仕事をする毎に、私も何かしようという気持を私は長い間感じて、今まで仕事をして来た。そういう意味で私はこの人々に支えられていると言はなければならない。

本誌は、若い女性の読者が多いことを考えて、あとの二人は、私の娘二人を、将来読者仲間に入れて頂く意味で、挙げさせてもらつた。**桃子は**（写真④）満七才半で成蹊小学校の一年生である。**マリ子**（写真⑤）は末つ子で満二才半である。両方とも将来美しくつて利口な少女なることを、私は期待している。私がこの少女に支えられている、ということは、現在は精神的には多少事実であるが、しかし将来は、私は中気かリューマチかになつて、本当にこの娘たちの肩にすがつて歩くかも知れないから、ここに挙げさせてもらつてもいいだろうと思つている。

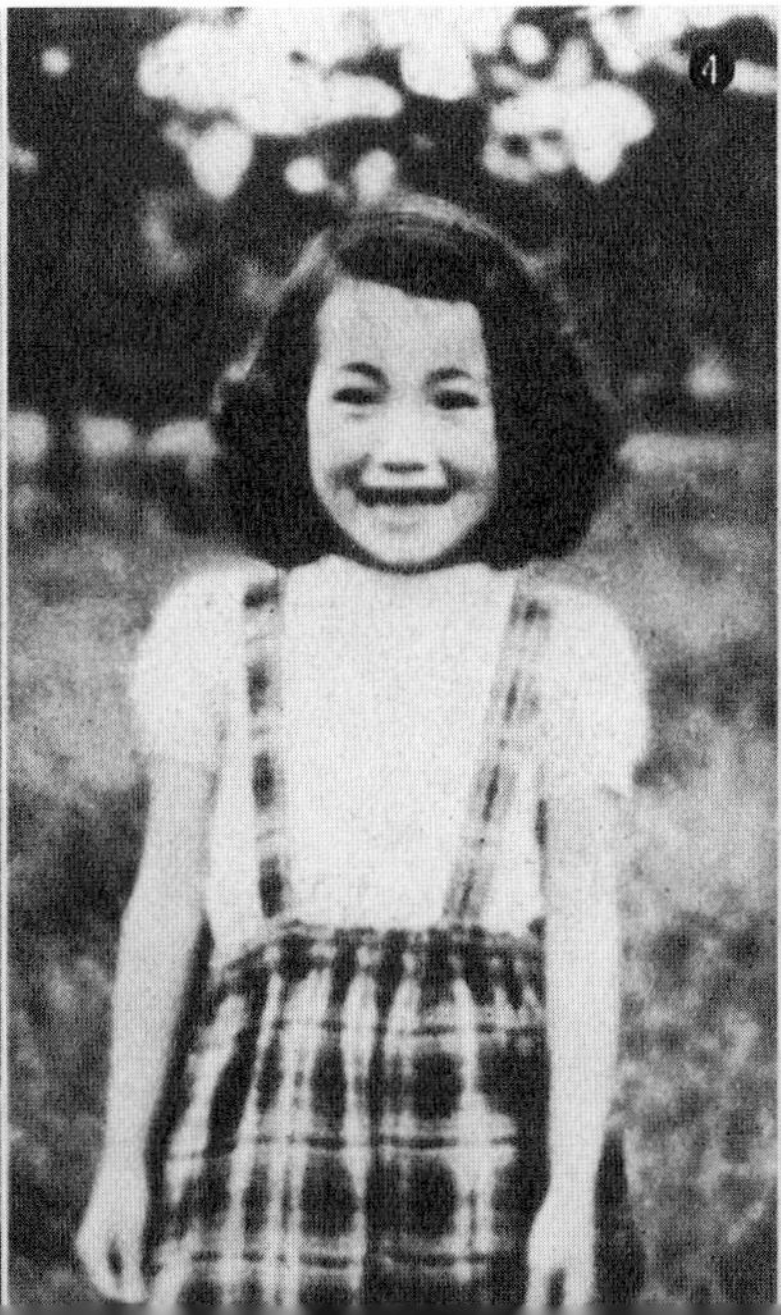

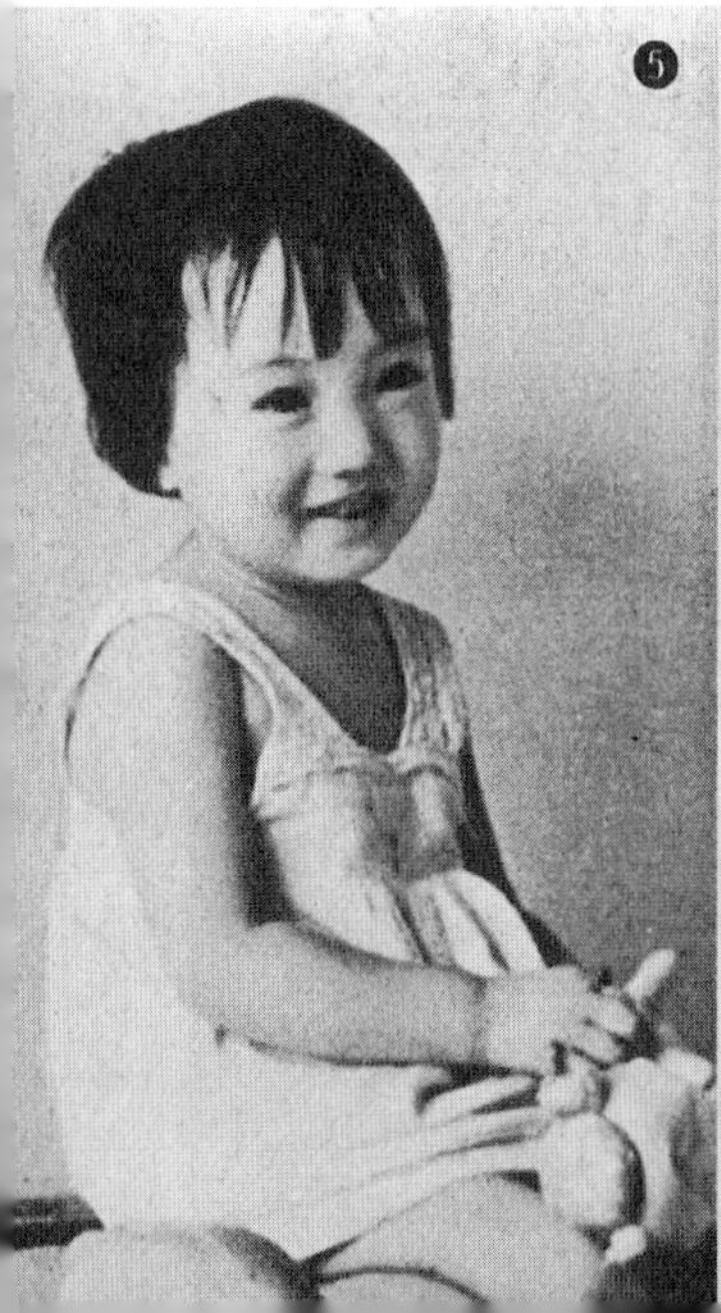

2

私はこんな人に支えられて仕事をしている

女優 高峰秀子

❶

分一人で生きてるみたいな事は言えたギリではありません。現に自分が存在しているのは、お母さんのおかげ、お父さんのおかげ、あつたかい着物のおかげ、御はんのおかげ、字をおぼえたのは学校の先生のおかげ、おかげ〳〵で日が暮れて、何時の間にか三十年経つちまつた。

大変素直な言い方をすれば何もかもが、私の先生である。

私の仕事にしても、監督さんを初め、現場のスタッフのおかげ、出来た映画をお金を拂つて見て下さるお客さまのおかげで、私は女優で御座いなんて大きなツラもしていられる。

今も、ちよつとあたりを見まわしただけで、五人のおかげさん達がいた。

この五つの写真の胸に、私はカンシヤの勳章を画き入れたい。一年三百六十五日の、直接的おかげ代表五人ばやしの像に……。

1平山秀子さん

平山秀子さんには、生れてこの方　心身共にずうつとお世話になつている。

公私こもごも、シヤムの双生児の如くくつついてまわつて、高峰秀子をはげましたりけとばしたり、ヒスを起すとパリ行きをけしかけたりもする。が、ともすると彼女は、女優という台の上から、私をひきずり下ろしたがるヘキ（癖）があるので用心が必要である。

（写真は、二年前フランス滞在中に、パリで撮つたもの）

2田辺加代さん（谷洋裁店）

どこかのおばさんみたいな感じである。人柄も、センスも技術も大変良ろしく、映画の衣裳はもちろん、私用の洋服全部を安心してまかせていられる人。

気まぐれであきぽく、がんこな私の気持ちをよく知つていて、女らしく世話をやいてくれる有難い人。

3とよさん（小松原豊子）

我が家につとめて十四年ともなれば、女中さんと言うより、家族の一員である。

私は我が家の生字引、又は忠犬トヨの墓という名前を彼女につけている。

仕事で気分の悪い時に、あたるのは必然彼女、嬉しい時も一番さきに報告して共によろこんでもらうのも彼女である。

考えてみれば、こんな主人によくもあいそをつかさず、十何年もつとめてくれたものよ、とたゞ〳〵有難いことである。

4　多賀祥介氏（映画世界社）

長いつき合いである。ラヂオ、雑誌、諸々こまぐ〳〵した面倒くさいことのやりくり、断り…e・t・c・は、皆この人におしつけてしまうので、おかげで私はのんびり映画の仕事に専心することが出来る、なくてはならぬ存在。

適当にハンサムであることも、いろ〳〵の意味で好都合である。

5　松島繁夫さん（運転手）

つい此の間まで、この人のお父さんが運転していてくれたが、この度、息子に代つたのである。

モク〳〵としてハンドルをあやつり、車の止つている時は宮本武蔵の如く、二本の羽ボウキで車のソージに余念がない、車に上つている以上、私の命は松島さんまかせである。

私はこんな人に支えられて仕事をしている

3

映画プロデューサー

水の江滝子

も何となく口叶つたい様な感じてす　私は極く当り前の事をしているだけであつて、それこそ沢山の知人やお友達の力添えで仕事をしてゆけるのだと思つて居ります。

私は、御存知のように、まだ〳〵世間知らずで、大へん頼りないものですから、どこへ行つても色んな方が面倒を見て下さるのです。

それは会社関係は勿論のこと、その他の凡ての仕事又色々な友達を問わずあらゆる人にお世話になつています。そして、私はそれらの皆さんに、支えられて〝仕事をしているわけですから、ここにお名前をあげようと思つても限りがなく、五名と限られた中ではどうする事も出来ません。

そこで、私が毎日会つていて、身内の様に親しくしている身近な人達の中から五人のお名前をあげてみる事に致しました。

1　佐倉のわきさん（日活企画部）
企画室の佐倉さんは、私が日活へ入つた時一番始めにお会いした人、という意味でも大変印象も深く、手始めにいろ〳〵の事を教えて頂き、現在も非常に親切にして頂いています。

2　羽田朝子さん（助手）
やはり会社の企画室から、私のアシスタントとして附いて頂いている方です。まだ二十才位の若い人ですが、気の附かない私を輔けて、何から何迄よく行き届いて熱心に仕事をやつて下さるので大変感謝しています。

3　三浦初江さん（姉）
肉身の姉なので、普段は余り気附かずに過しているのですが、私には大切な恩人でもあるのでしよう。

私が舞台生活に入つた頃からずつと私の身の廻りの事家の中の事は何から何迄一切を世話になつて居ます。

どんな困難も又喜びも、この姉と共にぶつかり分かち合い励まし合つて暮して来ました。

4　石井実さん（運転手）
一年位前から車を運転して貰つています。まだ若いおとなしい青年で、私は〝坊や〳〵〟と呼んでいますが、彼は私を何処へでも運んでくれます。つまり私の足の役目を果してくれている訳で、彼がいないと自分の足をなくした様な心細さを感じるのです。

5　丹下キヨ子さん（女優）
丹下さんとは昔（私が松竹の舞台にいた頃）からのお附き合いですが、私の家へ泊つて家族の様に往き来する様になつたのは比較的最近のことです。

みかけに依らず優しい気持の人で、彼女の方が年下ですが、まるでお姉さんみたいに気を配つて私を励まし、可愛がつてくれます。

仕事にも協力して下さるし、お金も貸してくれるし…私は、友達ながら本当によいお姉さんを持つたような気持でお附き合いしています。

私はこんな人に支えられて仕事をしている

4 俳優 鶴田浩二

とかく生きて行く上に強い自信を持たない僕が今はこうしてスターとてございと生きていられるのも温い好意て、未熟なこの僕でも指

いなる愛の鞭を受けている訳である。自我の強い我儘な僕のことだから人間的には勿論すべてに於いて缺点が目立ちすぎる。こうした点を矯正し、叱声を與えて下さる人達のいることが僕にとって大きな幸せであることは百も承知している、だのに僕は何時もその人達に無理を言い、三ツ子の様に我儘を言うのである。この人達に支えられている自分であることを忘れて……

1 高田浩吉先生 今日僕が映画スターとして生きている上に忘れてならない第一の人はやはり恩師である高田浩吉先生である、先生と呼ぶよりオヤジさんと言う言葉に慈父の如き先生に対する親しみが湧いてくる。

小学生の何も知らない僕に芸道の烈しさ、きびしさを教えてくれたのも先生であれば、戦後復員して生きて行く道の方向に迷っていた僕に芸道に生きる眼を開いてくれたのも又オヤジさんであった、あのやさしい眼差しの中に何時も「栄ちゃん、がんばるだよ」と僕に励しの言葉を投げかけていてくれる。

それだけに、中学に進級するのでオヤジさんの家を去る時の悲しさは印象深い僕の追憶の一コマだ。

2 大曾根辰夫監督 僕には高田オヤジの他にもう一人のオヤジがいる大曾根辰夫監督である。

芸道に生きることを教えてくれたのが高田オヤジなら、映画人として生きる道を与えてくれたのは大曾根オヤジである、高田オヤジと巡業中の僕の所にオヤジから、電報が舞込んで勇躍京都下賀茂入りして十年近い年月が流れた。「遊侠の群れ」でデビューしてからオヤジさんの作品に連続出させてもらって今日の基礎を築いた。その代りオヤジさんの僕に対する態度は苛責ないものだった。「殺人鬼」の東京ロケの時だったか、今は「君の名は」で東京名所の一つになった数寄屋橋の下のドブドロの川の中へ寒中入れられて逃げ廻るシーンを撮った。寒さは寒し、臭さも充分、僕も良く頑張ったと今にして思うが、この時はオヤジさんの冷たさが寒中のドブの中より冷いと恨んだものだが、これが僕が認められた原因になるとは夢にも思わなかったし、それよりドブの臭さが一週間もとれずに弱ったのも良い想い出である。

3 三ッ沢正治さん 浅草の新仲店通りにマルベル堂と言うプロマイド屋の三ッ沢正治さんは僕にとってやはり忘れられない人の一人である。

僕の後援会の会長さんなのだが、スター後援会がとかく長続きしないのを今日まで隆盛をきわめているのは万事三ッ沢さんのおかげである。

三ッ沢さんのお父さんが長谷川一夫先生の後援会を三十年続けられているので、三ッ沢さんはお父さんに負けないスターの後援会をと云うので不肖僕が選ばれた訳だが、発足して五年三ッ沢さんの僕に対する情熱に対して期待通りの道を歩ゆんで来たかは大変疑問なのだが……。

4 桜沢一君 僕ら若い者同志でやっている〝クレインズ・クラブ〟のリード・オフ・マンの桜沢一君も僕の現在になくてはならぬ男である。友人同志なので無理ばかり言うが、実に良く僕のためつくしてくれる。明るい若さに溢れた青年実業家的な風格を持った男である。これが長い僕の親友であり兄弟でもある竹中香君の学校の後輩であるので不思議なくされ縁でもあるかも知れない。

5 伊東弘祐君 この桜沢君の後輩に報知新聞の映画記者をしている伊東弘祐君がいる。ところがこの男僕と同年で軍隊も同じ海軍である所から不思議と馬が合う、共通したゼネレーションに生きるだけに諸事共通した悩みも喜びもある所からスターと記者と言う立場を別にして交際している。僕にとって精神的な悩みを晴らしたり、晴らされたりする。便利な友人である。

誠実な友情と若さの持つ情熱で生きて行く新聞記者である。

廿九年の暮れも近い頃、四年振りにパリからシャンソン歌手石井好子さん（石井光次郎氏令嬢）が帰つて来られた。石井さんは、ドイツ・イタリー・スペイン・フランスと、各国を音楽の勉強に廻わられ、又、各国一流の劇場に出演された。モンマルトのナチョリスト劇場、キャプシング劇場と、いずれもシャンソン又日本歌謡などを唱われ大成巧をおさめられた。音楽の殿堂パリでは、毎夜の様に名曲名舞踊が公演される。仂きながら勉強された石井さんの生活は本当に充実し、愉しいものであつた事であろう。イブ・モンタンのリサイタルの素晴らしさ、フルト・ベングラーのベルリン交響楽団のダイナミツクな演奏。サデラス・ウエスパレー団の優雅な踊り、など、名演奏・名舞踊を一ぱいに味われて帰国されたのだ。又ドイツの旅の思い出…、と石井さんのお話しはつきない。

フランス航路、船の旅で帰国の途すがら、スエズ運河での魚つりの楽しい思い出。しかし美しくどこまでも澄んだ海と空で日本に日一日と近づく時しみ〴〵父母のいます国が懐かしく思えたと云われていた。東京品川の石井家の裏にあるプリンスホテルに、落着かれた石井さんは、早速フランスみやげのドレスをそれいゆの為に見せて下さつた。

四ケ年振りに帰つた
石井好子さんの
パリみやげの衣裳拝見

日本に帰えり、まるでなにもかも嬉しく、珍らしく、懐かしい。なにもしないでじつと東京の物音に聞きいつていたい。四年間はすぐ過ぎ去つたと思つたが、その間に、日本は東京は随分変つた。そうした事を考えるとやはり、長い間留守にしたものだとつくづく考えさせられる。なにかはつとした面持ちで語られる石井さんのドレスは、縞馬の皮の様な感じに白と黒で織りだした珍らしい布地で、ぴつたりと縞目の流れも楽しいシンプルなドレス。長い髪が肩にゆれ、印象的なお姿である。

左上のドレスは、渋い薄茶のシールで出来たもので、肩から出ドレープが胸に美しい陰影を見せて誠に優美な美しさを見せている。簡単なデザインが、この布の持つ柔かい味を良く見せているので大変好きなドレスと云われていたが、見事なスタイルを持たれ

た石井さんに、本当に良くお似合いだつた。このシールは最近出来たのだそうで、家庭でさつと洗つても毛がねる事もなく、乾きも早く、花辦の様な柔らかな感触と、こくのある色彩が珍重され、パリでは大変に流行しているとの事。

左下は、豪華なミンクのストールを身にまとわれ、灰色のシヤリッとしたウールのスーツの石井さんは、マダム的な落着いた美しさである。この見事なストールは、パリ一流の店で求められ、その店でこのスーツも仕立てられたとの事。六回もの丁寧な仮縫いで出来上つたのだそうで、さすが本場のお仕立てだ、目立たぬ所にも細心の注意が拂われている。こうした一流の店で作れば、驚く程高価につくが、デザインも、仕立ても吟味され、フランスの味がしみじみとにじみ出る様で、このスーツを着ると、楽しかつたパリ生活を思い出すとの事だ。

右上　着安いので大変好きなのです。と見せて下さつたドレスは、黒と赤で唐草の様な面白い模様を染め抜いたシンプルなジャージーのツーピースで、線の流れも柔かに見事な着こなしをされていた。

右下　白のタフタのブラウスに黒サテンに全体に花模様のキルテングがほどこされ、大きく開いたフレヤースカート、と云う清楚なカクテル。広く開いた衿元は自由に折返しが出来る様になつている。若々しい感じの石井さんの手首には、幾重も巻かれた真珠のブレスレットがにぶい艶を見せシットリとした味を添えている。

ト　ディオールのデザインになる豪華なイブニングドレス。人魚を現わしたもので全体がうろこの様にピンクのスパンコールと銀のビーズをうめ込んだ素晴らしいもの。このドレスでパリの舞台で唱われる石井さんのお姿が目に浮ぶ様だ。

左　紺のキャシミヤのシンプルなオーバー。大きな衿に縦にステッチを何本も通してあり、袖口のカフスにもズ

ーバーである。マフラーは空色と赤の花模様を撰ばれた。

マッチ箱

ただで出来る贈りもの

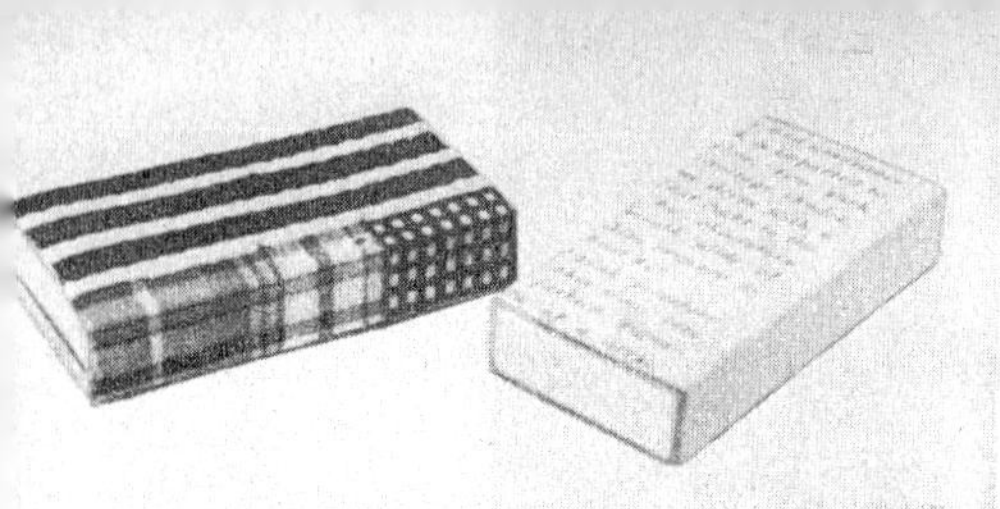

AとC

AとC

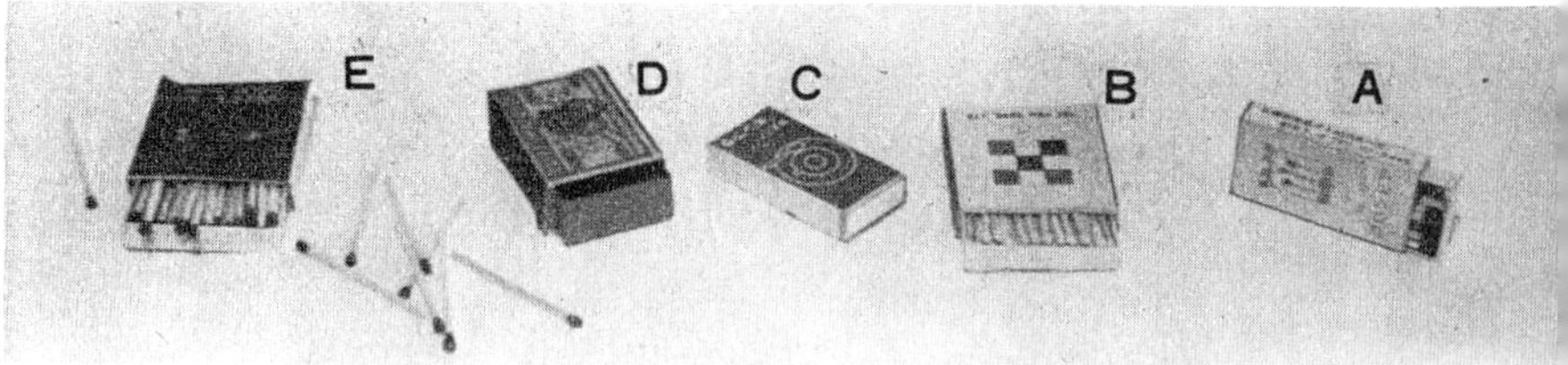

中原淳一

貴女が煙草を喫わなくても、貴女のフイアンセのポケットに、貴女の工夫したマッチ箱を贈つてあげるのもいいものだ。

あなたの親しいフイアンセや御主人が、それを出す度にあなたの事を思い出すかも知れない。

お金をかけなくても心のこもつた贈りものはたのしいもの。

AとC

両方とも喫茶店で貰つた小型のマッチに一方は、極くこまかい色とりどりの木綿の布を、重ね合わさない様に切りながらはつてみたら、こんな可愛いいマッチが出来た。

もう一方は、真白な、外国雑誌のつやつやとした白い紙に黒い活字がくつきりと並んでいるのが大変綺麗だつたので、裏には細かい字のところを、表にはBの一字を見つけてはつてみた。

これはBの字だから「あなたはボーイフレンドのしるし」と云つて渡すのも愉しい思いつきでしよう。

B

これは外国雑誌の表紙で、黒地に白でSEVENT·EENと書いてあるのが余り綺麗だつたので、そのSEVE迄を切つて、磨擦抜を残してぐるつとはつてみたら、こんな洒落たマッチ箱が出来た。

D

これは何処にでも売つている台所用のマッチ箱。このまゝでは艶消しだけれど、表には貴女の可愛い写真、裏には貴女のドレスの残り布をはりつけてフィアンセにあげましよう。

E

サンドイッチマンから貰つた喫茶店のマッチ。赤、水色、黄、白等夏のワンピースの残り布をはつてみた。

こんなマッチをハンドバックの中にしまつておいて、誰かが煙草を飲む時に〝ハイ〟などと出してみたら、そのマッチの箱が、その時着ている貴女のドレスと同じだつたりしたら一寸楽しいだろう。

妻になる條件

—愉しく新しく・23—

中原淳一

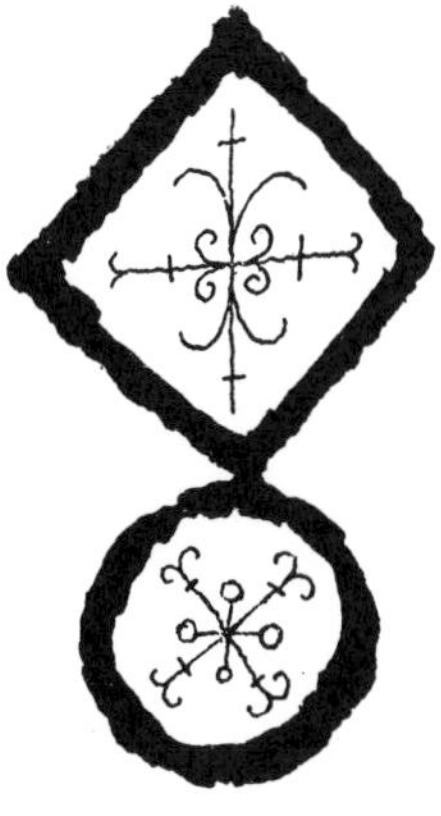

或る会社の昼休み、屋上に集つた若い女性二人の会話。「ねえ、貴女お料理出来る？」「それがねえ、全然駄目なの。台所させられるくらいなら死んだ方がましだわ」と、少々得意げである。話はたべものから着物のことに移つて、俄然、活潑になる。どんな着物が自分に似合うかと言うこと、或いは、どんなものを着た時に、どんなに褒められたかと言うこと、午後三時には今度作つた白いサテンのブラウスの仮縫いがあるから、会社をちよつとサボつて行くつもりだと言う話等々。話が映画のことに入ると、人気俳優の名が次々に挙つて、誰が一番人気かあるかと論じた末に、自分のボーイフレンドが人気俳優の誰にそつくりであると言う話、又別の大変美男のボーイフレンドが自分に好意を寄せて、うるさくて仕方が無いが、自分はそんなのは全々問題にもせず断つちやつた……と言つた怪しげな自慢話に花が咲いて、一向に尽きそうにも思えない。話題はそして化粧の事に移つて行つたら、自分にオードリイ・ヘップバーン型の太い眉の化粧が似合うことも発見したから、そう言う風に変えて行こうと言つた種類のことである。

　こんな会話は、単にこの屋上にふと見つけたのではなく、会社勤めしている女性の多くが、ほんとうの働く職場の大切な意味を忘れて仕舞つて、このような考え方をしているように思えるのである。

　考えてみると、三十年前、四十年前頃に、そんな女性がいたら「札つき」みたいに見られて、結婚の資格もないように言われたものだろう。家庭的な仕事は一切嫌いで、おしやれと映画、男の話等々、それ以外には興味がないと言つた種類の女性である。どれ位の月給を貰つているか知らないが、着るものは他所へ出して一つ一つに仕立代を払つて作つて貰い、台所は母親にして貰つているのなら、まあ今のところはそれで間に合つたとして、このような女性は、現代にだつて良い質の女性だと言えないかも知れない。それでも、そのヘップバーン風な眉や流行のドレスを着ていれば、又良い結婚の話にもぶつかろうと言うものだ。昔風な女のまゝが、現代最も良い人妻であるかどうかは解らないにしても、こう言つた女性が結婚した時、一番良い人妻になると言う状態が生れてくるかどうか、疑問に思われることだ。

　これは戦後間もない頃の花嫁さんの話だが、その頃繊維が乏しい時でもあつたし、特別、嫁入支度として蓄え

も無かつたために、大した支度もして行かなかつた。夜具ぐらいは持つて行つたかも知れないが、座布団までは揃わなくて結婚した。

　ところが姑と一緒に暮らすのは嫌だと言う最初からの話合いで、両親の家のすぐ近所に別居して暮らすようになつたのだが、来客があると言つては婚家にある一揃いの座布団を何時も借りるのが習慣になつていた。その間に、いちいち借りては返すその習慣も、だんだんいい加減なものになり、半歳もする頃にはとう〳〵その座布団を自分の家のものの様にして返さない事もあたり前になつていたが、ふいと気がついてみると、ところどころ、シミで汚れて、もうとても人前に出せないような一組の座布団に変つて仕舞つていたのだ。ところで実は、その座布団は花婿が生れた時に丁度、来客用として上質のものを作つたもので、三十年に近い年月を特別な来客だけに、丁寧に出し入れして、ちやんと扱つて来たものだそうで、未だに新しい品の様に地厚な羽二重にはフカ〳〵とした綿が心地良く入つていた。それをこの花嫁の無計画な使い方で、半歳もしないうちに茶の間の普段ものになつて、見る影もないものに変り果てゝ仕舞つたのだ。しかし、この新妻は、来客でもあれば「こんな汚ないお布団ですけど」と言い訳をしたり、それが自分の物を大切に使わなかつたセイだとも気がつかない。

　又、これは女中を一人雇つている家の新妻の話。或る時、夫が押入れを開けようと思つたが、襖がなか〳〵開かなかつた。無理して力一杯やつと開くと、メチヤクチヤに押込んだ夜具がパツと崩れ落ちた。そこで「今朝の布団、誰が始末したんだい」と夫が尋ねると、「私よ」と奥さんが応えた。「この入れ方は何んだい」と言うと「その押入れ、とても入れにくいんですもの」と奥さんは答えた。ところがその翌日、夫は又何かのはずみに押入れを開けてみると、キチンとたゝまれた夜具が入つていたので「今日は綺麗に入つてるね」と妻をふり返つて言うと、その日は女中が入れたのだと奥さんが言う。「入れにくいと言つたつて、女中がすればキチンと入るじやないか」「あたり前だわ。女中はそれでお給料を貰つてるんですもの」と言う奥さんの口吻だつた。この奥さんは女中が居なかつたら、家の中の全部がこの押入れの中のようにゴタ〳〵と始末がつかないのだろう。

　ここにもう一つ、何時も月末になつたらお金が足らなくて、月の二十日にもなると三度の食事の事も心配になる程で、そんな事も夫の薄給のためだと「結婚は人生の墓場ですわ」と近所の奥さんにも口癖の様に嘆いてみせるのである。そこで最近では、どうしても共稼ぎをするべきだと主張して就職口を探すがまだ見付からないんだと、その奥さんは少々あせり気味である。

　ところで、四部屋に台所に、玄関と言うそこの家は、夜になるとどの部屋も電気がつけツ放しである。おまけに夫の机の上にある電気スタンドまでが、大抵はつけツ放しである。別に、どの部屋も明るいのが好きだと言う訳でもないのだが、何となく消すのを忘れて仕舞うのである。

　或る時里の母親が来て、「お金に困る〳〵と言つているのに、こんなに無駄な電気をつけツ放しじやあ、電気代も大変じやないの」と意見をすると「あら、電気代なんてそう大した金額じやないわよ」と口答えをして、改める様子もない。ところが、その大した事のない筈の電気代も月末には払えないで、何ケ月も溜つているのだ。

その奥さんは、娘時代に洋裁、和裁に限らず、その類いは、何でも嫌だと言う事で片附けている人だつた。家庭に入つて、夫の月給が有り余る程多いと言うのでもないだろうが、着る物は洋裁店の手を煩わさねばどうにもならない。そしてその奥さんは、夫の靴下が破れていても、その靴下をつぐと言う事にも気がつかない。夫がついでくれと言つたら、つがないで破れたまゝの方が良かつた程、体裁の悪いつぎ方をした。そこで、或る時、夫が「娘時代の遊び半分の会社勤めが、何か人生勉強の為めになつているかも知れないが、自分の着る物ぐらいは作れた方が良いし、つぎものぐらいは綺麗に出来るほどの訓練は、娘時代にして置いても無駄な事ではないはずだ」と言つたら、奥さんは「里のお母さんも言つてたけど、日本の女つて裁縫には、先天的な素質があるものよ。だから、ちよつと馴れゝばそんな事ぐらい、すぐ出来るのよ」と訳の解らぬ負け惜しみの口応えをした。ちよつと馴れゝば出来ると言うそのつくろいも、その奥さんはちつともしなくて、夫に不満の種をどうして作つているのだろうか。

結婚する前は、火のような燃えた愛情で、愛していると言う感情だけでお互いに幸福なものだ。しかし、このような恋愛の時期を終つて、もし結婚したら、お互いが愛しているならそんなお互いの感情を、実際の生活の上に移して行かなければならない。そんな愛している相手なら、そのお互いの生活にお互いが役立たなければ幸福は到底望めない。

もし結婚して、当然そのお互いの生活の上に、起り得るいろいろな仕事——例えば、どうしても一日に三度の食事はしなければならないし、又着るものは一日着ればそれだけ汚れて、肌着の洗濯も欠かす事は出来ない。又庭の草だつて、放りつぱなしでは伸びて見苦しく、掃除もしなければならない。或いは又、限られた金額で生活の切りもりもしなければならないなど——このような事は極くやさしい事に考えられるかもしれない。しかし、それでいて、お互いが協力し合つて、それらの事をうまく取り捌いて行き、快よい二人の家庭を作つて行く、と言う事は、当人が考えているほど簡単な事ではない。二人が協力し合つて、上手にそれらの事をこなして行くテクニックが、もし万一出来ていないならば、その二人の生活はどうしてもうまく行かないのは当然の事だ。夫婦の型にも、共稼ぎと言つたような色々な型があろうが、夫が外で働いて、妻が家庭で仕事をすると言つた普通の場合、妻にその家庭内の仕事の切りまわしがうまく出来るような能力がないとしたら、それは生活能力のない夫と同じように、妻としての資格も、能力もないものと言われねばなるまい。

そして、この事は、お互いが生活する上に満足した家庭を作れないと言う意味で、妻にとつて夫を愛している事にならないのではなかろうか。

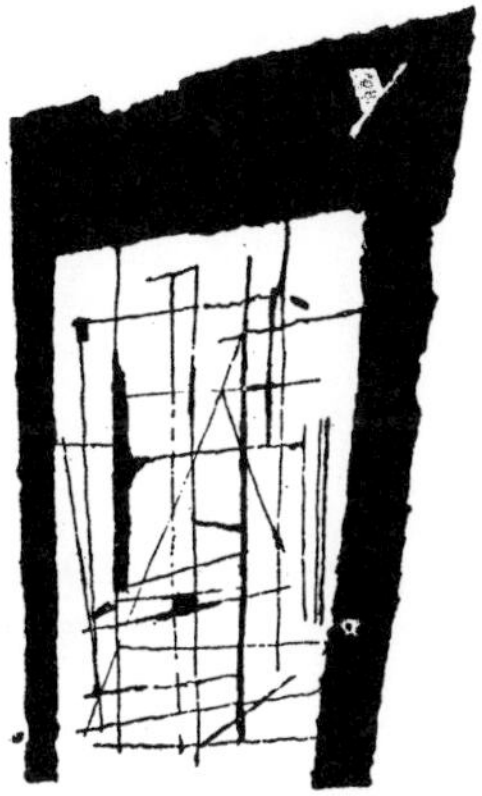

純潔について

田中澄江

お正月、私の家に親せきの裁判官のお客が見えました。新年の廻礼で、勿論お酒が出ました。

私は御接待の主婦役。おめでたい、明るい、楽しい話しをしなければならないのですけれども、私が一番先に取り上げた話題は、このごろ目立つて新聞面をにぎわしている痴漢の始末で、

〝そういう人たちは情状酌量などしないで、みんな死刑にして下さいな〟

裁判官はわらつて、

〝澄江さんはキリスト教徒で、愛の精神をもつて犯罪者を眺めるのじやないですか。逆ですね、減刑運動をしないで極刑をすすめるなんて〟

でも私は外のどんな犯罪者を許しても痴漢丈はその亡びる事をねがわないではいられません。勿論、その増加は社会一般の経済生活の貧窮化の中で一そう甚だしいのだと思われますし、そつちの方を片づけないで、痴漢許り責めても仕様がないという事が言われるかもしれませんけれども、金がない、結婚できない、仕事がない、むしやくしやする、だから、通りすがりの女の子にいたずらしてやろうというのでは、まさにこの世は動物園、人間社会ではないと思うのです。人間と動物とのちがいは、他人の迷惑を考えるか考えないか、という点にその最初があると私は思つています。他人を意識する位ではまだ動物。他人を意識して、ただ生きる事をおのれ自分の道に限定せず、自分にかかわりある他人の上にも及ぼす。もつとすすめて、自分の幸福の為に他人を犠牲にしないですむ社会の建設を目指して堂々怠りなく働くのが人間であると思う。大方の戦争行為はそれ故、人間が動物である状態に於て遂行されるのだ、と思つています。国を挙げて戦争した。他人を殺りくする事に熱中した。だから一人の人間を殺したつて罪ではないという様な演出を、いつか殺人狂時代という映画の中で、チヤールス・チヤツプリンという俳優さんがしましたけれども、これは大へんまちがつている。罪の意識はそも〳〵人間にして始めて存在し、人間の人間たる所以のものである、即ち、自己の生存の為に、他人に危害を与えるとは、社会生活をおくる人間の、もつとも恐れねばならぬ罪の最大なるものである。所謂戦後派の青年たちの中には大人たちが戦争という大きな破壊行為をした。だから自分たちも他人迷惑などかえりみず勝手な真似をしようという考え方があると聞いておりますけれども、もし本当ならばこれもハナツパシは強い様でいて、まことにだらしなくいくぢない話し、理想に燃えてあるべき青年が自ら人間である事を放棄しようとした無惨な姿と申すべきだと思います。

人間は動物に似て、動物に非るもの。私の痴漢説は、痴漢が人間でないときめるところから来ています。そして痴漢が、ただに戦争戦後の社会丈でなく、たいとうたる

平和時代にも沢山いたという事に、その絶望的な結論の根拠を求めたいのです。痴漢はどこにもいつの世にもいる！　彼らは永遠に人間としてのえい智を与えられず、ぁくまで尻尾のある悪魔として外見上は人間でありながら、人間社会を彷徨、彼自身にとつてもその動物性を満足させるにはあまりに抵抗多い生涯をおくらねばならぬ。速かにこれをあの世におくりとどけるのが親切というものであろうと。

痴漢を存在させるのは、人妻にとつては絶えざる貞操の危機となり、娘にとつては純潔維持への恐怖となる。つい最近の新聞紙上は、そのもつともいたましい例の一つとして、大阪の少女が、四国の恋人を訪れようとした途次、痴漢におそわれ、犯人は捕えられたけれども、裁判所側の、証言を求められた少女が、その事を話さなければならないのなら、死んだ方がましだと自殺を遂げた事件を伝えております。この少女は、事件の直後に自殺をはかつている。少女にとつて純潔をやぶられた事がすでに悲しみの極みである許りでなく、それを言葉で再現する苦痛にたえられなかつたと申すべきなのでありましよう。この事件について貞操は生命にかえて守つても決して守りすぎでないと思う故にそれを見すみす恋人を身近に於て失なわされた無念さは、生きて生命のある限り、それら痴漢を絶滅させる激しい願いに置換えてほしかつた。私はこう思つているのです。この少女の死は、貞操を失う事がけがであり、貞操を守る為に生命を賭して悔いない事を〝思いすぎ〟〝気が小さい〟とする合理主義的な考え方への抗議なのではないだろうかと。

痴漢への恐怖は、それがあまりにも多い為に、男という男はいつ痴漢に変るかもしれないという不安感を与えることです。事実、世には立派な紳士の仮面をかぶつた痴漢が沢山いて毒を流している。源氏物語の主人公光君なども身は高貴でありながら、痴漢的所業をくりかえしているのです。その様な不潔漢に手きびしい批判をもち得る為に、私たちはしつかりと、これらをにくむ精神を鍛えておかなければならない。

私は結婚という名に於て、二人の男女が生涯かけて愛情を基盤にした生活の設計を始めようとする時、何よりも互いに相手に与えあうべきものは、その純潔な精神、及び肉体だと思つています。精神と肉体とは勿論別々にわけて考えられるものでなく、当然、この二者を包含した一個の人間という事になりましよう。

完全な愛情は完全な結婚の予想の下に成りたち、その時、両者は身も心もお互いに相手に与えて悔いない。純潔というのは、両者の間へ他の何ものの介在も許さない状態を言うのだと思うのです。そして、その様な状態を招来できない間は、愛情だの結婚だのという言葉及び、行動を軽々しく表現すべきではない。こんな事を申せば、それは理想論であつて、女の場合はともかくとして、今日の様に結婚の条件が外的に制約されてくると、男がその純潔を長い年月保持している事は甚だむづかしい、あるいは又、女より男は、世に痴漢と申せば男ときまつている様に生理的にその性的衝動を抑制しにくいものであるから、これを機会ある毎に満たすのは止むを得ない。あるいは又、いい年をして男が女を知らないのはそれこそ恥じであるという様な男を甘やかす考えも一般化していて、みす〳〵結婚前の男の性的な遊びが肯定されている様でありますから、私が男女共に純潔である事を結婚の第一条件にすべきだと申せば非常識と非難されるむきがあるかもしれません。しかし常識というのは何でしようか。その時代に於けるもつとも多い考え方、というのは、ただ、多い。だからその通りにしていれば無難だという意味はふくんでいますけれども、一つも、それが本当にいい事だとはきまつていないのです。私達が日々生きるのは、常識の範囲内にある限り平穏無事である、しかし、私は本当に生きるということは、従来の常識のままに生きる事ではなくて、常識を批判し、新しい常識をつくり出してゆく勇気にかかつているのだと思います。

女の貞操は生命にかえて守られねばならぬ、それは女が男の所有物である故に男の独占慾を満足させる為に。しかし一方男の貞操は守る必要はない、そういう常識の為に女は死んではならないと思う。女が貞操を死守する時、男も死守しなければならない。

女が純潔を失つてもそれが不可抗力であれば止むを得ないという寛大さのかげに、男もまた純潔を失いがちだからという常識が安閑とあぐらかいてはいないだろうか。純潔を不可抗力的に失わされた女には、相手の男を殺す権利を与えてやりたい。純潔を不可抗力的に失わされた少女が自殺したのは、もつとも愛するものに、おのれの最初を与え得なかつた悲しみの極まりではないのでしようか。そして私が、結婚する男女が共に純潔であれと希うのは、もしも二人が本当に深い愛情で結ばれていたら、自ら、他の何ものにも自分を与えたくないという気持になるのは当り前の事だと思うからです。

勿論、人間は、神様でなく、あやまちを犯し易い弱いものでありますから、その様な理想的な結びつきに辿り着くまでに、お互いに幾度か傷つくかもしれません。私はその傷を、当り前な事として、忘れさつてほしくないのです。

お互いの愛情が純粋であればある程、お互いの為にその最初の序を与え合えなかつた不幸を生涯かけて胸にきざんで苦しんでほしい。そして、その苦しむ事が、愛するものへの、ささげものなのだと、その苦しみにたえてほしい、という事は又あやまちはくりかえされてならぬということ。

同じ様な話しの進め方にしたがつて女より男は、肉体の純潔を保つ事が困難なそうでありますけれども、いつか自分が生涯を共にする筈の愛するものの為に、その肉体を美しく保つ為の苦しみにたえてほしい。

その苦しみが動物的要素に富む人間であればある程深いとするならば、あるいは動物に近い人間程、その苦しみを通して、人間として秀でたものになれるのだといえるのではないでしようか。人間の上中下は、決して、その社会的地位や富や、名声、才能、財産などにあるのでなく、彼及び、彼女自身が、如何に、自己を、自己より以上

のものにしようと努力したかの深浅によると思う。その自己は、あくまでも、現在的標準によつて常識の世界をどううまく泳ぎぬくかに汲々たるものでなくて、絶対の真実、絶対の美、絶対の美の追求の上にたつものでありたい。

戦後、人間性の解放とか自由とか言う事が叫ばれ、若いひと達の性的な生活にもその言葉が実行されて結婚前に純潔を失う事が、特に女の場合に於て、多くなつて来ていると言われています。私の手許にある大阪市立大学教授朝山新一氏の「現代学生の性行動」という一千名の資料によつて若い世代の性生活を分析した書物によつても、その事がわかります。即ち、戦前の学生がその相手としたのは、第一位に売春婦、女子学生は第五位であつたのが、戦後は第二位になつている。戦前は性的な職業婦人を多く相手にしたのが、戦後は、所謂素人が多い。その事は、男のひと達の経済的な貧しさをあらわしていると同時に、女のひと達の、性的な交渉を、安易に考え始めた事を意味しているといえましよう。その事は日本丈でないのかもしれません。

先般私は「青い麦」というフランス映画を見ました。少年が年上の中年婦人にその純潔をうばわれる。少年を愛している少女が、その婦人の代りに自分の純潔を与えるという話しを、美しい自然の風景の中に、甘く抒情的な画面で描き出しているのです。何ともやりきれないいやらしさで私は終りまで見通す勇気がありませんでした。原作は読みませんが、ここにでてくる少女も少年もその両親達も中年婦人も、人間の姿はしているけれども、一匹ずつの動物と何らかわるところがない。少年を犯した中年婦人は、自分丈の慾望で行動し、少年は少女の愛情を忘れて慾望に取りのぼせ、少女は、少年の純潔をうばわれた事に怒る事なく、自分の肉体を与えてよろこんでいるその両親たちは、彼らがその様な行為をしたと感づきながら、別にとがめる風でもない。それはそれをつくつた監督の眼なのでしよう。人間が性的衝動のままに行為しているのを当然として、常識的な解釈のままに、それを美化しようとしてやたらに風景をつかう。いかにも動物園映画でうんざりしました。その様な衝動を批判し、これをどういう場合に、どう発揮させようかと苦しんでこそ人間の人間たる所以であり、映画は又始めて芸術となり得るのだと思いますのに。

今の日本に生きることは本当に生活的にも苦しい事です。しかし苦しみは理想を心に燃やす時、却つて苦しみがよろこびになる。大きく社会を変革しようという様な理想をもつのもいいでしよう。しかしその前に先ず、人間自身の変革が必要なのではないでしようか。それはつねに常識の惰性化に身をゆだねる安易さを恐れる事から始まる。私は若いひと〴〵がせめて、たつた一人、たつた一つのいのちである自分を大事にする、その一ばんはじめを、愛するものの為に自分を純潔に保つ事においてほしいと思います。それがむずかしければむずかしい程新しい生き甲斐だと言い切つていいまでに。

最近の言葉から —その5—

赤い電話

ソ連からかかつてくる電話ではない。最近トミに煙草屋の店頭にふえて来た、あの真赤に塗られたヤツで、委託公衆電話という。電電公社の方ではボックス建設費が不要で、料金にとりつぱぐれがないからいい心持。利用者の方は数が多いほど便利だから、やはりいい心持。煙草屋の方では一回三円の手数料がもらえるから、これまたいい心持。

ブロック建築

ブロック(Brock)はコンクリート材で作つた超大型の煉瓦みたいなもの。内部には上下の方向に大きな穴があり、ここに鉄筋を通してコンクリで埋めて、同時に上下左右もコンクリで接合して、壁面を積みあげて行く。鉄骨なしのコンクリ家屋が、いとも簡単に出来上るわけで、一方メカニックな美感も発揮するところから目下大いに流行中。

文化財防火デー

二月二十六日がその第一回。六年前の今月この日、奈良法隆寺の、国宝中の国宝金堂が焼失した。これにちなんで、文化財を火災から守る意識を昂揚するため消防庁が定めたもの。大は金堂のような建造物から、小は茶器のようなものに至るまで、各種各様の限りを尽しているので、その防火指導には提案者自身の消防庁がアゴを出している。

防火診断

消防署が住宅に対して行う火災予防上の視察。「二階に多勢寝るのに表梯子一つでは危険、必ず裏梯子をつけること」「でなかつたら避難用のロープの用意を忘れないように」「この工場は特に燃えやすい材料を使う。通路には消防自動車の邪魔になるようなものを出しておかぬように」等々。第三者から診断を要請することも出来る。無料。

風疹

外見的にも、自覚的にも麻疹によく似た病気で、病原体はヴィールス。妊娠三か月前にこの風診にかかると、目、耳、心臓などの畸型児が生まれ易いことが実証され、従来の畸型遺伝説がグラついて来た。それでこれにかかつた後で受胎したら、人工流産の必要があるが、わが国では子供病となつているのでマアマアというところ。

G　M

Guided Missile——無線誘導弾。ロケット弾に無線誘導装置をつけ、基地から誘導電波を出して目標に命中させる。この際の基地は必ずしも陸上だけを意味せず、航空母艦である場合も、更に飛行中の親飛行機である場合もある。一方では、このGMを狙つて途中でたたきおとすGMを試作したりもしている。米ソだけの話ではない、今や軍備なき日本でも大いに研究されている由。

遊戯療法

子供と遊びながら、あるいは遊ばせながら子供の病因を発見し、治療して行く方法。異常に乱暴だつたり、無口だつたり、興奮したりする子供を矯正するのに適する。食事ごつこをすれば、食生活の傾向がわかるし、家族ごつこをすれば、日常生活での愛情の偏向が把握されるといつた按配。それによつて適当な手当や指導をこころみる。

禁断症

麻薬中毒者が、麻薬のはたらきの切れた時に現す症状。幻聴、幻覚、うわごと、被害妄想、ドタンバタンの苦しみ、あらゆる病的なものを現すが、病気そのものではないから死ぬことはない。三日間ぐらい以上の症状で苦しみ、その後一月ぐらいボンヤリしていれば直る。馬鹿と同様つける薬ものむ薬もない。

最近の言葉から —その5—

問題児

何かしら特別の保護指導を加える必要のある児童をいい、精神薄弱児、オシ、ツンボ、メクラ等の身体不自由児等の他、孤児、混血児、浮浪児、不良化児等も該当する。それぞれの状態に応じて療養、養護施設に収容、保護者に能力がない場合は、公費で満十八歳まで面倒を見る。全国では七十五万もいるというから、文字どおりの問題児。

人間ドック

ドックはDockで、船をつくつたり修繕したりするところ。器械と同様人間もある年齢に達するとガタが来る。それを放つておくと加速度的にブチこわれる。それ以前に——出来ればガタも来ないうちに施療施設に入り、医師の補強手当を受けると長寿は必定とある。その施設がこのドックで、病人でない人間の入る病院のようなもの。

222番

泥棒の一一〇番、火事の一一九番のように局番なしにダイヤルを廻すと、当日、翌日、翌々日のお天気を教えてくれる。先方は東京中央気象台だから、範囲も東京と関東地方に限られる。一ぺんでわからない場合は、そのまま聞いていると、何べんでもくりかえして教えてくれて、決して腹を立てない。しゃべるのは録音テープだから。

戦線奉仕団

アメリカにあつて原名はAmerican Field Serviceという。第一次大戦中、在仏米人が米義勇軍援助のため基金を募集したのが始り。戦後はその基金で外国留学生を招致していた。第二次大戦では再び戦線に奉仕し、戦後は同じく留学生を招致し、現在三十人以上の日本人学生もその援助を受けている。ふた股主義もここまでくるとアッパレなもの。

洗脳

脳を洗つて、今までこびりついていた古い思想や精神を、たたき直すことを意味する中共新語。発祥地が中共だから、たたき直されるのは国民政府下の資本主義や封建思想ということになる。従つて洗脳運動といえば、中共の指導する思想工作を意味する。日本人も昭和廿年夏以後数年間は大分洗脳されたが、今では結構ゴミだらけになつている。

通信地図

郵便の集配局を単位として作られた集配用地図。市町村字名がフリガナつきで戸数まで表示され、官公署、学校、病院、大会社、工場等は名前入り、道路には分岐点間の距離を記入、ヘンピな地区では一戸ごとに名前が明示されている。一般の人にとつても、新しい土地へ転任した時などはいかにも便利そう。一枚三、四十円で分売している局もある。

宇宙旅行

宇宙といつても、まず一番地球に近い火星目当だが、その火星への旅行が出来るとして本気に研究する人が各国にふえ、宇宙旅行協会などという、まるでクーポンでも売出しそうなものまで出来ている。近いと申しましても六三九五万キロ。ロケット弾式のもので飛込むのだそうだ。どうせ見るなら、こういうデッカイ夢の方が楽しい。

ゼロ号

男から全面的経済援助を受けて別居しているのが二号、男の経済力に依存し、あるいは共稼ぎで同棲しているのが一号(妻)、別居はしているが経済援助を受けず、対等の資格において性愛関係だけで結びついているのが、一号以前のこのゼロ号。美術も文学もメカニズム時代。その意味ではこのゼロ号も、まことに現代的といえましよう。

ドン・キホーテの会話

花田清輝

——「現代における悲劇感覚と喜劇感覚について」というテーマで……なんなら「古代より現代にいたる悲劇感覚と喜劇感覚の移り変りについて」というテーマで、十五六分間お話ねがいたいんですが、如何でしょう？

——なんだかチエーホフの「煙草の害について」というお芝居を連想させるようなテーマですねえ。鼻ひげをそりおとし、長い頬ひげをはやし、だいぶくたびれた燕尾服をきた紳士が、堂々と登場。……というのなら話はわかるが、あいにくわたしは頬ひげもはやしていないし、燕尾服ももつてないし、ま、せつかくですが、おことわりしたほうが、無難らしいね。

——しかし、あの「煙草の害について」の主人公は、そんな演題をかかげておきながら、かんじんの煙草の害については一言半句もしやべらず、てつとうてつび、かれの妻君のたなおろしばかりやる。愚痴はこぼす。おしまいには、燕尾服をぬいで踏んづける。大熱演をやらかすじやありませんか。羊頭をかかげて狗肉を売つたつてかまいませんよ。ひとつあの意気でやつてくださいよ。なにもそう固くなることはないじやありませんか。

——それにしても、きみのもつてきた演題は、少少、腑におちないねえ。煙草には害があるかも知らんが、はたして現代人には、悲劇感覚だとか、喜劇感覚だとかいうものがあるだろうか。

——おや、おや。これはおどろきましたね。最近「ロミオとジュリエット」という映画が凄い大当りをとつたことをご存知じやないんですか。ローレンス・ハーヴェイのロミオに、スーザン・シェントールのジュリエット。特にこのジュリエットがよかつたねえ。十九歳になるイギリスの無名の女学生だというが、せつぱつまつて、仮死状態におちいる薬をのむ場面なんか、なかなか、大芝居でしたよ駈けつけてきたロミオは、そんなこととはつゆ知らず、てつきり恋びとは死んだものだとばかりおもつて、かの女のそばで自殺する。生きかえつたジュリエットは、かれの死体をみて、もはやこれまでと、今度は、ほんとに自殺して、恋びとの上に折りかさなつて死んでしまう。シラノのセリフじやないが、まつたく、散りゆく木の葉に飛翔《ひしよう》の栄《はえ》あれ、という心だなあ！

——ははん、道理で、近ごろ、変な歌がはやつてるとおもつたよ。死んだはずだよ、ジュリエット。生きていたとはおシャカさまでも知らぬホトケのジュリエット。エーサオー。シェイクスピア！……とかなんとかいつてね。

——まぜつかえさないでくださいよ。そうすると、あなたは、シェイクスピアの悲劇を、全然、みとめないんですか。

——みとめないね。あんなものよりも、ヴァン・ダインの探偵小説なんかのほうが、まだしも面白いよ。とにかく、悲劇のおわつたところから、探偵小説は、はじまるからね。「ロミオとジュリエット」だつて、最後の墓場の場面からはじめれば、相当、奇々怪々なる事件のようにみえるかも知れん。しかし、悲劇にしろ、探偵小説にしろ、原子時代に生きてるわれわれの眼からみれば、いささか死体の数が少なすぎるウラミがあるね。なにしろわれわれは、大量殺人になれてるからねえ。ある天気晴朗なる日、空の一角から、ポンと一発、原爆か水爆がふつてくりや、あッというまに数十万の人間がふつとんでしまうというのに、キャピュレット家の令嬢やモタンギュー家の令息の運命なんかに、一々、ご同情申し上げてるヒマなんかありませんよ。ま、きみみたいな心のやさしいひとは別だがね。

――しかし、「ロミオとジュリエット」は、そういわれてみても、やつぱり、傑作のような気がするけどなあ。

――それじや、おしまいのほうを、少々、改作してみたらどうです？　キャピュレット家の地下の墓場は、おそろしく頑丈にできてるから、防空壕にでもすれば、いまでも、十分、使い途がありますよ。それでおもいついたんだが、ロミオが自殺しようとする瞬間、パッと青い光がひらめいて、天地がくずれるような音がすることにしてはどうかね？　つまり、原爆でも、水爆でもいいから、景気よく一発、落つことすんですよ。ロミオは、すつかり、びつくり仰天して、自殺を中止してしまう。なんなら、二三間、はねとばされてちよつと気をうしなうことにしてもいいですがね。それから、ようやくわれにかえつて、いつたい、何事がおこつたのだろうとうろうろしているところへ、ムニャムニャとかなんとかいいながら、ジュリエットがお目ざめになる。墓場の入口にロミオになぐられて倒れていた、ジュリエットの亭主になるはずだつたなんとかいうやつ……そう、パリスか。あいつは、爆発の衝撃で逆に気がついて、わあッと叫んで、駈けだしちやう。

――ふうん。そうすると、万事めでたし、めでたし、ということになるな。しかし、それじや、せつかくの悲劇が、どたばた喜劇になつちまいますね。

――ご名答。結末さえとりかえれば「ロミオとジュリエット」の悲劇は喜劇になる、とシェイクスピア学者はいつています。そんなことは、古典主義作家のばあいにはあり得ない。そこでアメリカのストールなんかは、古典主義作家にとつては、悲劇と喜劇との相違は、ぜつたいに相容れない。まつたく対立する二つの形式の「質」の問題であるのに反し、シェイクスピアにおいては、その差は「程度」の問題にすぎないという。そういう意味では、シェイクスピアの悲劇は、ロマンティック悲劇の典型的なものでしようね。すくなくともそこに、ラシーヌやコルネイユとちがうシェイクスピアの独自性があることはたしかです。したがつて、シェイクスピアは「ロミオとジュリエット」のなかでも、悲劇的場面のつぎには、かならず喜劇的場面をもつてくる。登場人物でもまた、ロミオのそばには、皮肉で快活なマーキュシオを、ジュリエットのそばには、陽気でおしやべりな乳母をおき、つねに対照の効果を発揮させる。きみはあの映画で、スーザン・シェントールのジュリエットが、いちばん、気にいつたらしいが、なんといつても、いちばん、うまかつたのはフロラ・ロブスンの乳母だつたね。

――あの乳母がねえ。あんな調子でペラペラとまくしたてる女房でももらつた日には、喜劇どころか、一生の悲劇だね。面とむかつて論争したんじや、とうてい、勝目はないから、きつと亭主は「煙草の害について」とかなんとかいう演題をかかげて、天下に妻君の非を訴えたくなるでしようねえ。

――そうだ！　きみは、みごとにシェイクスピアの弱点をついたね。さすがにきみは現代人だなあ！　そのとおりですよ。だからさつきからわたしは、シェイクスピアなんかみとめないといつてるんだ。いや、シェイクスピアにかぎらず、ロマン主義者は、ことごとく、ダメだとね。

――ええ？　ぼく、いま、なにかいいましたか。ぼくは、ただ、乳母の悪口をいつただけですが。

――そうですよ。だからきみは、シェイクスピアを一気に粉砕してしまつたんですよ。ユーゴーをはじめ、近代のロマン主義者たちを、あつさり、ノック・アウトしてしまつたんですよ。きみは、いつたでしよう、あの乳母は、喜劇の登場人物どころか、悲劇の立役者たるにふさわしい、と。したがつて、その逆のことが、ジュリエットについてもいえらあね。なぜなら、本来、かの女たちは一心同体の存在なんだから。しかるに、シェイクスピアは、ジュリエットと乳母とをまるで正反対の性格の持主ででもあるかのように描いています。なにが対照の妙だ？　ロミオのなかにマーキュシオを、ジュリエットのなかに乳母を発見できないような人間は、現代人じゃありませんよ。ユーゴーは「クロムウェル」の序文で、崇高なものやうつくしいものばかりをながめて、みにくいもの、グロテクスなもの、平凡なものを無視してしまう古典主義作家のやりくちを、インチキだといつて非難した。それはいいさ。しかし、そもそもそういう正反対なものを並べて描こうという根性がまちがつてますね。スーザン・シェントール即フロラ・ロブスンというところまで行かなくちや、現代人とはいえませんよ。つまり、一言にしていえば、悲劇即喜劇……喜劇即悲劇……ま、こういつた心境に達しないかぎり、現代人たる資格はないね。突然、原爆や水爆が、天からふつてくるのは、こりや、たしかにまぎれもない悲劇だ。しかし、丁度、自殺しようとしているときに、ドカンとくる。丁度、借金のことわりをいおうとしているときに、ドカンとくる。丁度、恋びとと大喧嘩をしてるときに、ドカン とくる。アッハッハ。痛快だね。ねえ、きみ、こりや、あきらかに喜劇だろうじやないか！

——どうもイヤなことをいうひとだねえ。すぐ原爆や水爆を切札にもちだすんだからねえ。しかし、それで、現代人に悲劇感覚や喜劇感覚がないんじやないか、というあなたの説が、だいたい、納得が行きましたよ。要するに、現代人は、それらの感覚を、それぞれ独立の感覚としてではなく、悲喜劇感覚として……統一された感覚としてもつてる、というわけですね。

——そうなんだ。それでわたしは、最近、わたしの出した「アヴァンギャルド芸術」という本のなかでも、大いに悲喜劇感覚の現代性ということを強調したんですが、……しかし、厳密にいえば、悲喜劇感覚なんてものは、なにも現代にかぎらず、時代の変り目に生きてた連中は、みんな、多かれ少かれ、もつてたような気がするね。わたしは、その本のなかでは、キアレルやサン・セコンドにはじまり、ピランデルロでおわる、第一次大戦後のイタリアのグロテスコ派の芝居のなかにみなぎつている悲喜劇感覚を問題にした。しかし、泣き笑いだとか笑い泣きだとかいうと、きみなんか、さつそく、わたしを、チャップリンの亜流だとおもいこみそうなおそれがある。いや、むろん、チャップリンは偉いさ。「殺人狂時代」なんか大好きだがね。しかし、チャップリンの悲喜劇感覚とわたしのそれとのあいだには、やはり、なんといつてもズレがある。そこでわたしは目下、このわたしの感覚にあたらしい名称をつけようとおもつて思案中なんだが、悲劇感覚だとか、喜劇感覚だとか、悲喜劇感覚だとかいうんじやない、なんかこう、もつと、ピーンとくるような名前はないもんかね？

——原子感覚というのは如何でしよう？

——からかわないでくれたまえ。これは純然たる劇的感覚の問題なんだ。パッと青い光がひらめいて、……どうもこの感覚は、原爆や水爆の洗礼をうけた日本人でなくちや、わからないかも知れん。そうだ！ 活劇感覚というのはどうかね？ 連続大活劇の活劇だよ。むろん、活劇というのは、これまで悲劇や喜劇以前の低級な芝居のことをいつてたが、わたしは、この活劇という言葉を、これから、悲劇や喜劇以後の……悲喜劇を、もう一歩、前進させた、あたらしい芝居を指す言葉としてつかいたいね。活劇感覚か。悲喜劇感覚などというしろものよりも、はるかに能動的で、実践的で、ピチピチとはりきつた抵抗精神を感じさせるじやないか！

——活劇なんていうジャンルは外国にはありませんね。アメリカ映画の西部劇を日本人が勝手に活劇に飜訳したんだからね。

——だから、なお、いいじやないか！ われわれ日本人の手で、前人未踏の領域を開拓すればいいんだ。それこそ活劇感覚の持主でないかぎり、できない仕事だね。

——「現代における活劇感覚について」、「セシル・B・デミルより花田清輝にいたる活劇感覚の移り変りについて」……いや、これじや、やつぱり、ウケないね。どうもなんとなく低級な感じがする。ソフォクレスの「エディプス王」あたりから説きおこして、途中はとばしてもいいですが、サルトル、カミュあたりまで、簡単にダイジェストしていただけませんかね？

——わたしの活劇感覚にてらして卒直にいうなら、ソフォクレスの悲劇なんか、あんなもの、悲劇でもなんでもありませんよ。特に「エディプス王」なんか、ばかばかしいね。あれは、未開人のあいだでだけおこる事件です。テーベの王様の子供が、父を殺し、母と結婚するだろうという予言のために捨てられる。その子が大きくなつてコリントの王様になり、ある日、あやまつて見知らぬ男を殺すと、それがテーベの王様で、つまり、自分の父親だつたというんだが、予言で捨て子をするというのも、どうかとおもうけれども、コリントの王様とテーベの王様が、お互いに顔を知らんというようなことは、現代では考えられませんね。とにかく、われわれだつて、毛沢東の顔ぐらい、ちやんと知つてるよ。したがつて、「エディプス王」の悲劇の原因は、主として古代ギリシャにおけるジャーナリズムの未発達に求められるね。それじや途中をすつとばして…いや、すこしすつとばしすぎるキライはあるがね。ま、ご免をこうむつて、いきなりカミュの悲劇感覚をとりあげるなら、これまた、たいして現代的ともいえないね。たとえばカミュは、「シジフの神話」という本をかいて、神々に反抗した罰として、山のふもとから山のいただきまで、大きな石をはこびあげるように命ぜられたギリシャ神話の英雄シジフの態度を讃美している。むろん、石をはこびあげる仕事が、一回こつきりなら、たいしたことではないが、もうちよつとで頂上だというところで、この石が、不意にシジフの手をはなれて、ごろごろところがりおちるような仕掛けになつてるんだから、神々も意地がわるいやね。しかし、シジフは断じて神々と妥協しない。ムダと知りながら、あくまで石を繰返し繰返し頂上にむかつておしあげつゞける。たぶん、フランスのレジスタンスというやつは、そんなものだつたのだろう。しかし、わたしには、その悲劇的なところが、どうもピッタリしないね。シジフの話に感動したりするところをみると、カミュは、あきらかに古典主義的な感覚の持主にちがいない。しかるに、先日、映画で……

――また映画が。もつとくわしくカミュの悲劇感覚についてうかがいたいね。かれの芝居に即して、もつと具体的に……

――いや、きみ。現代では、芝居よりも、むしろ映画のほうが、われわれの劇的感覚を形成するのに、あずかつて力があるよ。映画を軽視しちやいけない。きみだつて「ロミオとジュリエット」を芝居じやなく映画でみたんだろう？……ええつと、なんの話だつけ。そう、そう。先日「ザンジバーの西」というアフリカを舞台にした活劇映画をみてたんだが、そのなかでわたしは、わたしの好みにピッタリあうシジフのすがたを発見して、すつかり、うれしくなつてしまつた。もつとも、こちらは、英雄じやなくて虫だがね。スカラベ・サクレというかぶと虫なんだ。そら、ファブルの「昆虫記」の冒頭に登場する、大きな馬糞のかたまりを、うんうん、押してゆくかぶと虫がいるだろう。あいつなんだ。映画のなかでも、あいつは大きな荷物をかかえて、けわしい勾配をのぼつていた。

ところが、このかぶと虫くん、シジフと同様、いままさに頂上に達せんとする瞬間に、かならず荷物をとりおとしてしまうんだ。そうして、そのたびごとに、かれは、はずみをくつて仰向けにひつくりかえり、たくさんの手足をもぞもぞさせながら、起きあがろうと大奮闘をする。しかし、起きあがるやいなや、かれは、ケロリとした顔つきをして、さつそく、ころがりおちた荷物を追つておりてゆき、あらためてシジフの労働にとりかかる。無数の失敗。無数の挫折。……しかしかれの様子には、いささかも絶望したようなところはなかつたね。かれは、悲劇的でもなければ、喜劇的でもなく、いわんや悲喜劇的でもなく、文字どおり、活劇的だつた。その証拠には、絶望していた「ザンジバーの西」の主人公もまた、この虫のすがたをみて勇気づけられ、悪漢の一味を、一網打尽にしてしまう。こういう虫に、わたしはなりたい！

これや

佐多洋一

ピックアップ

LPレコード用の再生装置では、特に音の取り入れ口のピックアップと出口にあたるスピーカーが重要だ。電蓄の生命といつても過言ではない。ピックアップのカートリッヂ（頭の部分）は、つまみを廻すことによりSPとLPの二様に切り換えられるターンオーバー式が多い。この場合、高級品は自動的に針圧が変化するようになつている。溝の細いLPの針圧は五〜八グラムぐらい。最近一グラムのものも出ているが音質の点からは六グラムぐらいが最適だ。溝が三倍も広いSPの針圧は一五〜二〇グラムぐらい。軽すぎるとピックアップが飛ぶことがある。結局LPとSPは録音特性がまるつきり違うのだから、そのためにも別々のアームのピックアップにした方が良い。

ピックアップはスピーカーと同程度か、それ以上の品が望ましい。スピーカーが良過ぎると、悪い状態のピックアップ通りに忠実にスピーカーが再生してしまい、却つて面白くない結果を招いてしまう。

スピーカーとキャビネット

スピーカーは単一コーンだと、大型の10吋以上になると低音はよいが高音は駄目。8吋以下の小型では高音はよいが低音がどうも物足らない。

家庭用としては8吋位が最適だ。六、七千円も出せば舶来品以上の国産品がある。大小二個のコーンを組合せた複合型は値段は高くなるが（独逸テレフンケン10吋一万二千円、英グッドマン12吋一万四千円）再生装置としては理想に近い。最近では三個以上のスピーカーを組合せた最高級も出ている。

スピーカーと共に、それを入れる容器（キャビネット）の役目も忘れてはならない。

従来の電蓄は一つのキャビネットにまとめ上げていたが、高忠実の再生のためには別に大型のスピーカー用キャビネットを作つた方が良い。外観だけに捕われて、音響学的構造を無視すると、折角のスピーカーの性能を台無しにしてしまう。キャビネットはスピー九ー製造会社の標準寸法を作るのが一番無難だろう。

調整操作

モーターは三段切換（78 45 33）の場合問題はないが、連続可変モーターの時はストロボスコープ（黒いすじの入つた円板）をレコードに乗せて、電灯の下で33廻転用（或いは45 78）の黒い線が静止して見えるまで速度調製する。静止して見えた時が正規の廻転速度にあたる。音量と音質の関係は、音量が少ない場合は（小さい音で聴く時）高音低音ともに強めに調整することが肝要。針音は比較的高音だから、高音をいくらかカットして弱くすれば消える。ゴロゴロという時は、低音をカットする。低音は室内の何処で聴いても殆んど同じだが、八千サイクル以上の高音はスピーカーの軸上でないと聴えない。だからスピーカーの位置は聴き手の耳と同じ高さか、聴き手に向いていることが必要だ。周波数拡散装置付きのスピーカーだと、この欠点が除かれて低音同様に比較的聴き手の位置に関係なく良く聴かれる。洋間は音を反射し、日本間は音を吸収する。高音も吸収され易いことを調整の際頭にいれて置きたい。

針

SP用の鋼鉄針に代つてLPではサファイアかダイヤモンドの宝石針が使用される。レコードの溝の幅が、従来の1/2〜1/3になつたためだ。それに演奏時間が長くなつたから鉄針や竹針では耐久力がない。

ピックアップの重さや性能によつて多少違うが、サファイア針は五〇〜一〇〇時間、ダイヤモンド針は三、〇〇〇〜五、〇〇〇時間の耐久力を持つている。溝が細くなつたから針圧も極度に軽くなつた。だから一寸した振動でもピックアップがとび上る。すると金属より堅い宝石針がレコード面に深いキズをつけてしまう。演奏中どしんどしん歩くのは避けたい。

音が突然高くなつたり低くなつたり、或はかすれたりする場合、針先にたまつたゴミによることが多い。頬紅をつける時使う刷毛でホコリをとればよい。

LPシャワーをレコードにかけた時、塗布液が粉となつてとれることがあるから特に注意したい。

LPあれや

ホコリ

LRレコードの最大の敵は〝ホコリ〟だ。レコードの盤面の帯電気がホコリやチリを吸いあげる性質を持つているから、注意しないとすぐ溝にたまつてしまう。そのまま再生すれば、パチパチ、パラパラ、と不愉快な音を発して、高忠実再生装置もあつたものではない。

ホコリ取りには①ネル地にシリコン（珪素樹脂）をしみこませてブラッシ型にしたクリーナー（三百五十円～八百五十円）②ネル地にシリコンをしみこませたホコリとり布、これはキャビネットの艶出しにも利用出来る（五十円以上色々あるが百円ぐらいが手頃）③塗布液を噴き付け帯電気を弱めるLPシャワー（六百五十円）などがある。

①と②はレコードの廻転と逆方向に盤面をこすれば溝のゴミが綺麗にとれる。

③のシャワーは、レコード面に噴きつけるだけで、半年から一年間ぐらい有効といわれている。

レコードの選択

国産LP12吋二千五～七百円、10吋二千～二百円、EP七百円、舶来LP12吋三千～二百円、10吋二千四～五百円、EP八～九百円という値段は、おいそれと買える値段ではない。一度買つたら取り換えはきかないから買う前は十分注意したい。

先づ盤をナナメにしてキズの有無をたしかめる。特に舶来盤はキズ無しは皆無といつてもいいほどだから、念には念をいれてみる必要がある。そして遠慮しないで全曲かけて貰うことだ。演奏、録音の良否は聴くのが一番良い。

録音のゴースト（お化け）に注意したい。ゴーストというのは演奏中その箇所に吹込まれていない前後の音がかすかに聴える現象のことで、LPは溝が狭いため両側の溝の波形に影響されておこる。

現在の録音では、ゴーストを完全に防ぐことは出来ないから、音を大きくしてみて、少ないのを選ぶようにする。

レコードの出し入れ

LPの材資のビニール・プラスチックは、恐ろしく傷つきやすいということを常に念頭に置くこと。

レコードをカバー（ジャケット）から出す時は十分注意しなければいけない。ジャケットの入口を外側に弓形に軽くふくらませて、空間を作つてレコードを出す。

このようにレコード面とジャケットの接触を避けないと、ジャケット内にしのび込んだゴミが、盤面に直線の大きなキズをこしらえてしまう。だから演奏後もクリーナーでゴミをよくぬぐい取つてジャケットにしまうだけの手数はかけて欲しい。またジャケットの入口からは大変にホコリが入り易いから、画用紙でカバーを作るか、ビニールの袋にいれておきたい。

ジャケットの出し入れの際、指先の油が溝につき易いから、シリコン布でレコードをはさんで出すようにすればよいだろう。

レコードの保存

LPレコードは特に熱に弱いから、ストーブや火の気には近ずけないようにしたい。一度そつたらシェラック製のSP盤のように重しをかけて簡単に元に戻すことは出来ない。溝が細ければ細いだけ、盤面の一寸したユガミや曲りが演奏に影響するのは当然の話だ。湿気の多い所に置くとカビが生えることもある。カビは盤面を腐飾するから警戒しなければいけない。

温度の低い、乾燥した場所が保存の第一条件だ。

ホコリからレコードを守るために扉の完全なキャビネットかボックスにしまいたい。

従来のSP用のアルバムは用をなさず、最近はLP、EP用が十枚入るケースが売り出されている。EP用ボックスは二百五十円ぐらい、アルバムは五百円ぐらいからある。重いSPとは別に保存した方がいろいろと好都合でしよう。盤は立てても重ねてもそれほどの差違はありません。

『チャンス』は何処にでも転がっている

庄野誠一

試みに英和辞典をくつてみると、チャンスという言葉には、左のような意味がある。

――偶然、機運、機会、僥倖。

だからチャンスとは、同じ運命の中でも、不幸に類する機会や偶然は、含まないようである。「君の名は」の春樹と真知子が、いつも運命のいたずらにもてあそばれて、相逢うことが出来ない偶然は、チャンスとは云えない。幸運に類する場合に限るのだ。

現代は、チャンスの時代だと云われている。たしかにそうかもしれない。

しかし、それなら、昔はチャンスが全くなかつたかというと、決してそういうわけではない。豊臣秀吉が乞食小僧から立身して天下をとつたのも、チャンスをうまく摑んで、それを完成させたからである。

たゞ昔は、チャンスが運命のいたずらとしてころがつていたのであつて、それを摑んで生かした場合にのみ、それがチャンスとなり得たのだが、現代のチャンスには、そういうチャンスの他に、もつと性質の異なつたものがあるのだ。

現代がチャンスの時代だと云われる一番の原因は、チャンスそのものが一つの意味をもつて、人為的につくりだされているということである。そしてそのチャンスは、文化的な目的にしろ、営利的な目的にしろ、とにかく或る目的のために奉仕するようにつくられているのだ。そのようにチャンスそのものに一つの利用価値が賦与された結果、チャンスはおびたゞしくつくりだされ、一般に公開され、したがつてチャンスの氾濫時代となつたのである。

戦前からあるものでは、小説や戯曲等各種の懸賞募集、音楽コンクール、美人コンクール、撮影所のニューフェース採用試験等がある。そして戦後は、NHK「素人のど自慢コンクール」と民間放送での類似コンクール、「とんち教室」や「話の泉」や「二十の扉」と民間放送での類似番組における出題懸賞募集、「三つの歌」とその類似番組、更に以上のものを混合したクイズ物、最近NHKで始めた「即興劇場」とその類似番組等、実に数えきれないほどの多数にのぼつている。そして空前のチャンス時代を現出したのである。

これらの作られたチャンスは、広く一般に公開され、賞金獲得のチャンスとなつていると同時に、埋もれた人材の登龍を容易ならしめている点で、たしかに一つの意義をはたしているが、その反面ではチャンスの濫用という奇妙な現象をも来しているのである。

埋もれた人材の登用という健全な面については後述するが、チャンス氾濫時代を現出した最大の源泉であるクイズ番組や「三つの歌」等には、単なる賞金を目的とする遊びが主体となつている。決して不健全な遊びではない。しかしそのチャンスの性質が、刹那的で、後に何かが実るというものでないだけに、それはチャンスであると同時に、スリルに似た働きを人々の心理に及ぼすものである。

その点では、「素人のど自慢コンクール」とその類似番組は、埋もれた人材の登用という健全な目的をもつたチャンスであろう。

それなら人材の登用という面のチャンスについて、述べてみよう。

文学一つを例にとつても、昔は一流作家の門を叩いて、その門人となる許しをうけ、永年にわたつて指導をうけた上で、ようやく推薦されて世に出たのだが、今では懸賞募集という方法によつて、一流作家の門を叩くだけの縁故のない人にも、またそんな道程をふみたくない人にも、広くチャンスが公開されている。同人雑誌も、自分からチャンスを摑もうとする一つの方法であり、芥川賞等の文学賞も、無名作家や新進作家に与えられる大きなチャンスである。

そういう公開されたチャンスを摑んで、世に出た人は今までにも相当数にのぼつているが、音楽コンクールや懸賞小説、文学賞等、かなり以前から行われているものは、そこから多数の人材を輩出させているが「素人のど自慢コンクール」等、戦後になつて始められたものはまだ日が浅い点もあり、かつ素人の余技が対象となつているだけに、それほどの人材はまだ発掘されてはいない。

それに美人コンクール等は、才能や特技に関係ないものだけに、一時的な話題の対象となつて人々から忘れられてしまうのは、やむをえないことだろう。

それなら公開されたチャンスを摑んで、世に出た人々には、どんな人達がいるだろうか？「のど自慢」からは僅かに荒井恵子一人である。美人コンクールで一躍有名になつた人は数多いが、なかでも最近の話題は、やはり何といつても八頭身のファッションモデル、伊東絹子だろう。

音楽コンクールにいたつては、現在の楽壇の三分の一はその出身者だといつても過言ではないかもしれない。昨年末、故国に錦をかざつて各地で演奏会を開き、すぐまた渡米したヴァイオリンの江藤俊哉を筆頭として、巖本真理、鈴木秀太郎、小林健児、目下パリへ留学しているピアノの柳川守と田中希代子等は、将来の日本の楽壇を背負つて立つ人達だろう。声楽ではオペラの長門美保をはじめ、松内和子、石津憲一等、中堅級に多数の人材を送つている。

懸賞小説から文壇に出た有名作家には、尾崎士郎、吉屋信子、宮本百合子、宇野千代、芹沢光治良等がいる。芥川賞では井上靖、石川達三、火野葦平、中里恒子、由起しげ子、尾崎一雄、芝木好子、中山義秀、八木義徳、堀田善衛、安岡章太郎等がいるし、短命で終つた横光賞からも、永井龍男、大岡昇平という有力作家を生んでいる。

しかし、そういう公開されたチャンスだけが、チャンスなのではない。チャンスはどこにでもころがつている。それをうまく摑んで一躍存在を認められた時に、初めてチャンスははつきりと姿を現わし、あれがチャンスだつたのだと認められるのだが、うつかり摑みそこなつた場合には、チャンスは闇から闇に葬られてしまう。だからチャンスを摑むためには、それを摑む心構えをもつて、たえず油断なく待機していなければならない。

映画監督やプロデューサーが、偶然、街頭や職場やダンスホール等で、新人スターを掘り出す例は戦前からよくあつた。また主演女優が急に病気などで出られなくなり、その代役として大部屋から抜堀されて売り出した場合もある。黒沢明監督の「生きる」に出た新進女優の小田切ミキなどは、撮影所見学にきたところを同監督に発見されたのだそうだし、神楽坂はん子が偶然古賀政男のお座敷に呼ばれて、その美声を認められたのも、やはりチャンスである。

また映画スターや流行歌手などの人気の消長には、明らかなチャンスの働きがある。

戦後、彗星のように現われて人気をさらつたブギの女王笠置シヅ子も、あの声とあの奔放な歌い方が、戦後の荒廃した人心にぴつたりアッピールしたからであり、それはチャンスをうまく摑んで生かした例の一つであろう。

その後、続々と進出してきた美空ひばり、久保幸江、藤沢嵐子、越路吹雪、江利チエミ、石井好子、菅原都々子、雪村いづみ等も、夫々ヒットメロディというチャンスを摑んで売り出した人達である。

全く流行歌手の人気の消長は、チャンスに恵まれるか否かにかゝつている観がある。最近の著しい例の一つとしては、永らくあまりぱつとしなかつた林伊佐緒が、「八木節マンボ」や「真室川ヴギ」等の日本民謡ジャズで、俄然人気をもりかえしたことである。笠置シヅ子の近頃の沈滞も、久保幸江の落潮も、やはりヒットメロディというチャンスに恵まれないことが大きな原因の一つとなつているようだ。

そこへ行くと淡谷のり子のように、不動の人気を持続している歌手は、もうチャンスの有無に左右されないだけの、立派な芸の力を獲得した証拠であり、ヒットメロディに恵まれなくても、どんな歌にも彼女独特の魅力を発揮し得るところまできたからであろう。

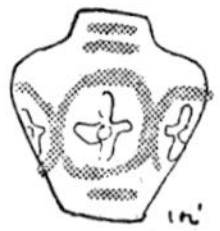

映画界でのチャンスは、やはり何といつてもいゝ役に恵まれるということである。最近ではいゝ監督に使つてもらうということも、重大なチャンスの一つと見なされるようになつた。

戦後の三船敏郎の進出ぶりや、「帰郷」で一躍売り出した津島恵子もその一つだが、最近では、岸恵子と佐田啓二が、真知子と春樹という配役を得て熱狂的な人気を獲得したのは、何といつてもチャンスに恵まれた顕著な例である。オードリー・ヘップバーンの場合も、同様の事情が感じられる。

そして今では、真知子という人物は、岸恵子以外の女優ではどうしてもぴつたりしないイメージが、我々の中に厳然と形づくられてはいるが、これが仮りに同じ「にんじんクラブ」の久我美子であつても、有馬稲子であつても、夫々岸恵子の場合とは多少違つた真知子にはなつたかもしれないが、やはりそれはそれとしての真知子のイメージが形づくられ、観客に大きな感動を与えて熱狂的な人気を獲得したのではないだろうか。それは真知子という人物が、岸恵子以外の女優には絶対に演じられないという特殊な個性をもつていないという証拠にもなり、同時に岸恵子という女優が、絶対に他の追従を許さないような演技力や個性をもつていないという証拠にもなるのである。

だから真知子という役は、どの女優にとつても一つのチャンスだつたのである。

映画スターというものは、全部が全部といつてもいゝほど、チャンスによつて売り出し、チャンスに恵まれなければ次第に影をうすくして行くのである。そうして存在を忘れられて行つたスターは、今までにも数限りなくある。

そこへ行くと、高峰秀子の場合は、少し事情が違つている。彼女も人気スターとして売り出した当時は、「綴方教室」以下、相当チャンスに恵まれていた。そして戦後にもかなりのチャンスを摑み、人気スターの第一線に坐つていた。しかし彼女は聡明だつた。そういうチャンスによる人気の消長のはかなさを痛感し、顔の魅力と芸の素直さだけにたよつていた自分の女優生活に、つく〴〵倦きたりないものを感じて、次への飛躍を模索しつゝパリへ逃避した。そして一年ほどの休養の後に、心機一転してスクリーンに再び現われた時には、彼女は芸域をひろげ、深めることに専心して、すゝんでそういうチャンスを求め、「雁」「二十四の瞳」「このひろい空のどこかで」「浮雲」等、今までに見られなかつた著るしい進境を示したのだ。彼女の将来には、田中絹代にも比較し得る大女優の道がひらけてきたのである。

チャンスなどには左右されない、しつかりした芸の力が、高峰秀子の人気を不動のものにする日は、そんなに遠くないだろう。

乙羽信子にも、高峰秀子と同じような努力と精進が見られる点で、彼女にも将来性があるといえるだろう。

中村メイコの場合は、独特の巧さ、タイミングのよさ、天性の魅力にとんだ明るい個性、即席で立派にこなす勘のよさ等によつて、めき〳〵と進出してきた矢先に、「田舎のバス」や「サンタのおじさん」のような彼女にうつてつけのヒットソングに恵まれたことは、やはり何といつても大きなチャンスというべきだろう。メイコが現在の圧倒的な人気を永く持続することは難かしいだろうが、賢明な彼女のことだから、俄かに影のうすれるような結末にはならないだろう。

　プロ・レスリングにおける力道山の人気も、勿論、彼の超人的な実力によることには相違ないが、やはり日本的最初のプロ・レスラーという点が、一つのチャンスとなつているように思われる。もしも横綱を引退した東富士が、プロ・レスリングに転向して、力道山以上の実力を示しても、現在の力道山以上の人気を獲得するかどうかはわからない。

　鳩山一郎と民主党の人気も、やはりチャンスの波にうまく乗つたということがいえる。吉田自由党が、あれほど粘りに粘り、一手で憎まれ役を買つてくれなかつたら、鳩山民主党の人気は今日ほど伸びなかつただろうと思われる。

　しかし、以上ここにあげた人々は、みなチャンスを摑んで一応成功した場合であつて、たとえチャンスを摑んでも、失敗に終る場合はいくらでもある。むしろ実際には、その方が遥かに多いかもしれない。一躍映画の主演に抜擢されたが、そのまゝ消えてしまつた人はかなり多い。流行歌手などにも、一二枚吹きこんでそれつきりの人はざらにいるし、近江俊郎なども戦前には何度もその憂目を見た組である。懸賞作家の殆んどは、あとがつゞかないし、芥川賞をもらつて脱落した人は、その後も作家活動をつゞけている人より遥かに多い。

　それはやはり、チャンスを摑む心構えの中に、何かが不足しているからだと思われる。いつたんチャンスを摑んだら、絶対にそれを生かす覚悟をもつて、常々努力と精進を怠らないようにすることが、何より肝腎なのだ。

　それでこそチャンスが生きるのであつて、たゞチャンスを摑みさえすればいゝのは、美人コンクールと宝くじ位のものだろう。宝くじでも、当つた二百万円の使い方一つで、それが幸福の資源となる場合もあれば、却つてその後の不幸を招来する場合もある。

　そしてまた、チャンスは人気を獲得するためだけにあるものではない。幸運を摑むチャンスもあれば、自分の実力を認めさせるチャンスもある。結婚のチャンス、友情のチャンス、恋愛のチャンス、成功のチャンス、仕事のチャンス、金のチャンス、財産のチャンス、勝負に勝つチャンス、世界記録を出すチャンス、ホームランを打つチャンス等、チャンスの種類は実に多種多様である。

　麻雀のように、運命をもてあそぶ競技等では、チャンスを摑むか摑まないかによつて勝敗が岐れるのだから、いわばチャンスの摑み競争ということができる。つもつたパイの一つ一つに、運命の胎動が感じられ、そこにチャンスを模索しつゝ遊ぶのだから、その面白さは格別である。

　チャンスはまた、向うからやつてくるものの他に、こちらからつくるものがある。こちらからつくるといつても、勿論それは運命の波を無視するわけにはいかないのだから、たゞ摑もうとして網を一杯にひろげることである。

　例えば恋愛のチャススにしても、向うからやつてくるのを待つて、家事の手伝いばかりしていたのでは、ごく限られた範囲以外に求めることはできない。近頃の若い女性が、学校を出ると職場につきたがるのは、あながち働きたいという自覚からばかりではないだろう。胸の奥にはひそかに、恋愛のチャンス、結婚のチャンス、理想の男性を摑むチャンスを求めているからではないだろうか。

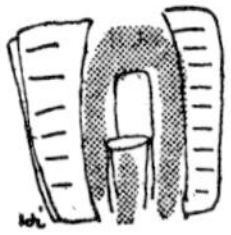

　スタンダールの名作「赤と黒」の主人公、ジュリアン・ソレルは、常にチャンスを求めて摑んで行つた代表的人物の一人だろう。

　彼は貧しい木こりの息子として生れたが、立身出世ができない位なら死を選ぼうという決意をひめた、自尊心の強い青年だつた。彼の卓抜な才能と努力とは、ヴェリエールの町でも評判の秀才として、遂に町長レナール家の家庭教師になつた。そして彼は自分の美貌を利用して美しいレナール夫人の愛をかちえたが、噂が世間にひろまつてその町にいられなくなつた。

　彼はレナール夫人の経済的援助によつて、その時代に許された唯一の立身の道である神学校に入り、そこでも抜群の成績をおさめ、校長の寵愛を一身にうけて、その推挙によつてパリの社交界でも名門の誉れ高いラ・モール侯爵の秘書に選ばれるという稀な幸運に恵まれた。しかも彼は侯爵の美しい令嬢の愛をも、遂に獲得してしまつたのだ。彼女は二人の間のことを侯爵に打明け、無理矢理に父親を承諾させた結果、侯爵は娘の夫としてふさわしい身分と財産とをジュリアンに与えた。これでジュリアンは、六つのチャンスを摑みつゞけて、思いがけない立身をしたのだ。

　即ちレナール家の家庭教師になつたこと、レナール夫人の愛をかちえたことを、神学校の校長の寵愛を一身にうけたこと、ラ・モール侯爵の秘書に選ばれたこと、侯爵令嬢の愛をかちえたこと、そしてその夫にふさわしい身分と財産を与えられたことである。

　しかしチャンスは、いつも完うするものとは限らない。遂にジュリアンの野望にも、大きな破局《カタストローフ》が訪れたのだ。侯爵はジュリアンの身元と素行を調査するために、ヴェリエールの町の司祭に問合せた。ところがジュリアンの野望を見抜いていた司祭は、レナール夫人を無理矢理に強制して、悪意にみちた誹謗の手紙を書かせたのだ。その手紙を侯爵令嬢から突きつけられたジュリアンは、気狂いのようになつてヴェリエールの町にかけつけ、レナール夫人をピストルで撃ち、自分は平然として絞首台にのぼつて行つたのである。

　人間の運命を扱う文学には、この「赤と黒」のように幾つかのチャンスが起伏しているのが見られる。だからチャンスというものに重点をおいて、文学作品を読むときは、人間がいかにしてチャンスを摑み、また摑みそこなうかという人間の生態を捉えることができ、人生を新しい角度から見直すことができて、興味はつきないだろう。

　以上、チャンスについて述べてみたが、現代ほどチャンスに恵まれている時代は、今までになかつたといえる。チャンスの方で両手をひろげて、隠れた人材を待つているからである。

　だから我々は、チャンスを生かし得るだけの実力を養つて、それに応じさえすればよい。実力がありながらチャンスがないことを嘆かねばならない時代は、刻々に去りつゝあるのだ。その点で、たしかに現代は明るいということができよう。

（筆者は作家）

特集

美しい夫人

男性が立派な仕事をして行く陰には、その妻の隠れた力の大きさがある事は云うまでもない。
そしてまた、夫の偉業の陰の力として、そうした内助の功を謳われ乍ら、それだけではなく、合わせて〝美しい夫人〟として、夫の名声と共々にその名を親しまれている方達もある。
ここでお訪ねした七人の夫人は、御主人の名とともに久しく美貌の誉れ高いそうした方々である。

まず仂くこと

裏千家茶道家元千宗室氏夫人
千嘉代子さん

わびとさびの茶道の家元、嘉代子夫人は、また、すぐれた美貌の夫人として広く人々に知られている。夫人はもう六十に近いお年と伺つているが、そのお美しさはもとより、お声といい、身のこなしといい、凡てに溢れるようなお若さである。御結婚以来卅九年間を一度も病気をされた事がないと云われる、その恵まれた御健康さが、その嘘のようなお若さの謎を解く一つの鍵となるのでもあろうか。歴史を誇る茶道家元夫人として、日本はおろか世界中のお客様をお相手に、御多忙な毎日を送られている夫人は、その御健康法に就て次の様に語られていた。

「忙しく仂く事が一番の健康法でもあり、美容法ではないでしようか。仂いて疲れますとぐつすり安眠が出来ます。かと云つて朝寝坊は禁物で、定めた時間に正確に起きる習慣をつける事。又色々な方と好き嫌いの分けへだてなくお附合いするのも何時迄も若い気持を持ち続ける方法かも知れません。又閑な時は歌や詩を勉強したり映画をみたり、充分たのしんで居ります。」

又夫人は、家の中の工夫をしたり、着物の色彩の事など色々と考える事がお好きとの事で今一番お好きなお召物の色は紫紺、桜ねずみ等の由、明るく語られる夫人は見るからに御幸福そのものの様であつた。

公私ともに奥様役

東和映画商事社長 川喜多長政氏夫人

川喜多かしこさん

東和映画商事社の社長室には、副社長として御多忙な夫君の御仕事を輔け、御活躍を謳われているかしこ夫人の、意外なほど優雅な、美しい御姿が和やかな色彩りを添えている。

最近、銀婚式のお祝いを済まされたという夫人は、御結婚前から秘書として川喜多氏を輔けられた方と伺えば、もう廿五年余の長いあいだを、公私とも〳〵に見事な奥様役を果されていることになる。

そうした御夫妻は、八幡宮の森に近い鎌倉のお住いから東京銀座の御出勤先迄、殆ど毎日をお揃いで往き帰りされるとの事、夫人は「昼も夜も一年中を主人と一緒に居るように思われますが、殆ど毎年の様に半年位ポンと一人にされますから結局普通の奥様と同じことでございます」と、御仕事の関係で海外への御旅行の多い御主人に就て明るい微笑で語られた。そうした御旅行にも度々同伴される夫人ではあるが、お留守を守られる時は文字通り社長代理としての重責を果されている。

又、御家庭での、美しい愛嬢を囲んでの御円満な様は、御幸福のシンボルと申し上げることが出来よう。たまの休日には御仕事の面会等は一切さけて、御一家で草花や植木の手入をたのしまれるとか。

御多忙なお暮しを、真夏でも和服だけで通される夫人は、お召物にも深い趣味を持たれ、又、着くずれのしないつい丈の着物に細い帯、という風に仂き易い和服を、といろ〳〵工夫されていられる由。模様を白くろうけつ染にした濃紺大島の着物に紫紺の茶羽織を召されたこの装いも、紫色がお召物には一番お好きと云われる夫人のお言葉をそのまゝ裏づけるよう、副社長としての御活躍をよそに、花ならばすみれか撫子の優しさを想わせるみやびやかな気品がただよつていた。

お料理が一番の御趣味

政治家芦田均氏夫人

芦田寿美子さん

政界の大御所〝芦田均氏〟の高名と共に、そのあでやかな美貌を謳われる寿美子夫人の名は余りにも有名である。

夫人のお言葉に依れば、つい先頃御結婚卅五年を記念する〝翡翠婚〟のお祝いを済まされ、記念の翡翠の指環を贈られたばかりとのこと。五十才はとうに越されたお年と伺っても疑わずにはいられない程の匂やかなお若さて、又その明るくユーモラスなお話し振りはお会いする者に時の経つのを忘れさせる。

そうした夫人を中心に営まれる御家庭の団欒は又明るさそのもので、欧風の趣き深い広間では、和・洋を問わず舞踊や音楽を愛好される御主人を囲んで、殆ど毎晩のように御夕食後のひとときは、音楽や踊りを娯しむ御家族パーティが開かれるという。

夫人は又、お料理や茶道にも勝れた才をそなえられ、料亭など戸外での招客を好まれないという御主人の為に、毎日を殆ど絶える事のない来客の接待にも御多忙な日々を送られている。〝お料理は私の一番の楽しみでもございます〟と語る夫人は、缺くところのないゆかしい奥様振りと讃えることが出来よう。

良き御主人と、令息御夫妻、愛孫達に囲まれた夫人の明け暮れは、御多忙な中にも花園の様な明るく美しい御幸福に満たされていることであろう。

洗煉された艶やかさ

画家猪熊弦一郎氏夫人

猪熊文子さん

「中年の美と申しますと、どうしても技巧が必要なのではないでしようか。若さの溢れるそしてその若さだけでも美しい娘時代とは違つて造り上げた美なのでしよう。身につけるものなどをよく考えて工夫するとか、そんな所からも美しさが生れるのではないでしようか」と語られる文子夫人のお召し物は、さすがに見事なお美しさであつた。

金糸銀糸、水色、臙脂等で、山水の流れに紅葉の模様の凝つた刺繍をあしらつた紺地のお召、帯・帯〆も着物と同色の紺で織られた見るからにすつきりとした趣味深い装い。又裾廻し等の裏布も着物と同系色を選ばれる等目立たない所にも心を配られている。御夫君弦一郎画伯のデザインになるもの等、深い味わいのものを珍重され、その渋い美しさが夫人の個性にぴつたりと溶け合つて、若さでは到底求め得られない洗煉された艶やかさを、一ぱいに匂わせて居られた。

御家庭では、一家の主婦として、又、深更まで製作にいそしまれる画伯の片腕として行き届いたお世話をされ、寝まれる頃には東の空が白んで来る事も少くないとか。そして御起床後は又次々と訪問客や集会等で忙しい一日が過ぎて行く、そんな毎日のお暮しの中で若さでは現わす事の出来ない〝中年の美しさ〟を余す所なく工夫され、身につけて居られる文子夫人である。

「本当に美しくありたい為には、自分自身を先ず見つめる事。これは若い方達にも是非良く考えて頂きたいことです。何でも自由に学び、遊び、そして色々なお洒落をする事もよろしいでしよう。けれどもそういう事は、よく自分をみつめ自分を知つて後でこそみんなプラスになるのだと思います。」御結婚以来廿五年を住みなれたと云われる田園調布のお住いで、明るい微笑で語られる文子夫人であつた。

和・洋服に御趣味を

大映社長　**永田雅一**氏夫人

永田文子さん

御主人の海外旅行などにも就き添われる、文子夫人の艶やかな容姿は、美貌の夫人として広く聞え高い方とうかがつている

永田氏夫人となつてもう二十余年を過されたというお年は、やはり嘘の様に思われる程若々しく、華やかな中にも落着いた雰囲気に包まれて、恵まれたお暮しの余暇を、御趣味の茶の湯やお習字にはげまれている。中でも〃お茶〃は女学生時代からの御修業との事で申す迄もなく今ではその道の専問家として、親しい人を集めては教授もされ、一方御自身の一番のたのしみとして育てていられる由。

お近くに住む可愛らしい令孫のお世話等にも行き届いて規則正しい日常を送られる夫人は、何よりもの美容法は先ず健康である事、それには充分な睡眠をとつて規則正しい毎日を送ることが一番です。と言葉を強めて語られていた。

和・洋服を着こなされる文子夫人は、又着るものへの御趣味も深く、特にその色彩には色々と凝つて、此頃では、柔い中間色の美しい色――グレー、あさぎ、すみれ色などをお好きとの事だつた。

是非次の機会にはその愉しいお着物の数々を拝見させて頂きたいとお願いしておいとまする。グレーのしもふりのナイロンのドレスの裾に愛犬のプードルが戯れていた。

明るく朗かに

作家　永井龍男氏夫人

永井悦子さん

鎌倉の閑静なお住いに作家永井龍男氏夫人をお訪ねする。木の香も新しい瀟洒なお宅の窓一ぱいに差し込む陽ざしが、如何にも御幸福な御家庭という印象を深める。どちらかと云えば小柄な、楚々とした風情の悦子夫人は、高校生のお子様がおありとは思えぬ程艶やかにお美しい。

「主人は夜遅く迄仕事を致しますが、家の者が側で色々と世話をやきますと却ってうるさがられますので、仕事部屋の前にお夜食とか、その他色々必要なものを揃えて置いて私共は先に寝みますの。そんな訳で夜遅くは主人が一人で勝手に致して居ります。大変勝手なわがまゝ奥様なのですよ。」と、女学生の様な無邪気なお口振で語られたが、お子様方には優しい母君、御夫君には献身的な良き奥様として、そのお美しさと共にお噂の高い夫人である。

夫人は亦、「主婦がしよんぼりしていますと一家中が暗くなりますので、私は物事に余りこだわらず努めて朗らかに暮すよう心掛けて居ります。そして、普段でも口紅をさす位のお洒落は忘れたくありません。着るものも贅沢な必要はありませんが、自分の好みに合つたもので気持よく暮したいものと思つて居ります。」と語られる、その夫人のお召物は紺地に白と臙脂でくつきりと面白い絣模様を織り出したお召に、オレンヂの市松模様の塩瀬の羽織と云う、しつとりと渋い落着きのあるお姿であつた。

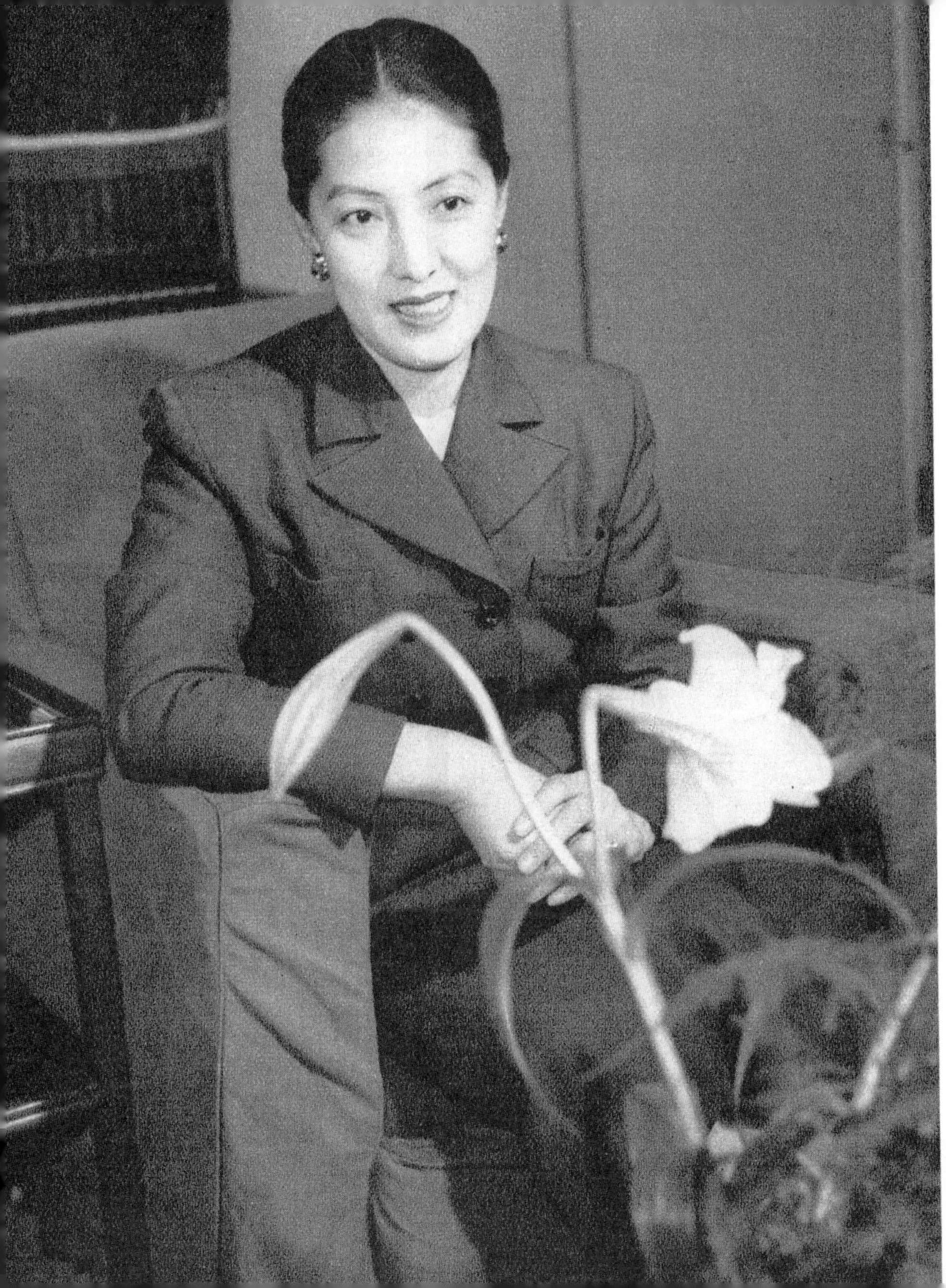

心の美しさが大切

政治家　楢橋　渡氏夫人

楢橋文子さん

政界の花形として活躍されている楢橋渡氏夫人文子様を、麻布六本木のお宅にお訪ねする。小高い場所に、広々とした明るい芝生に囲まれた外国風なお住いでは、如何にもそのお住いにぴつたりとした、文子夫人の明朗なお姿が忙しげに立ち仂かれていた。

御夫君渡氏の身の廻りのお世話はもとより秘書の役も務められ、遊説などにもいつも片腕となつてお出掛けになる文子夫人は、その行き届いた奥様振りと共に、洗煉された感覚の明るい美貌の人として広くお名前を知られているが、また、「娘はお嫁に行きまして」と云われるそんなお年とはどうしても思われない、若々しいお美しさである。

殆どお化粧の跡の見えない素顔のまゝのお美しさで、文子夫人は次の様な事を語られていた。

「どんなに姿かたちが美しくても、美しい心を持つていなければその人は本当に美しくは見えないのではないでしようか。私も美しい心でいられる様にと以前から神道を信仰して居ります。何年も外国生活をして居りましたので『神道とは』と皆様に不思議がられますが、朝早く道場に正座する時は本当に心が落ち着いてすがすがしい気持になります。そしてその日一日は大変気持よく朗らかに過す事が出来ます」。そのお言葉を裏づけるように、信仰による修養を心掛けていられる夫人は又、澄みきつた瞳の一きわ美しい方でもあつた。

海外でお暮しの頃はデザインの勉強を続けて居られたとの事で、御自分のお洋服の美は殆ど御自身で考案され、お召しになつたこの紺のツウィードのスーツも夫人のデザイン類によるもの。このデザインをも含めた絵画の勉強は何時迄も続けて行きたいと語られる。

御主人のよきアシスタントとして、又御家庭のよき主婦、よき母としての御多忙さの中でも御趣味豊かなお暮しがうかがわれた。

髪

ものがたり

"髪型の話"などと云うと何となく女の世界だけの事の様に思われ勝ちだけれど、美しいものに憧れる心理は男性も女性も大して変りはないのと同じように、男の人の髪型にも、その人なりに色々な苦心談がかくされていることだろう。

女性に比べると一見一様に見える男の髪型にもやはり流行はあつて、それは女性の場合の様に大きくクローズアツプされてこそいないが、一頃のリーゼントスタイルや最近のショートヘアなど、目立たない中にもほぼ女の髪型と同じ様な流れも見られるようだ。

ここで十一人の方々から、それぞれに興味深い"頭のはなし"をうかがつてみよう。

極く無雑作に

（俳　優）三国連太郎

髪型について僕は特別な注意は払つていない。極く自然に、ナチュラルな型で刈つているつもりなんだけど…目の上にかぶさらない程度に、上、左、右、凡て同じ長さに刈り、それを分けないで、後へかき上げていると云うだけの極く無雑作なものですよ。そしてそれは、何時も決つて行く渋谷の床屋のオヤジが、目をつむつていてもそのように刈つてくれる。

だが、これも僕が一人で思つているだけで、やはり普通の髪型からすると、襟足やびんの毛が長過ぎると言われたりする。これは職業柄、映写効果などの為に仕方のない場合もあるし又、両脇の垂れ下る毛などは耳に挾んでしまえばちつとも気にならない。油はほとんど、つけない。これはワイシヤツが汚れてしまうんでね。まず、俳優の頭は監督まかせ、役によつて色々に変つてくるが、ふだんの僕の頭は極く自然と云つたところです。

水泳に好都合

（歌　手）芦野　宏

小学校の頃はオカツパ。中学校に入る時に五分刈りにされてしまいました。

大学に入つたら早速のばし初めました。それは、毛を少しでも伸せば、背も高く見えるし大人らしく見えるだろうと思つたからです。背伸びをしたい年頃で、似合うかどうかと云う事より、大人らしく思う事ばかりでした。今は、前にさげてみて、眉毛までかゝらぬぐらいの短かさにしています。

それは僕は大変水泳が好きなので、夏になるとたえず泳ぎに行きます。その時にその長さにしておけば、ぬれた時にも髪が目に入る心配もありませんから、存分に泳を愉しめるわけです。そうした便利上刈つた髪でしたが、現在もずつとその髪をしているところを見るとこの髪が一番僕に良く似合つていると云う事になりそうです。ポマードの様なものは余りぬれません。洗髪は良くして、出来るだけ清潔にしています。洗髪の後にはヨ！モトニツクの様な割合さつぱりしたものをさつとつけておきます。

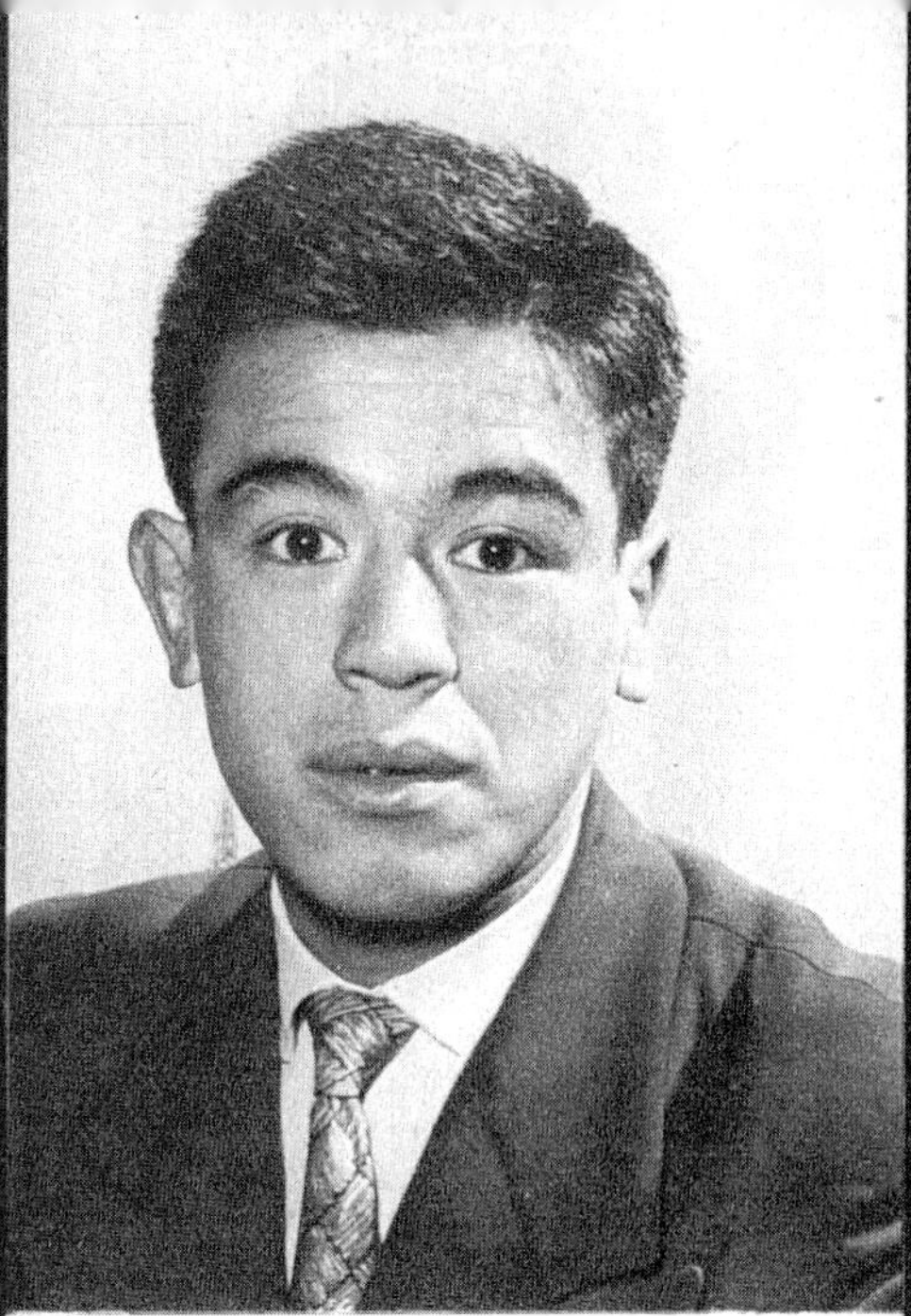

お洒落は無縁

（拳闘家）**小室恵市**

俗に云うスポーツ刈りと云うのでしようが、僕は別にスポーツ選手だからと云つて、形式的にやつている訳ではない。只、この髪型はスポーツマンには最も合理的に出来ているからである。前毛は眉にかゝらない程度の短かさで、脇は高く刈り上げて、油は普通つけない。

連日のトレーニングで汗まみれになつた頭は毎日洗つている関係で、油等つけていられないし、又、別な理由は、ボクシングで使うグローブに激しい打合いの時油がつくと永持ちしなく、練習もうまく行かない原因がある。

しかし、何れにしろ、スポーツマンにお洒落は無縁の代物で、儀礼的な場合は別としても、スポーツマンシップに反すると僕は云いたい。しかし日常の外出には、他人眼に見苦しく見えないよう、帽子を冠つて、隠して居るのだが、それには、どうもボクサーと云うと他人から特殊な眼で―恐がつて？――見られるのは嫌なんです。

清潔に大切に

（俳優）**岩井半四郎**

子供の頃は、おかつぱにしているか、分けていました。その頃から、くせつ毛で、昔はどうも弱りました。戦争中はもちろん五分刈今は無雑作な頭をしています。

たゞ衿足は綺麗にそつています。衿足がきたないと不潔に見えますし、自分も気持が悪いので。

頭の健康法は、毎週一回お風呂に入る前に卵の白味を二個分髪にまんべんなくぬつておきます。体を洗つているうちに、その頭が湯毛でむれて毛穴がふくらみ、栄養分がしみ込みます。そうしたら、髪をさつとゆすいでシャンプーで洗います。

こうしますと、大変毛の艶が良くなりますし、大変柔かにする様です。良くぬぐつた後には、ヨーモトニックをさつとつけておきます。男の好し悪しは、もちろん容姿も左右されるでしようが、頭の清潔と云う事も随分大切な事だと思うのです。

無雑作で、そして髪を大切にしていると思える感じが僕は一番好きです。

無関心のままに

（本誌）**中原淳一**

頭の毛を伸し始めてから二十数年になるのだが、まだ一度もポマードもチックもつけた事がない。従つて櫛を使う事も忘れている。これ迄の僕の人生が、凡てが計算づくでは無くて、何かやつている中に、自分では何も意識しないで仕事の方向が色々に変つたのと同じ様に、一度としてこういう頭にしてみたい等と考えた事はないま、それでも今迄に何種類か頭の形は変つた。例えば、満十五才位の伸し始めの頃、不精をして、一ケ月半位目に床屋に行つては、裾刈りだけをしている中にお河童みたいになつて、その頭は大分続いた。戦時中には分けていたが、油は気持が悪いので水をつけて分けるのでどうも落着かない。油をつけなくても落ちて来ない様に何とかしたい、それでコールドパーマをかけてみたがそれも面倒になつた。その中、ある時病気をして、毛がうるさいので床の中で自分でジョキジョキと鋏でつんで了つたらとても気持が良かつた。それが今の頭で、もう一年半位になるが、今のところこれで一生通すつもり。

いつの間にか癖毛に

(俳優) **中山昭二**

終戦の年の暮に復員して始めて髪をのばし始めたのですが、僕の髪は非常に固いので、のび始めの頃は毛が突つ立つので鉢巻をして寝たりして苦労をしたものです。

又僕は何となく長い髪が好きで、うんと長く伸そうと思つた所、毛が多過ぎて頭許り大きくなつて了うので毛を削いで貰う等して色々苦心をしました。その中、長い髪では踊つているとたれ下つて邪魔になるので仕方なく今位に短くきり始めたのです。毛を分けるのは、風が吹くと分け目が乱れるしそれに僕は額が狭いせいか余り似合わないのでどうも苦手で、ずつと後へとかしています

短くし始めた頃、自然の形に落着かせようとコールドパーマをかけ半年おきに二三回かけた丈で、その後もう三四年もかけないのにこんなくせ毛になつて了いました

〝アナタハン〟等映画の撮影で必要に迫られて二回も坊主に刈つたのですがのびて来る毛は相変らずくせ毛なので、きつとパーマのせいではなく毛質の変るたちだつたのでしょう

丸坊主への憧れ

(作家) **木村毅**

男の髪型は、丸坊主を以て代表とする――と言うと皆さんに怒られそうな気がする。勿論、これは僕自身の気持丈けで他人に強制するものでもなく、又丸坊主の牙城を小川未明氏と二人で守ると言つた頑固さから出たものでもないのです。強いて言えば、僕自身いくら洒落てもハエないと言う事を誰よりもよく知つているからです。

嘗て大隈候が「年寄りの見苦しさは殊に目立つ」のでクリームを使つた教も知つているが、何と言つても丸坊主が簡単で宜しい。それに僕自身女房に夜キャップを冠せられ、朝蒸して始めて普通並みに整うほどの毛の硬さなのです。昔、ロンドンに居た頃、それで四六時中怒られていた思い出は、男の髪型をいやが応でも丸坊主主義にしてしまつたようです。

だが丸坊主主義の僕が、現在曲りなりにも毛を伸して、オールバックにしているのは、過日渡米の際、向うの友人が坊主では来させないと云つた為であり、又近い裡に欧州へ行く為めに無理した仮りの姿です。

青春のシンボル

(歌手) **高英男**

みずみずしい近代的な感覚を、自分の個性に合わせて……と工夫してみると、どうも僕は此の髪型に愛着を感じます。「青春のシンボル」僕はこのような名称を髪型につけているのです。若々しく清潔で、鏡の底に明日の活動を呼び覚ます様な力を僕は此の髪型に感じるのです。

両脇を少し高めに刈り上げ、前は短かめの毛を、心持ち右の方へ素直にすき上げる。極く簡単な手入れで、少い時間で済まされるのは、歌手と云う職業柄、多忙な僕にとつて最も便利な髪型です。樂屋へ訪ねて下さるお客様に、僕が多少ともサッパリとした感じを与えるとすれば、此の髪型の清潔さのせいだと思うのです。

又、地方公演に向う汽車の中などで、乱れる髪はどうにも苦手です。眠気顔でとび出した明け方など、相手の人に先ず失礼に当る。その為、髪は最も手のかからない、それでいてモダンな感覚の此の髪型を愛しています。

自然の頭が似合う

小泉博（俳優）

戦争中は五分がり。頭のかつこうは奥行がないから嫌いです。戦後早速七三に分けてのばしましたが、七三にわけるのはいかにもニヤケルので横を長く揃えオールバックにしました。床屋に行きたての頭が大嫌いなので、いつもほとんど判らないぐらいにしか刈りません。本当は油もなにもつけずばさつとしたのが好きですが、残念ながら、年のわりに白毛が多くて油をつけないと目立つてしまうので少しつけています。イデンらしいので諦めています。

銀行員の役の時などは、やむをえず分けますがその他の現代劇では大体オールバックで後は自然の乱れにまかせ、なんとなく分け目がつく程度にして出ています。時代劇の時は頭のスソを綺麗にしておきます。後はかつらなので問題ありませんが、むしび以外の頭は間が抜けてどうも工合が悪いです。頭談議と云いましてもあまりたいした事はありませんが、僕は自然の頭が一番似合っていそうです。

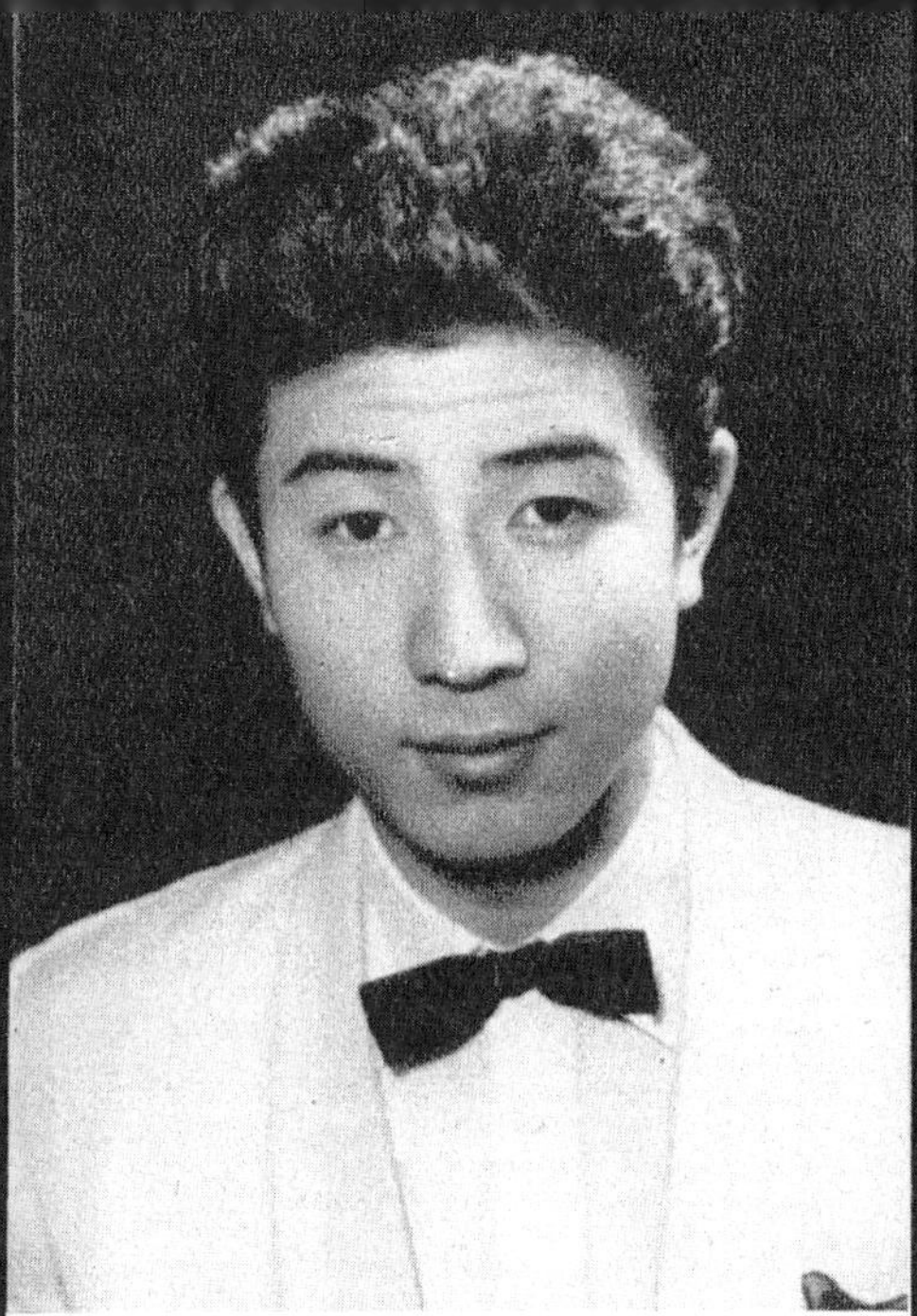

パーマをかけた訳

柳澤眞一（歌手）

高校二年の秋"青山"に転校した時、毛の短いのは僕一人だつたので仕方なく伸したのが僕の伸し始めでした。僕は元々ポマードをつけてきちんと分けた頭が嫌いだつたのですが、洗つたまゝを只とかして置くだけでは僕の毛は固くて、その上癖があつてどうしても思う様に云う事を聞いてくれないのです。そこで、普通の軟い毛の人が洗つたまゝ無雑作に梳しているだけ、という感じに何とかしてなりたいと思い、昨年の秋始めてコールドパーマをかけてみました。フランス歌手イヴ・モンタンの頭、あの形が好きであんな風になれたら、というさゝやかな憧れもある事はあつたのですが結果はそんなにうまくは行きませんでした。何と云つても、油をコテ〳〵つけないで飽く迄も自然のまゝの髪で恰好がつく様にというのが僕のパーマをかけた理由なのです。お陰で今はほんの少しクリームオイルをつける位です。忙しいと四・五十日も散髪もしないで放つておきますが大して気にもなりません。

伸びかけが好き

石浜朗（俳優）

僕の毛は柔いくせ毛なので、朝は蒸しタオルで包んでくせ直しをします。学校へゆく時はそのまま、ローションをふりかけ、手でかきあげただけで出かけます。学帽はあまりかぶりません。

髪を洗つた時は、ポマードを掌にのばしてなでつけます。櫛の目をきちんとつけたような髪は僕には似合わないので、めかすといつたところで、横の毛のおさまりのわるいとき、チックでととのえるぐらいのものです

小さい頃からずつと髪は長くしてたんですが、戦争中と、「少年期」「沖縄健児隊」を撮つた時は丸坊主に刈りました。

のびかけの時は恰好がつかなくて妙な具合ですが、でも僕はあれ、すきです。だつて手入れの仕様がないでしよう。いじればいじるほど滑稽だから、そのままにしておくのが一番面倒がなくて簡単です。

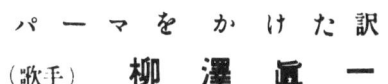

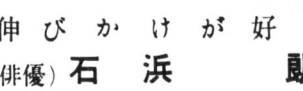

二つのデザイン

プリ・シュランクと云うのは、**三菱レイヨン**が日本で初めて作つたものです。工場で縮められるだけ縮めてから皆様のお手元にお届けするので、地詰を必要とせず、洗濯をしても型がくずれません。

三菱レイヨン

デザイン　中原淳一
モデル　渥美延

黒の三菱テックス・タッサーで作つたワンピース。巾の広い衿がのびて前立の両側にはさまれ身頃と一緒に寄せられている。胸は思い切つて下まで下げたマダム風なスタイル。
真冬には、この下にハイネックのセーターなどを重ね着すれば温かいし、又変つた感じになつてたのしいだろう。

プリ・シュランク三菱テックス・タッサーNo 2200

プリ・シュランク三菱テックス・アセテート混紡トロピカル No 3300

三菱テックス

プリ・シュランク 仕上

縮まぬ化繊織物の出現！

サモンピンクの三菱テックスで作ったプリンセススタイル。胸にU字形に黒のボウをはさみ、それが前で結ばれている。きちんとした衿元の白いカラーが清潔な感じで、若い人のお招ばれにも普段着にも向くもの。こうしたプリンセススタイルには、必ず張りの良いペテイコートを着てスカートを張らせること

神戸で発見
ガラス粉で
竹の絵

柳河で見つ
けたガラ
スと石の櫛

た
作

櫛と女

平井房人

母は、いつも丸髷に結つていた。眉を剃つたあとの青さや、おはぐろをつけた黒々とした歯並みが、芝居でみる政岡やお弓のように美しくて、子供心にも、何かうつとりと見惚れるような魅力を持つていた。明治元年生れの母、その当時は別に珍奇なスタイルの女ではない。私は、十四五になるまで、そういう姿の母とよく一緒に歩いたものである。

或日、お寺参りの帰途、田舎みちで、私は計らずも、足許に女の美しい櫛が落ちているのをみつけて拾い上げようとした。母はあわてて私の手をとめて櫛は昔から苦死といつて、これを拾うと苦しみ死ぬといわれている。決して觸つてはなりませんぞよと危険物でも觸れるように、色をなして引よせた。

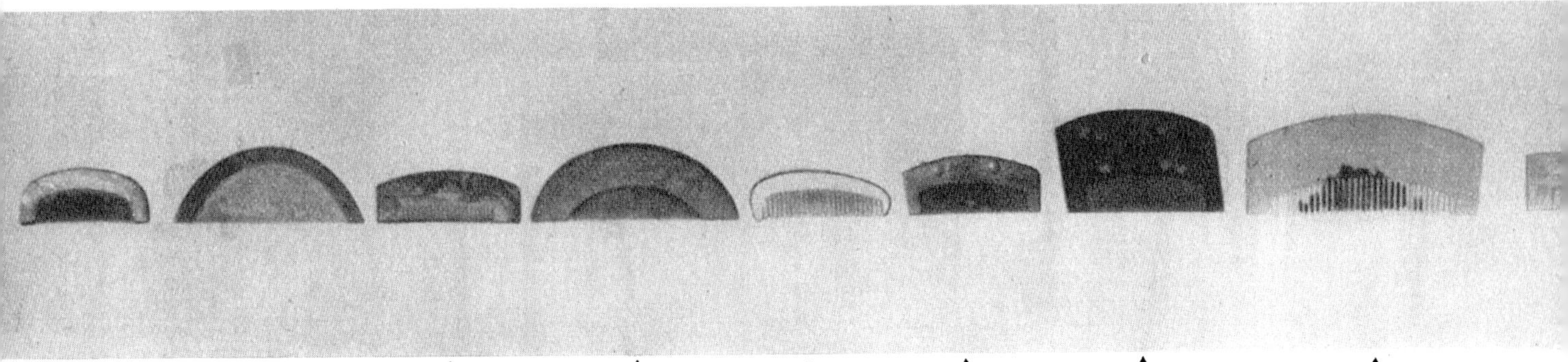

金マキ絵
朱塗り 徳川時代
室町時代
紅ぬり 徳川時代
柳川で買つたガラスの櫛
サンゴをつけた櫛
カルメンがしたような木製櫛（今治で
今治で見つけたヘツ甲櫛
金沢 室田

私の櫛に対する魅力はその瞬間から芽生えたような気がしてならない。七十五才で亡くなつた母のかたみに私は、櫛を貰つた。そして、私の櫛蒐集の道楽がはじまつたのであるが、この三十年ばかりの間、ついぞ、苦しみ死ぬような危機に遭遇《そうぐう》しないところをみると、母のいつた「縁起」は単なる語呂合せにすぎなかつたのだと、思い返している。

折りにふれ、私は蒐集の櫛、こうがい、かんざしなどを取り出して眺めながら一人陶酔《とうすい》の夢を満喫して悦《えつ》にいる習してであるが、櫛の魅力は、一人の実在した女性が肌身につけて愛撫したという事実を想うからである。一つ一つの櫛に、女の肌のぬくもりをひしひしと感ずるのである。それは、下駄とか鏡とかキセルとかいつたものよりも、もつと直接、血につながる、脈うつような肉感が、こもつているのである。女の肉体の一部とも思われるほど、櫛は女が生涯肌身を離さなかつた小間物なのである。櫛が若し、口を利くことが出来るものならば、私は、百個ばかりの櫛にそれぞれの持主の「女の歴史」「女の暦」を語つて貰いたいのだが―。この沢山の櫛のそれぞれが、女の私生活の起臥をつぶさにながめて来たに違いないのだ。部屋の一人居、浴《ゆあ》みする時、寝室、悲しい時、歓びの時、夢みる時、いつでも一人の女の偽らない生活を凝視《ぎょうし》して来たに違いないのだ。

赤い可憐な櫛、黒い大きな、カルメンがさしたような櫛。南蛮風なガラスの櫛。石の櫛。古典的な金蒔絵の櫛、高雅なベツ甲の櫛、素朴な揚《つげ》の櫛 等々私は、いろいろな櫛を弄びながら、それらが秘めた、無言の声に耳を傾て、幻想の世界に遊ぶのである。

約二十五年にわたる私の櫛蒐集行脚《あんぎゃ》の跡を振り返つてみると、南は九州、東は関東に及ぶのであるが、櫛が目的で旅行したことはまだ一度もない。何かのついでに旅行先で、古道具屋をひやかして、手に入れたものが殆どで、骨董《こつとう》価値など全然問題にしない。だから大半が二束三文の捨て値で買つたもので、今日の値段でいえば、一個、五拾円、百円程度のものが多いようだ。然し作品の芸術的な価値は値段とは無関係に無限に深く、くめども盡きぬ味わいを秘めている。北原白秋の故郷として有名な、映画「からたちの花」の舞台となつた、九州、柳川《やながわ》に旅した時には、キリシタン物の硝子《がらす》の櫛やこうがい、かんざしなどを手に入れることが出来た。びいどろと称した徳川末期の作品で、中には水と女の絵を入れたかんざしもあり、水泡の動きによつてレンズ態となり

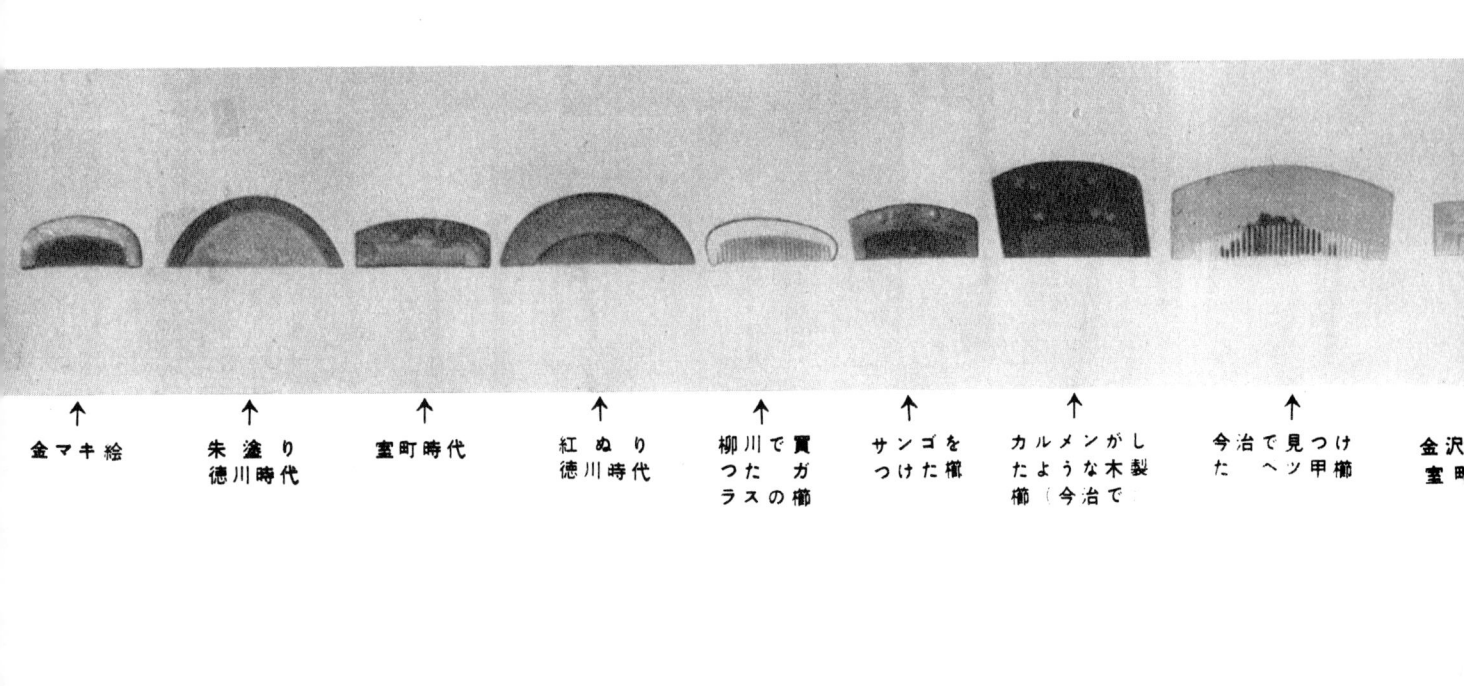

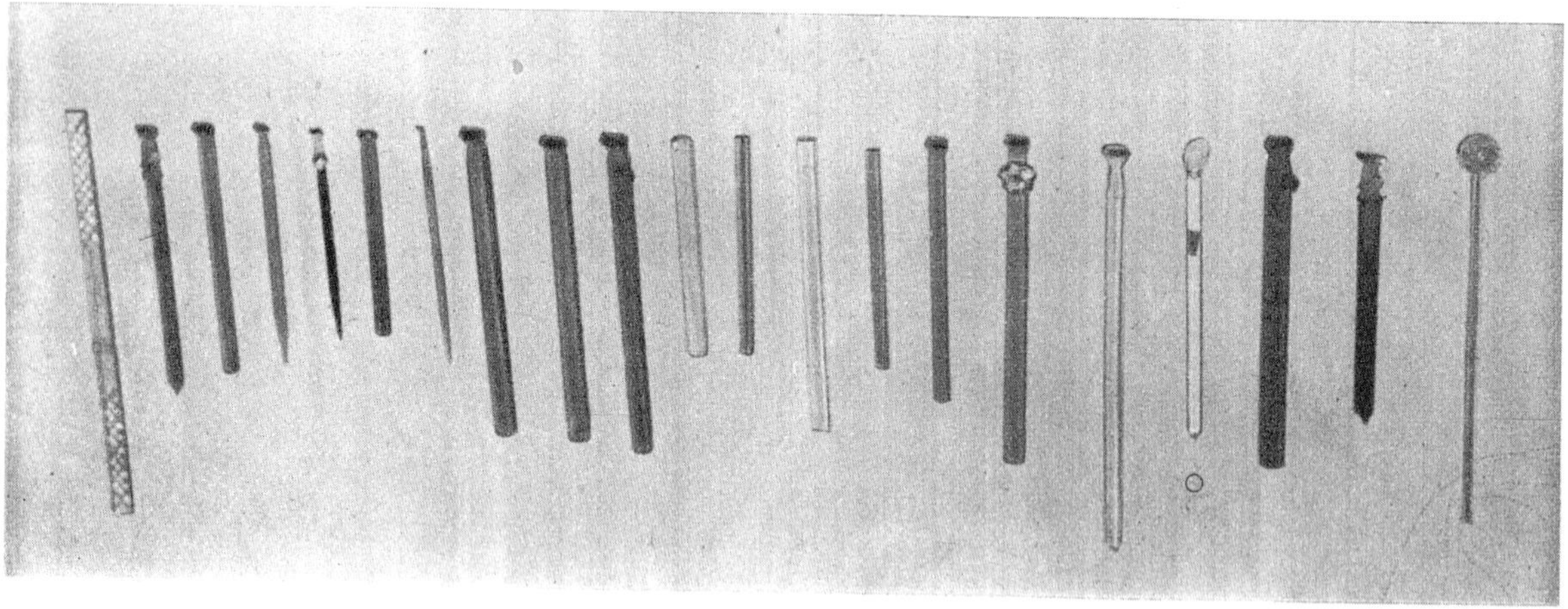

硝子製
こうがい
かんざし

○印
水と女の絵の入れてある　かんざし

女の絵が拡大されて眺められるという凝つたものも混つている。これは体温によつて水泡が、動く仕掛けではないかと思われるフシもあるので、目下研究中である。四国今治市では、カルメンが差したかと思われる程大型の木櫛とベッコウ櫛を入手出来たし。金沢市では、室町時代の作品と思われる　金泥《でい》の曲粋《いき》風をみるような　クラシックな豪華櫛を求めることが出来た。

富山県下を某新聞社の仕事で一週間に渉つて廻つた時は、いろ〱と堀出しものがあつた。焼ける前の大阪には、堺筋の南に盡るところに、ゴカイ百貨店と称する広大ながらくた市場があつた。別称、泥棒市場とも呼ばれて、今日盗られた品は、明日ここへ行けば必ず売つているといわれた。小は、さびた釘から大はトラックまで、人間の生活から生れたありとあらゆる形のある限りの品物が並べてあつた。その一隅で手に入れた、おいらんの櫛、かんざし一組は、得がたき堀出しものではなかつたかと、大切にしている。神戸では、おらんだ物と称する硝子の粉で竹の絵を描いた櫛、サンゴの彫刻ものなど、京都では、琉球の不思議な形の結髪道具一式、東京では、徳川時代の町娘が愛用したと思われる大型朱塗りの櫛など発見することが出来た。

私は、あくまで、女の肉体とともに生きた櫛、その櫛の持つている、肌のぬくもりのような「運命」のみが、私を引つけて、やまないのである。

和服も洋服もテクニックから生れる性格は皆おなじ　中原淳一

和服は何枚作っても、又嬢のものを作っても、又若い人のものも、としをとっても、皆同じ裁断であるのに、洋服の方はひとつひとつ異っているばかりか、その人その年や好みによっても異ってくる。それだのに、和服も洋服も、着方や、その着つけがつくるシルエットが見せる女の性格の様なものは、不思議に同じである。　たとえば、いかにも若々しい、生々とした感じを出したいと思った場合の和服の着方と、ジュニアの、いかにもジュニアらしいスタイルとは結局同じ様なシルエットをもっているし、衿元をゆったりと開いて、いかにもくつろいだゆかた姿は、又それと同じ様な目的で着る夏の家庭着や部屋着と同じ様な形になっている。

又、若々しいと云うねらいではなく、マダムスタイルと云おうが、いかにも女らしい味で見せる洋服のテクニックは、又和服の場合のそれとも同じ様なシルエットを描き出しているし、又、な感じを出す場合や、いわゆる"くろうと"の感じを見せる着つけにしても、結局はどちらもまるで申合せた様に同じ様な結果を見せるテクニックをつかっているのは面白い事だ。

そう考えてみると、日本と西洋とがお互にどちらの事も知らなかった大昔から、女は髪を長く伸していたし、男の髪は短かかったのと同じ様に、女の性格や立場を着物によって表現する場合も、まるで申合せた様に、同じであったのも不思議な様な事だと思う。

和服でも、子供らしい感じを見せる場合には、衿元は昔からキチンとつめて着ているものだ。

上の絵は若々しい感じに和服を着た場合で白い半衿をキッチリと見せて、衿元をつめ、すっきりとした肩の感じを見せている。

これは洋服の場合も同じで、白いカラーがキチンと頸に沿っているのはいかにも若々しいジュニアスタイルを代表するものだ。

和服で衿元をぐっと下におろして着るのは中年の奥さんの感じ。
洋服の場合もV字型の衿元はやはりマダム風な感じを見せるもの。

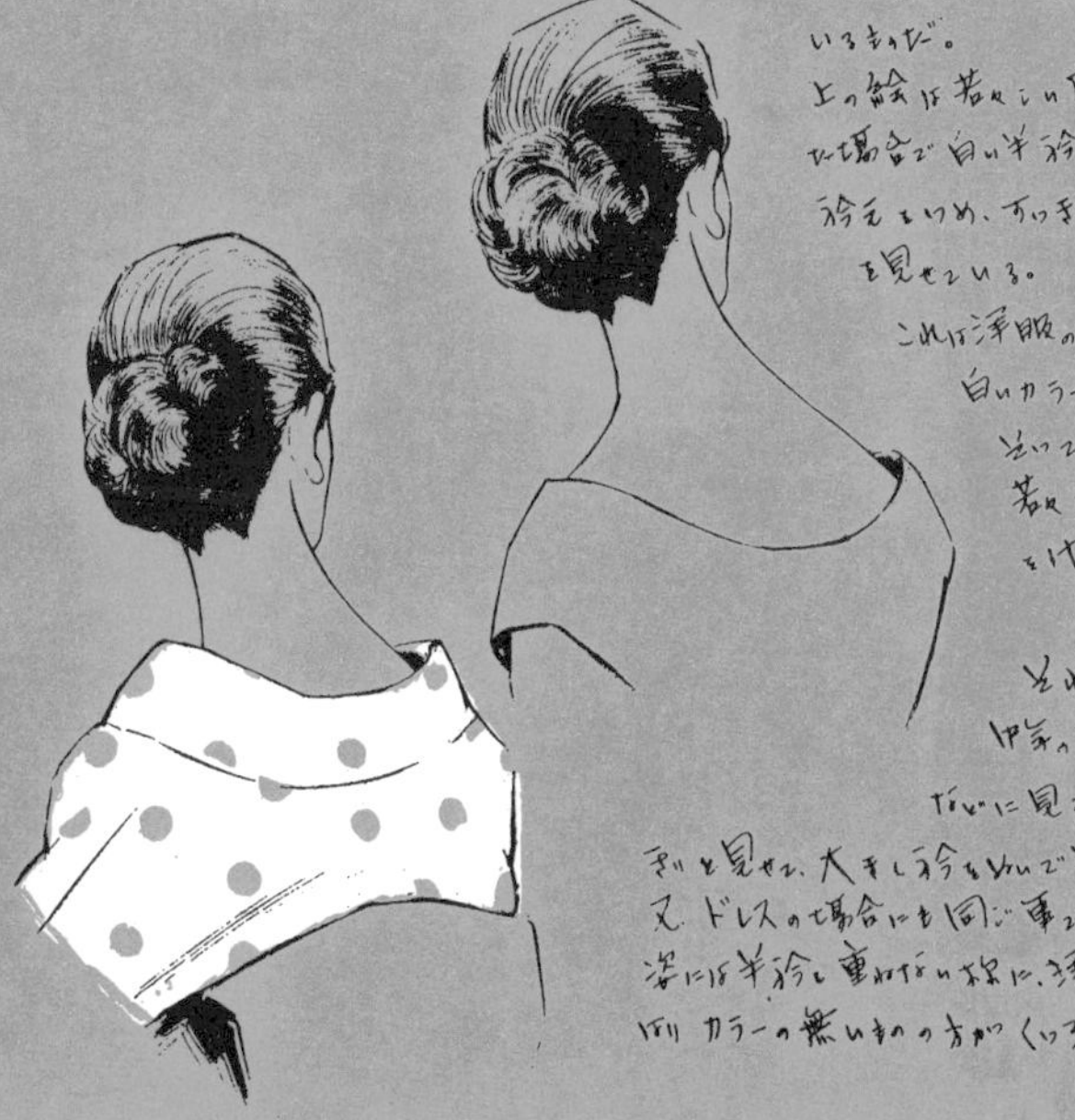

それから、くつろいだ中年の奥さんのゆかた姿などに見るあの衿足をすっきりと見せて、大きく衿をぬいで着たあの感じは、又ドレスの場合にも同じ事であって、ゆかた姿には半衿を重ねない様に、洋服の場合もやはりカラーの無いものの方がくつろいだ感じである。

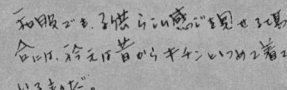

和服の場合、子供の時は素直なままで、どちらかと云えば直線的なものになってしまうが、おとなになる程、それが曲線的なものに変わる。そして、からだの美しい線を見せると云おうか、その着物が、体にからんだところに生まれる布地の線の美しさを楽しむ様な結果になる。

和服は前を合せるのだが、その前をぐっと深く合せて、"つま"を上に引く様にして合せる。腰から下がぴっちりとつぼまって、それがおとなになってからの形のより着方と云う事になっている。

この下つぼまりの着方をあまり極端にやりすぎると、いわゆる"しろうと"に見えないで"くろうと"に見えるのだが、又それだけに　　された美しさがある。

和服の場合に、若々しい着方ではないが、伊達のいかにも女っぽい着方の中に、衿元をぐっと下にさげて、V字型に合せる場合と、上の絵の様に肩を広く開けて、胸を深く合せて着る着方と二種類の着方がある。

V字型の方は、どちらかと云えば"かたぎ"の感じだし、上の絵の様な衿の合せ方は"くろうと"の方かも知れない。と云っても、そうきまっている訳でもないが、V字型の方はきりりとしまった感じを見せるし、肩で横に開いた上の絵の様な場合は、やわらか味があって、ぐんと甘さが感じられる。

洋服の場合にも少しと同じ様な事が云えるのではないか。

V字型に胸を開ける――シャツカラーの様な場合も同じ――では、どこかきりっとして、ずっと下におろして合せてみても甘さはないが、同じV字型と云っても、両肩をぐっと広く開けるか、又、まるく横広く開けた胸元は、その女っぽさに甘さが感じられるものだ。

これも和服と洋服とが同じである事は、上の絵を見てもわかると思う。

ふっくらとした、やさしさ、甘さのある女らしい胸元。


衿をぐんと後にぬいで、胸のあたりをぴったりと合せると、胸のあたりから両肩にかけて、又肩から袖にかけて、美しいやわらかな線が流れる。

伊達の和服の女性にだけ見られる美しさだ。しかし、洋装の場合にも、それと同じ様なモダンスタイルがある。

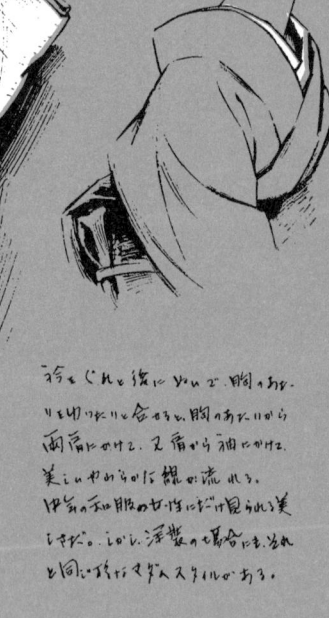

和服の裁断は全部直線である。仕立上ってからでも、きちんとたたんでしまう事が出来るし、まるでたたんでしまうために考え出された様な裁断である。それをからだにまとって、紐でしめては、そこから生れて来る線の流れの美しさを見ている様なのが和服であるし、洋服の方は、からだの曲線にあわせて考えられた裁断法で、きちんとたたむ事は出来ないが、そのままで、何の着つけの技巧も必要ではない。
こう考えてみると、和服と洋服とは全く違った考え方から作り上げられたもので、どう考えても同じ様なものとは思えないが、それを着てみて、そこから生れるそれぞれの美しさの結果が、申合せた様に同じねらいであるのは不思議な様だ。

中年の美しさが曲線的であるのに対して若い人の場合は直線的な中にその若々しさとか可愛らしさを発見するものだ。
和服の場合にもそれと同じ様な事が云えるのであるが、つまり、無　　の着方と云ったらいいのだろうか。和服をたたんで置いたままの様に、真直な線の美しさだ。

タイトスカートのあまりゆるいのは、みにくいものだけれど、若い人ならあまりきちきちのタイトスカートや裾でぐんとつめたものなどはいやらしく見えるもの。
無理のないだけにゆったりと腰を巻いて、それが素直に真すぐに下にたれているスカートが若い人やジュニアには美しい。
これも和服と同じことだ。

和服の場合の裾をぐんと深く合せて着る着方は、ちょうどタイトスカートを裾に向ってぐっと細くつめた場合と同じ事で、スカートの場合も同じ様にあまりそれが強調されてはしろうとっぽく見えない。
しかし、中年の女性のタイトスカートがあまりブカブカしているのではいかにもだらしなくやぼであるのと同じ様に和服の場合にも、子供らしさとか、若々しさで見せる頃がすぎてしまえば、下のひきしまった着方でなければ、だらしの無いものになってしまう。

細く仕立てたタイトスカートと、下を深く合せた和服とは、そのたちふるまいや足の動きから生れる線の美しさも同じ様である。

SKIRT　中原淳一

スカートの上端に、横に広く続いて折れ返った様なポケットの蓋が、ぴんと張ってヒップの線を美しく見せる。

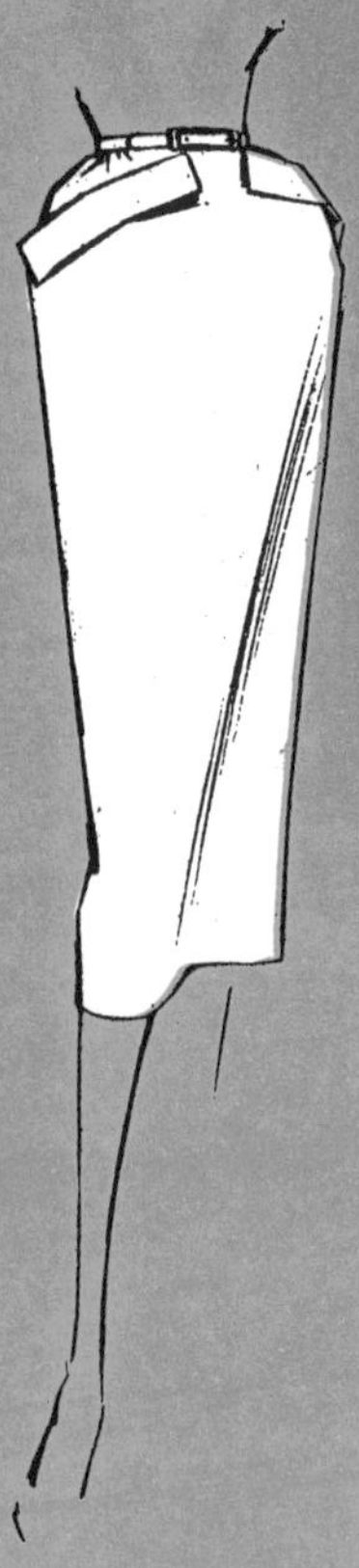

きゆっと締めたベルトの下から、ポケットの蓋がすっきりと長くのびてそれがヒップで釦止めになった感じ。

上端に丸い小さなポケットの蓋を三つあしらって、そこに寄せられたギャザアがヒップの柔いふくらみを作る。

両脇に置いたポケットの蓋はただの蓋だけ。スカートの脇縫はあってもよく、ぐるっと後へ続いていてもよい。

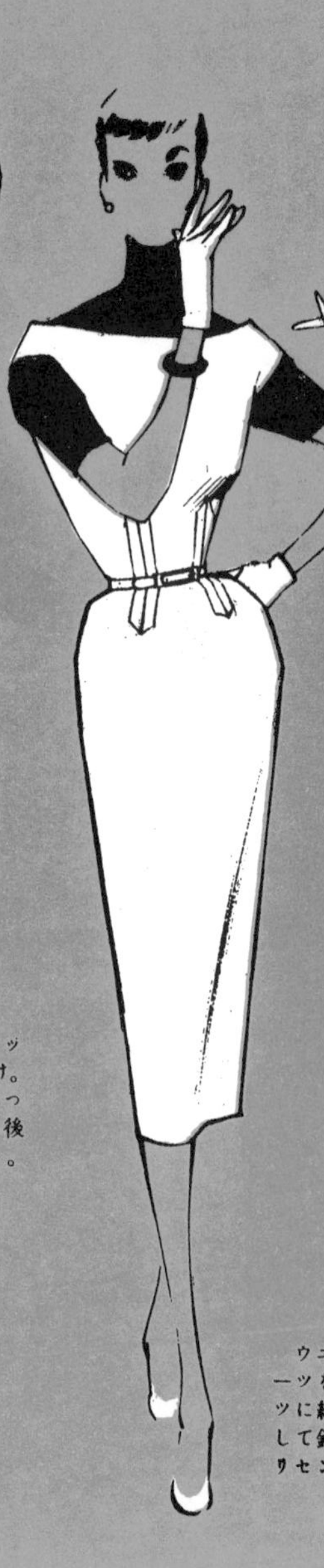

ウエストの二本のダーツをスカートのダーツに続け、そこを利用して釦ホールの様なアリセントを置いたもの。

スカートの上端に共布で縁取りをした面白い曲線の切替を置き釦で止める。ついでにブラウスにも同じ感じを

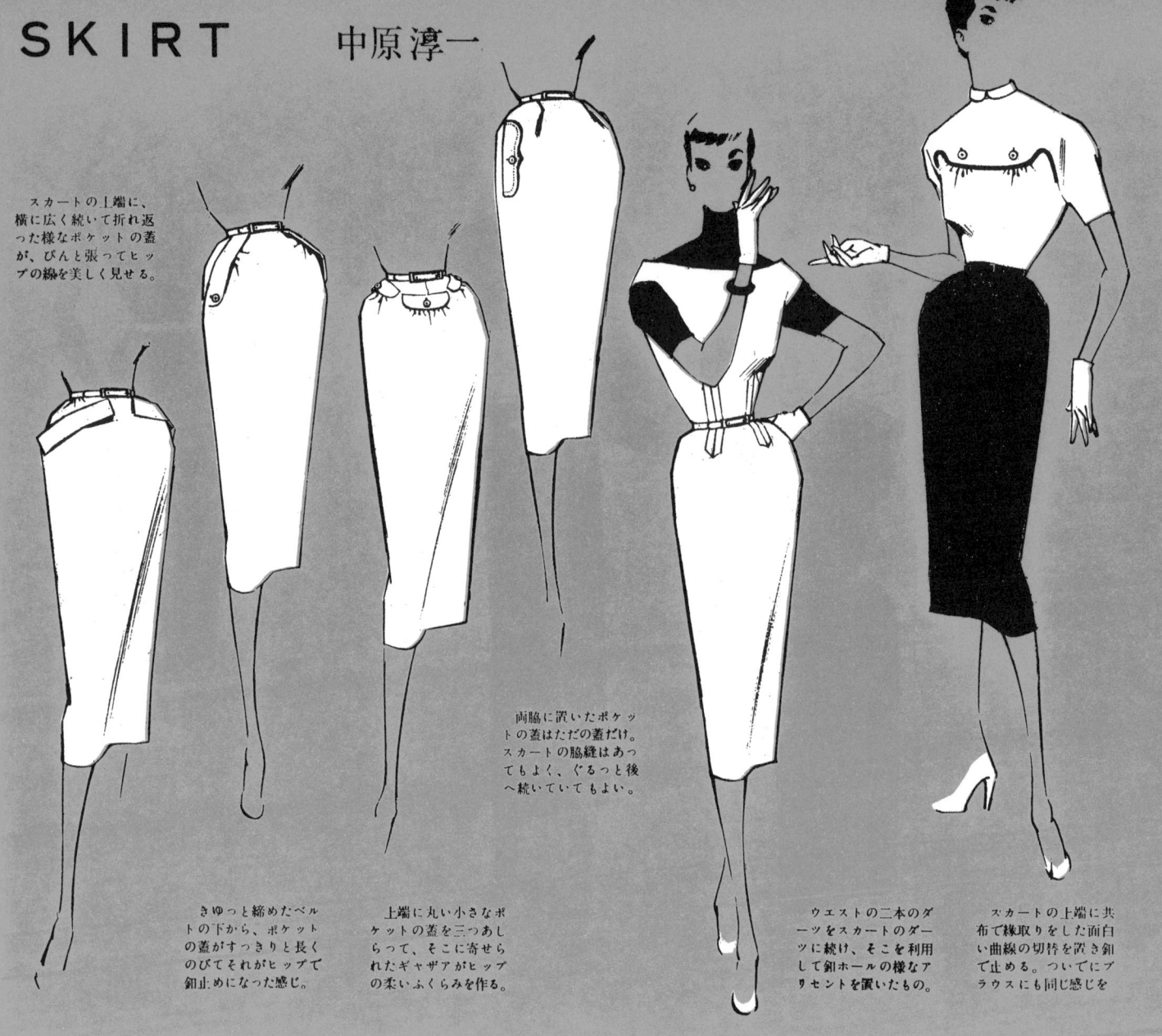

TIGHT

全体にぴったりとしたスカートの上端に、丸い切替をおき、そこに、スエーターと同じ毛糸のふさをはさむ。

右のスカートの感じを、ヒップに移したもの。両脇の可愛いポケットの蓋が、こゝではぐっとわかわかしい。

思い切ってシンプルなタイトスカート。上端に横に長くポケットの蓋をおく、これも云う迄もなくたゞ蓋だけ

ヒップのダーツを移動して両脇に向けて布を折りたゝみ、折りたたまれたその布が伸びて鋲止めになっている。

細くハイウエストになった、そこのダーツに前スカートの上端を寄せてはめ込み、後の布がそこ迄続いている。

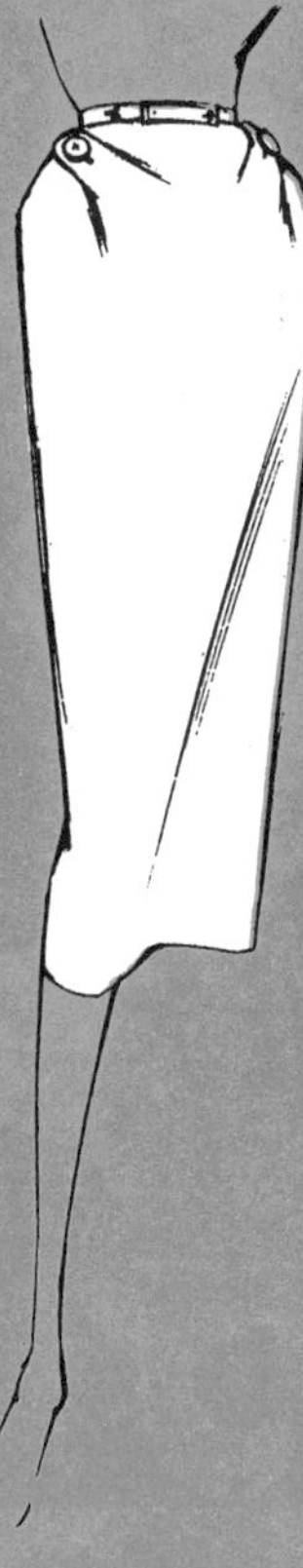

ヒップに思い切って大きなポケットを張りつけたスポーティなもの。但しこのポケットにものは入れないこと。

スカートのダーツ分を、左右のヒップにぐっと寄せて、そこに脇からのびた共のベルトが鋲止めになった感じ。

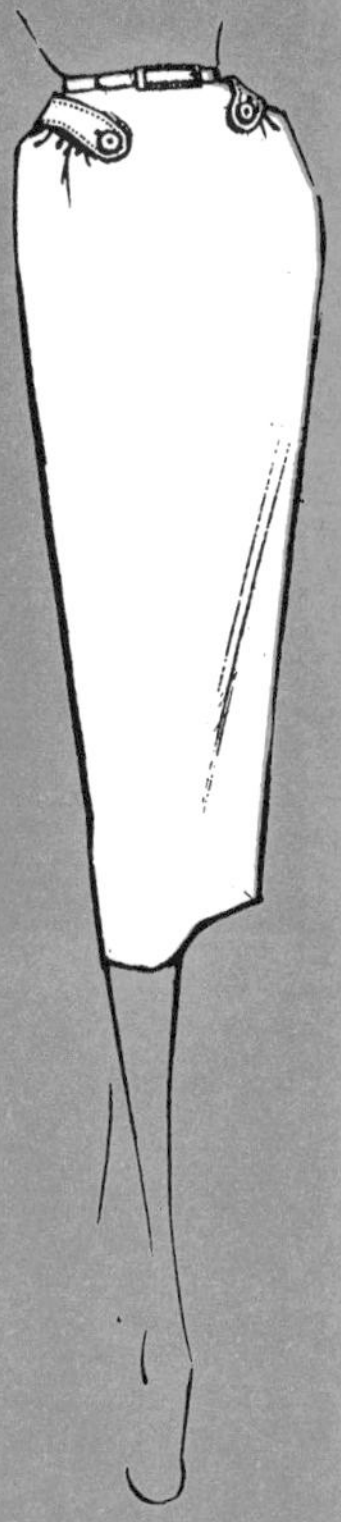

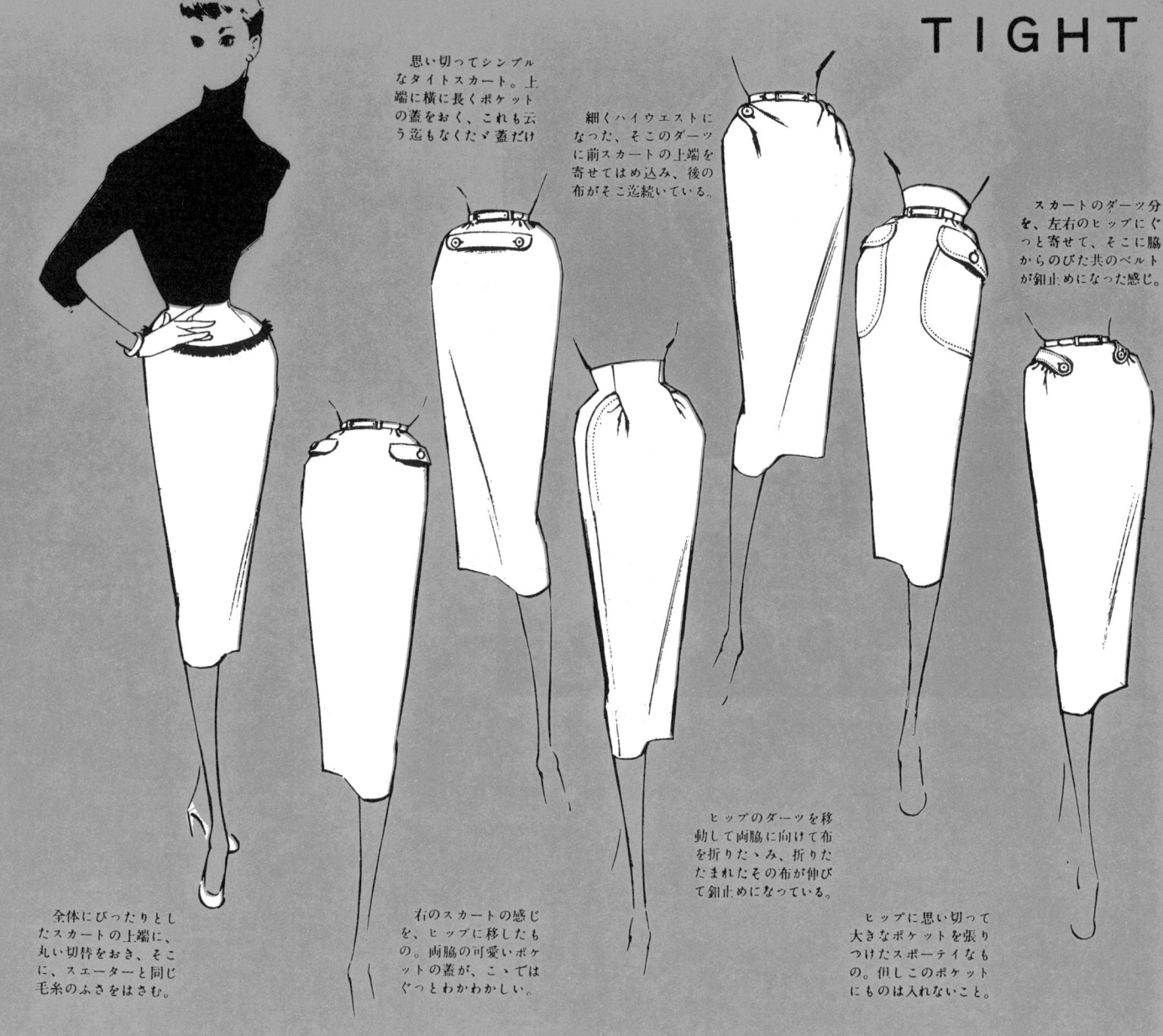

ムッシュウ・プードル

水野正夫

ムッシュウ・プードルはベレーとシックな水玉のマフラーが良く似合います。
刈り立ての毛並みをなびかせて行く先はほら何時もの様に、あの公園のベンチです。
そうしてマドモアゼル・プードルと、甘い楽しい恋をさゝやきます。

原寸型紙は縫切り寸法。すべて0.5センチの縫代をつけて布を裁つ。

① 黒いビロードかウールで顔の型紙に縫代をつけて二枚裁つ。囲りを縫って表え返す。
② 同じく黒い布で外側と内側の胴を各々二枚ずつ裁って、一枚ずつ図の様に合わせて縫う。
③ 顔の布の中へ綿を固く入れて、型を作る。返し口は少し開いていても良い。
⑦ 胴の布をもう一度表に合わせて、背中と首の所を縫う。
⑤ 表え返して綿を固くつめ、お腹の所を目立たない様にしてとじ合わせる。
⑥首の部分にも固く綿をつめておく。
⑦ 顔を当てゝしっかりと、とじつける。白い布と、黒い布で目玉を裁ち、各々図の様にしてアップリケする。
⑧ 共布で円を裁ち、綿を丸めて入れ、ボールの様な型を作る。
⑨ 鼻の先にこれを当てゝとじつける。
⑩ 配色の良い布で円を裁ち、囲りを縫い絞って、ベレーの様なかんじにする。
⑪ 頭と、前後の足に各々黒い毛糸をほぐして、型良く糸で縫いつけ、ベレーを少しあみだにして、可愛いらしくかぶせる。
⑫ 頸の共布を縫って、巻き、まつって、その先え同じ様にして毛糸をほぐして縫いつける。これを尾として図の位置えしつかりと縫いつける。
⑬ 配色の良い無地か、模様の布を裁って両端の糸を抜き、格好良く首に巻いてとめ、出来上り。

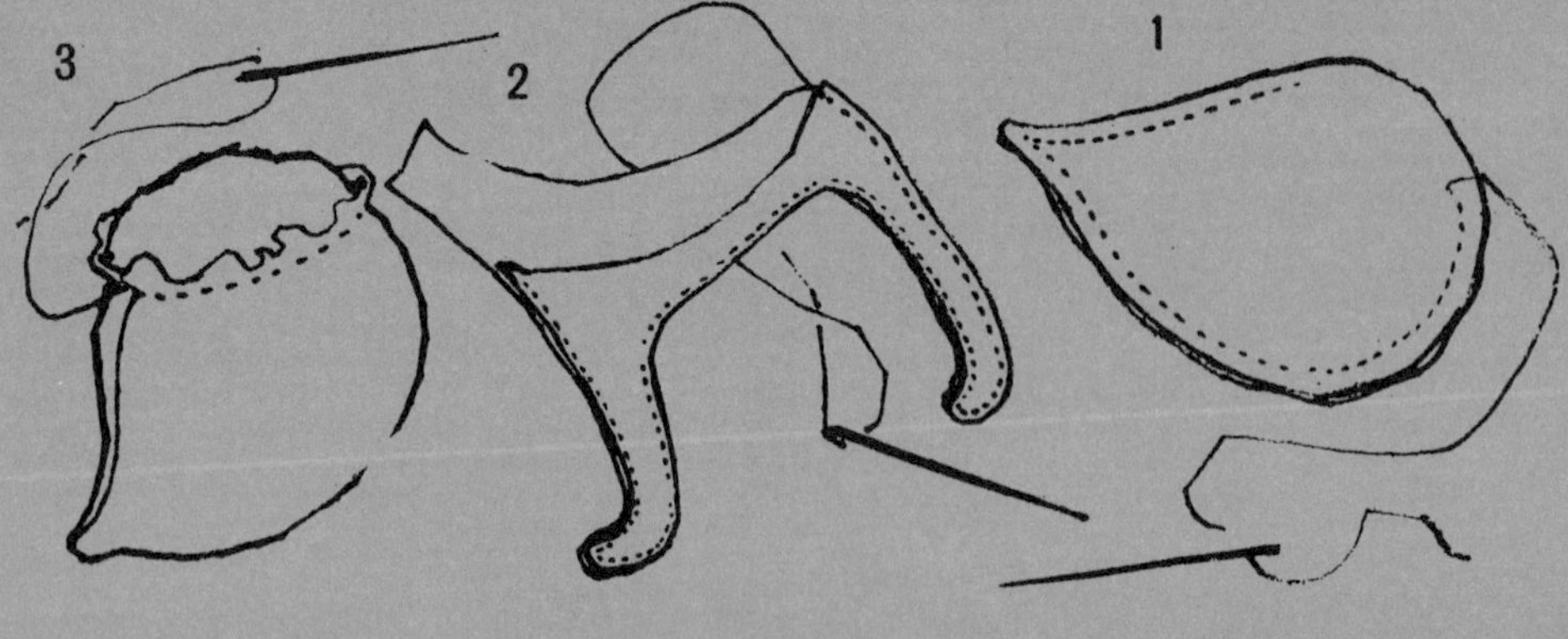

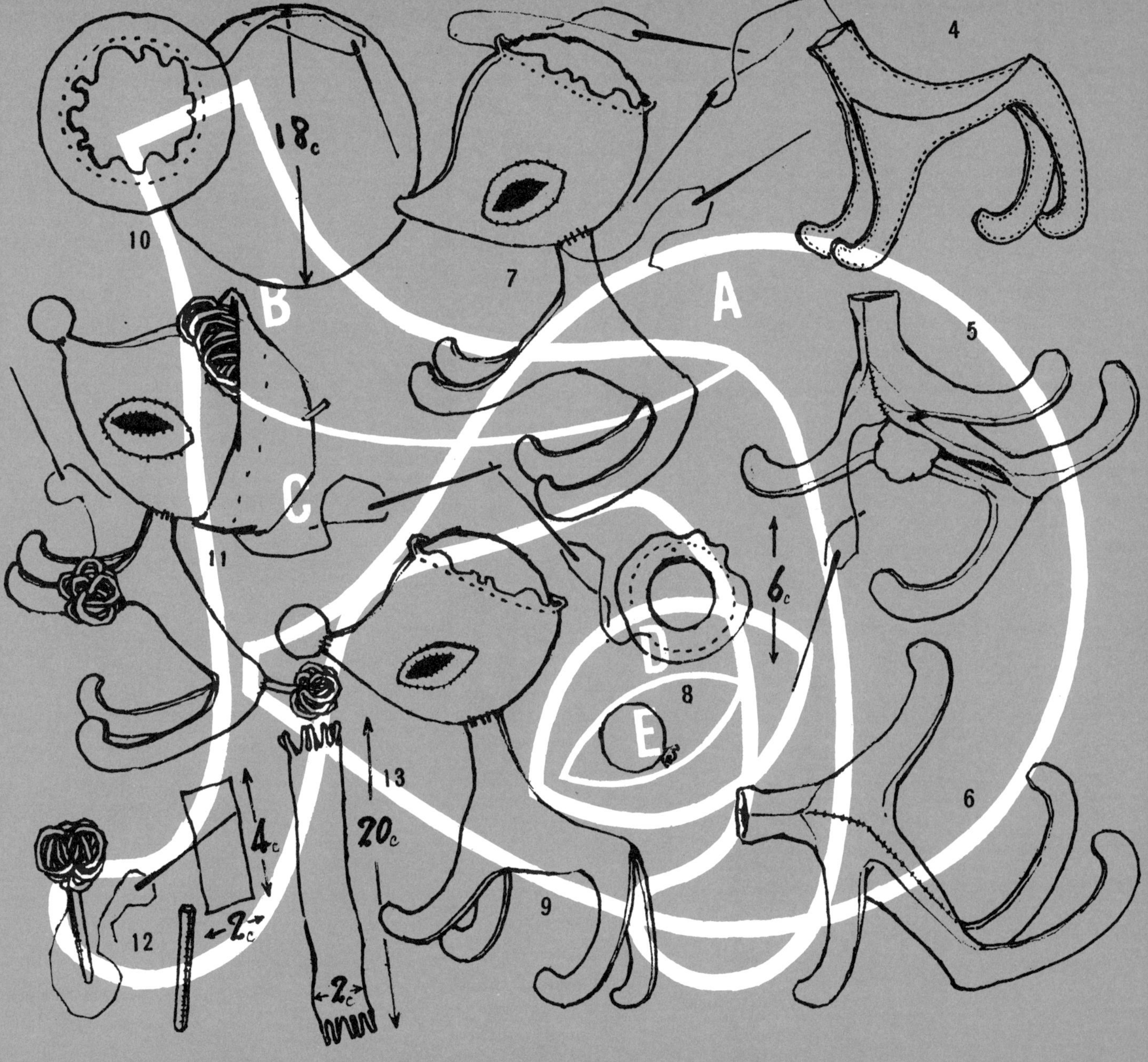

4
5
6
7
8
9
10
11
12
13
A
B
C
D
E
18c
6c
4c
2c
20c
2c

デテール

水野正夫

自分で自分の着る洋服を考えたり、縫ったりする場合にカラーの形やカフスの感じ、もっと大まかに云ってその洋服の持つ雰囲気まで色々考えるものだがそんな時にちよっとしたアイデアがあったら愉しい。こゝでは色々なデテール（細部）のアイデアを書いてみたがこうしたものを取り入れて、なにか自分にあう洋服を考えたり作ったとすると云う事は、女としても愉しい事ではないだろうか。

又こうしたデテールの扱かい方を注意したい。ぴりっとした味の利き方をこそ最上の扱かい方を。

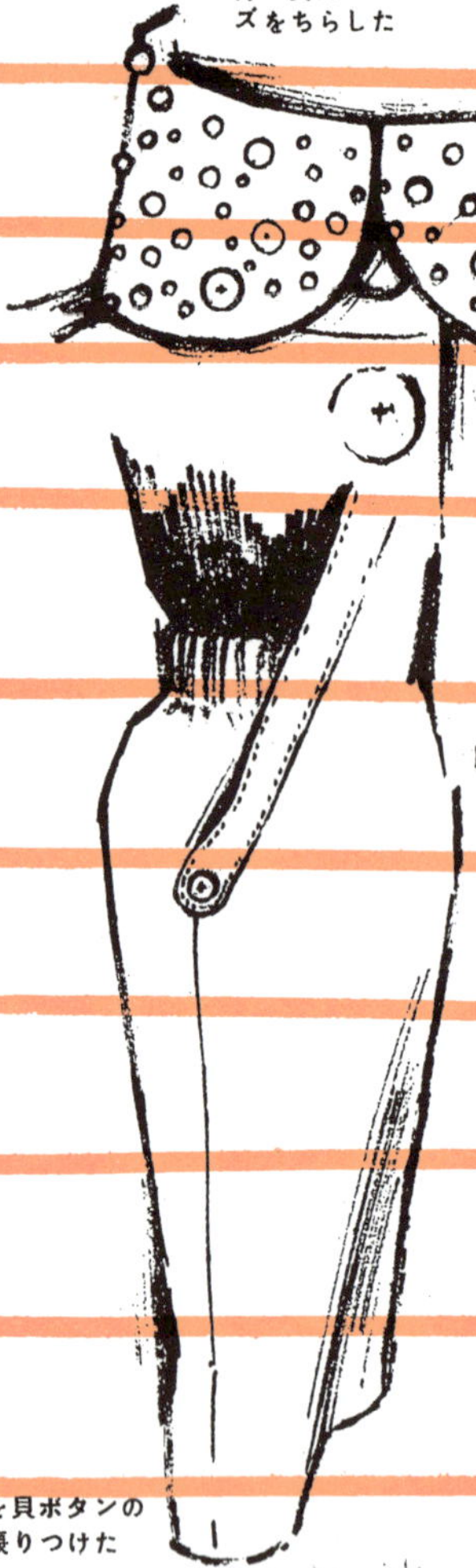

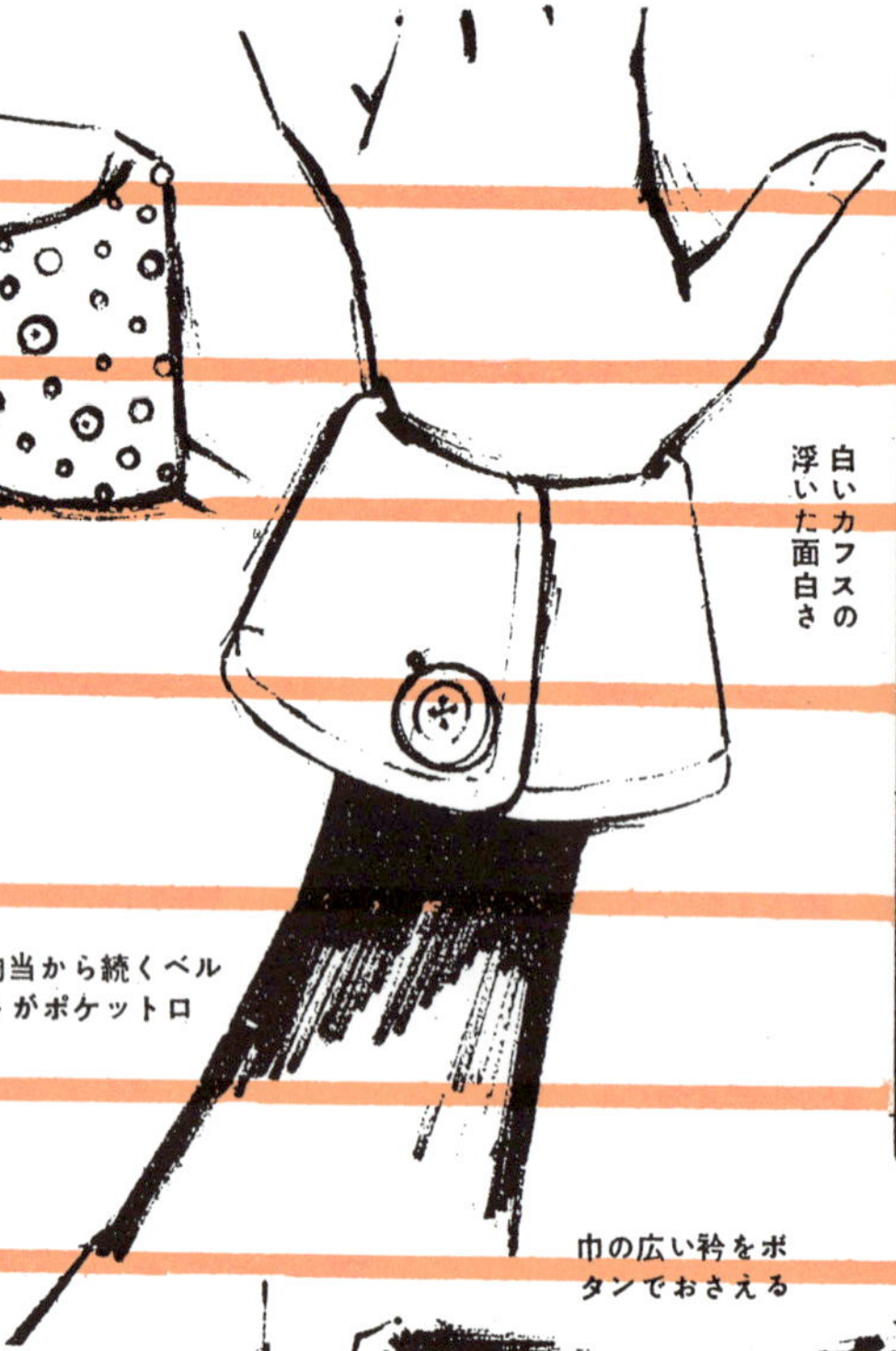

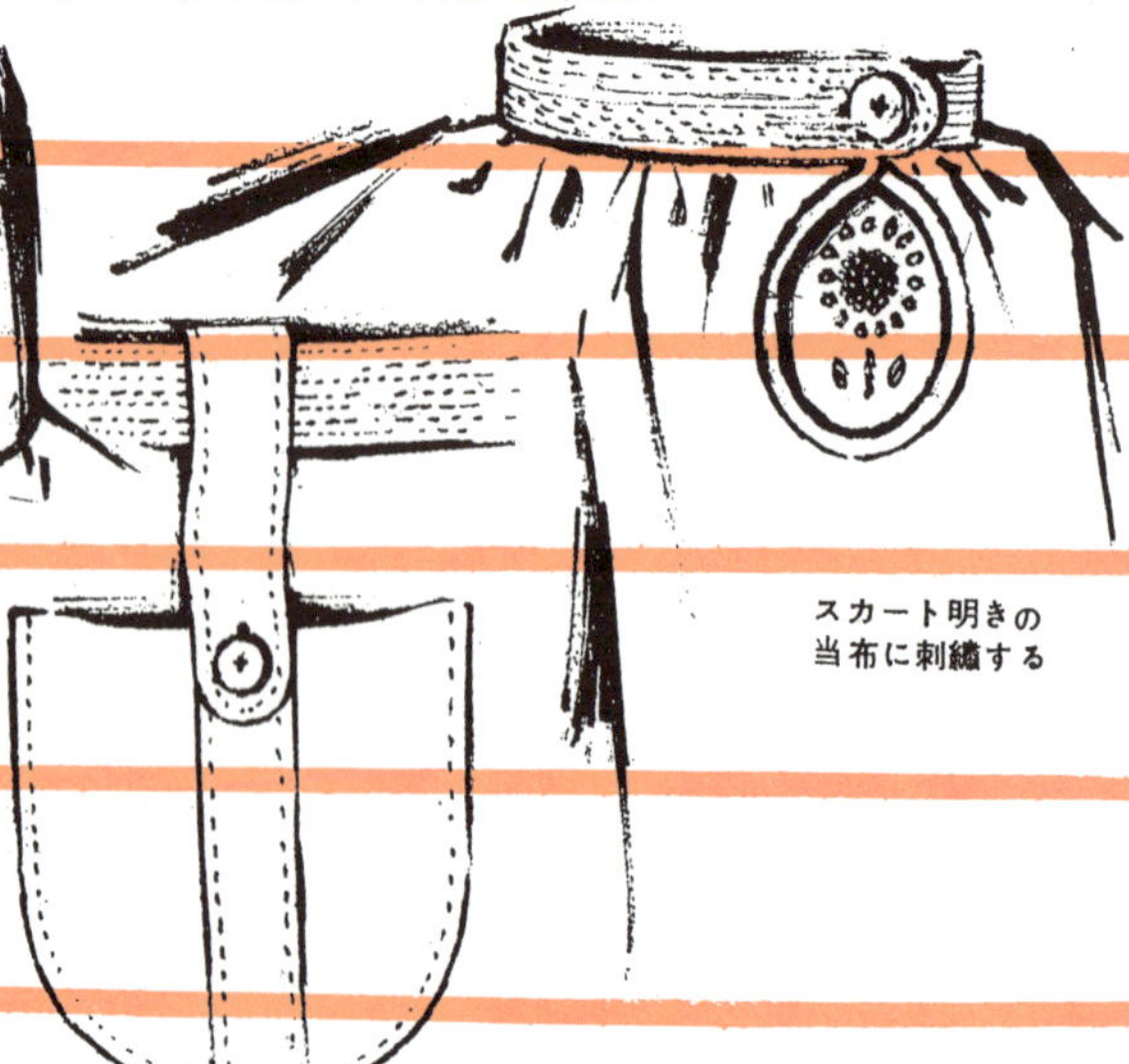

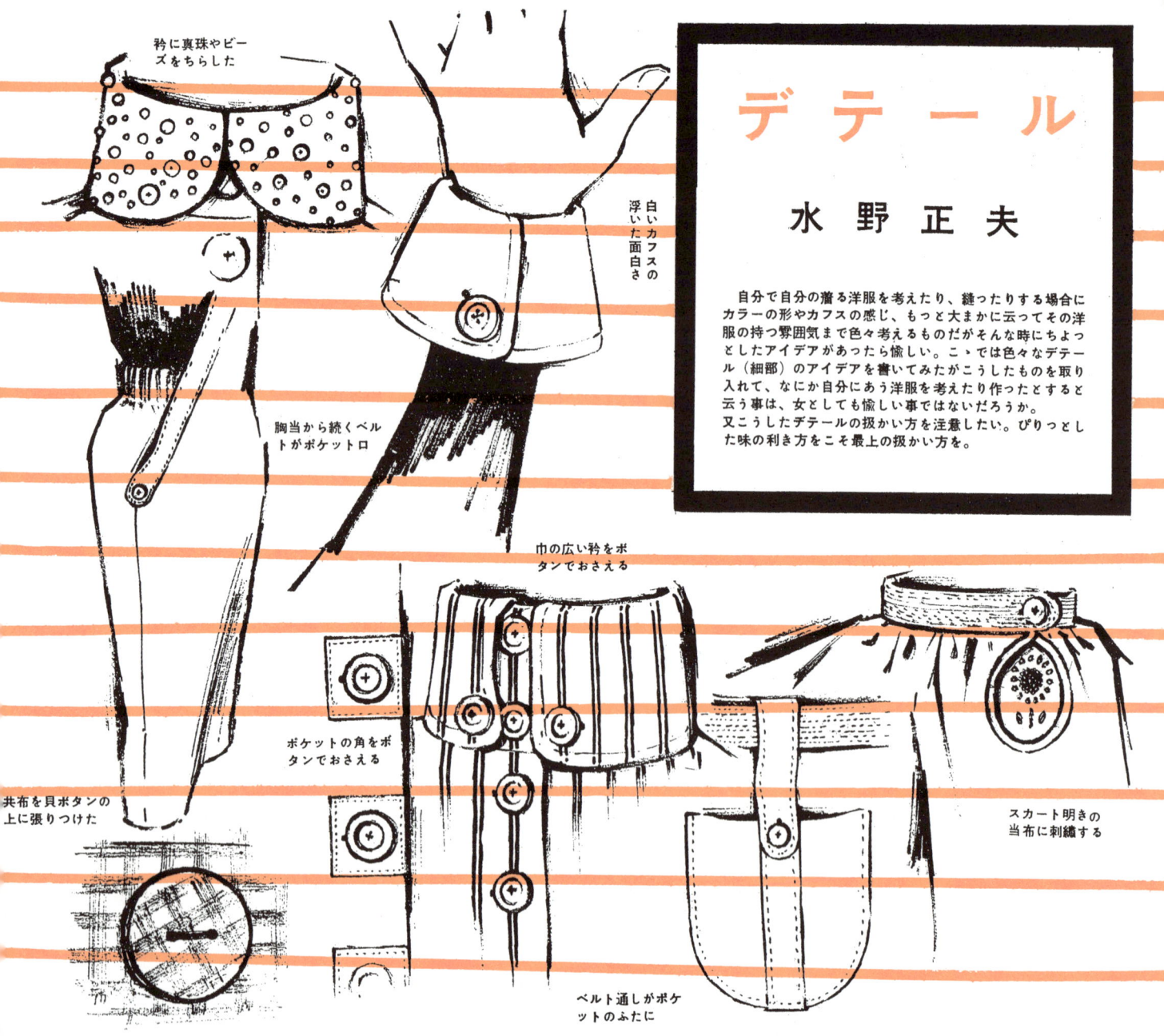

玉縁を配色裛くしたのしむ
ファスナーの配色と位置の面白さ
衿の共布のひもにボタンをつける
ベルト通しかそのまゝポケットに
別色のテープをはり蝶結び
リボンを衿下から出し蝶結び
衿に穴を開けてリボンを通す
ポケットふたに穴をあけリボンを通し蝶結びが可愛い
貝ボタンに油絵の具で花模様を
ズボンの裾を靴ひもでとめる
ポケットの二方のたち出しにボタンをつけてみる
パフスリーブの様なカフスを

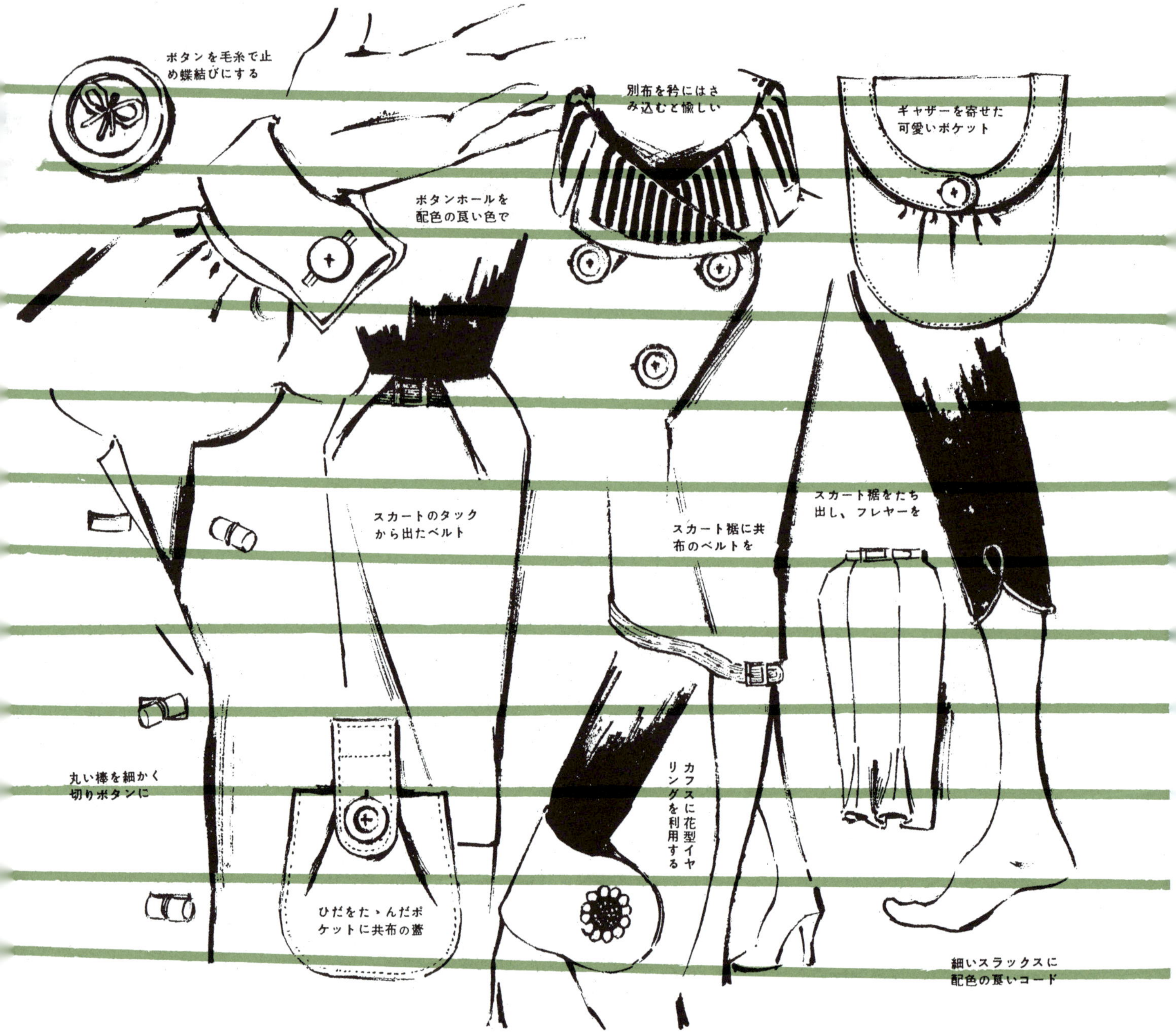

ボタンを毛糸で止め蝶結びにする
別布を衿にはさみ込むと愉しい
ギャザーを寄せた可愛いポケット
ボタンホールを配色の良い色で
スカートのタックから出たベルト
スカート裾に共布のベルトを
スカート裾をたち出し、フレヤーを
丸い棒を細かく切りボタンに
カフスに花型イヤリングを利用する
ひだをたゝんだポケットに共布の蓋
細いスラックスに配色の良いコード

ある夫婦の茶の間の会話

——短篇小説集——

話の内容はともあれ、夫婦が落ち着いて話し合える場所と言えば、まず日本間なら〝茶の間〟であろう。ここでは四人の流行作家、田村泰次郎、佐多稲子、伊馬春部、水木洋子諸氏によつて、その茶の間を舞台にした楽しい夫婦像を、会話ばかりによる短篇小説として描き出して貰つた。

あるさゝやかな家で

佐多稲子

その（一）

「あ、お父さんですか、お帰りなさい」

言葉の方が先きで、小走りに出てゆき夫の帰りをむかえた妻の房子は、また夫より先きに茶の間にもどつて、もう丹前をそろえた。

「夕方からまた寒くなつて、ひと頃こつちはひどい風でしたよ。何だか風が吹くと、私は心弱くて、早くに、雨戸を閉めてしまつたんですよ。今、お膳を出しますから。ちよつと、顔を洗つていらつしやいまし」

茶の間を出て行つたとおもうと、洗面所の金盥に、もう水道の栓をねじつたらしく水の音がしている。

夫の宏三は、お母さん今日は何だかお気嫌だな、とおもつて、顔を洗つた。

夫婦はもうこの年齢になると、どちらからも対手の気嫌のよし悪しがすぐわかる。妻の方では、露路に入つてくる足音の中に夫の足音もすぐ聞き分けるし、夫は夫で、妻の言葉の早いおそいで、彼女の気持のあり方がよみとれる。房子は今日は少々早口になつている。気嫌のよい証拠だ。そんな時、宏三は、却つて無口になり、妻の気嫌のよさに気楽にあぐらをかく。

茶の間では、かた〳〵つと、お膳の立てられる音がして、房子は茶の間と台所を忙しげに往復している。火鉢の火もかき立てた。丹前に着変え、顔を洗つて来た宏三は、いつも坐る場所に納まると、ひとり息子の恒夫の事を聞いた。

「恒夫はまだかい」

「恒夫は、今日はクラス会ですつて。夕御飯はそつちで出ると云つてましたから、どうせ、おそくなるでしよう。だから今日は、かきちりにしましたよ。あの子がいるとかきちりなんて、さつぱりしたのはもの足りないなんていいますからね。つい脂つこいものにしちやうんですけど、お父さんはこの方がお好きでしよう。私も、もうあんまり脂つこいものは……」

全くこの頃は、夫の好物より、息子の好物の方を先きにしてしまう房子だ。宏三は、いさゝか心外だけど、若いものの栄養ということで彼もがまんしている。

やがて食膳にガス台がのせられて、かきちりの仕度ができる。火鉢の薬かんには、これは宏三の毎晩のおたのしみの一本がつけてある。宏三はひとりで、酌をしてのみはじめた。

房子は鍋の中にかきや、豆腐を入れ、

「もー、このへん、いゝですよ。かきはあんまり煮過ぎない方がいゝんですから」

そして自分はそこで、ひと先ずやれ〳〵というように、ふつと肩を落として、

「今日は私、新宿へ買物に出て来ましたがね。おもしろいことがあつたんですよ」

「へえ、なんだね」

宏三は、房子の気嫌のよさに関係している話だと、すぐ察して、また盃につぐ。房子は夫からちやんと見抜かれていることとは知らずに、しやべり出した。

「新宿のホームの階段でね。下駄の鼻緒が切れちやつたんですよ。困つたな、とおもつて、まご〳〵してたんですよ。そしたら、うしろから来た女学生さんがね、小母さま、これでおすげになつたら、つて鞄の中から小布れを出してくれましてね。私が風呂敷包の大きなものを下げているもんだから、その包みを持つてくれましてね。私、とつても助かつたんですよ。いい娘でしてね。感じのいゝ子でしたの。一緒に電車に乗つて、私それでその娘さんの住所も名前も聞いてしまつたんですよ。荻窪で降りましたがね」

話の中途から自分も箸をとり出して、夫の顔を見ながらしやべつた。宏三は、今度は、妻の話をそこまで聞いても、まだ話の表面だけしか聞いていない。

「へえ、またずいぶん、女はすぐ仲よしになるんだね」

「いゝえ、私、その娘を好きになつたんですよ。恒夫の嫁にいゝ、とおもつたんですよ。だから、住所も名前も、聞出したんですよ」

宏三は、ふつと笑い出して、

「あきれたもんだな。そりやまあ、親切ないゝ子だろうけどさ。まだ女学生だろう」

「来年、卒業だといつてましたよ。一度、恒夫と逢わせてみたら、とおもうんですがね」

房子は、自分のひとりぎめの計画に弾んでいる。宏三は、母親のこまかさと、突飛さにあきれて、

「女の子は、うか〳〵と歩いてもいられないね。どこで誰に見染められるかわからん、というわけだね」

「そうですとも。私、ほんとに今日の娘さん、気に入つたんですがね」

或る夫婦の茶の間の会話

男親は息子を心の内においてみた。昨年大学を出て勤めているのだが、親おもいの息子だとしても、そんなことで結婚を考えているかどうか甚だ疑問だ。

「しかし、母さん、恒夫は自分のえらんだ娘でないと、承知しないんぢやないか」

「だつて、そりあ、嫌いなら仕方ありませんけど。きつかけを作つてやつたつていゝぢやありませんか」

と、房子は少々、出鼻をくじかれた顔をした。

宏三は妻の身勝手さに内心おかしくなつた。あるいは自分たち二人の身勝手さに。

それは、姉娘の千枝子が恋愛をして、結婚をしたい、と云い出したとき、宏三の方が反対で、房子の方が娘の味方だつた。宏三は千枝子の夫は、自分がえらんでやりたいとおもつたし、また心のどこかには、いつまでも千枝子を自分のそばにおきたいおもいもひそめていた。千枝子が恋愛をした、と知つたとき、内心、娘に裏切られたような気さえした。

が、そのとき房子の方は、娘の味方だつた。房子は、自分たち夫婦の成り立ちにまで話をさかのぼらせて、夫を説き伏せたものだ。今は、千枝子の結婚に別に反対の気持を持ちつづけているわけではない。むしろ、娘の決意を認めてさえいた。

宏三はそのときのことをおもい出した。

「しかし、母さん、お前は、千枝子の結婚のとき、何て云つたんだ。私たちが親のすゝめた結婚だというので、お前は、人生に損をした、といつたよ。恋愛の経験もなしに、家庭に入つてしまつて、損をした、と云つたよ。俺はどうも、何ともすまないような気にさせられたもんだよ。少くとも、俺の方は進んでいたからね」

「あら、お父さん」

と、房子はあわてた。

「へんなことを言わないで下さいよ」

宏三は、房子のあわてぶりに、にや〳〵した。

「千枝子は、あれでよかつたよ。まして、恒夫は男の子だもの。自分で探すだろう。親が先きに選んだということだけでも反撥するんぢやないか」

「恒夫は、そんなでしようかしら。だつて、千枝子は外へ出す子ですけど、恒夫の嫁は、うちへむかえるんですからね。私たちも、ちやんと承知した娘でないと困りますよ」

房子は、そのことで一生懸命になつているらしい。内へむかえる嫁だ、ということで。

「そりあ、まあそうだ。恒夫も、親があくまでも反対だというような恋愛はして欲しくない、という気はあるさ。しかし、それだつて、ある場合はあきらめなければならんかも知れんよ。今は新憲法だからね」

「私は、恒夫をそんな人間には、育てなかつたつもりですよ」

「まあ、恒夫はいゝ息子の方だから、そうだろう。だから、あいつに任せておいても大丈夫だろう。あんまり、はたで、やい〳〵云わん方がいゝ」

「そうですかね」

房子は、がつかりしたように、少々淋しげな口調で、

「恒夫の嫁は、私が見立てたいとおもつていたんですがね」

「それはもう古いよ。今の若いものはね」

「お父さんは、大分、新しくなつたんですね」

「恒夫が、また女房から、私は人生に損をした、なんて云われちや可哀想だからさ」

「私がそんなことを云つたからつて、今、どうつてことないぢやありませんか」

と、房子は、少し顔が赤くなる。

「しかしまあ、誰でも、これからは人生に損をした、なんておもわない方がいゝんだろ」

宏三は、皮肉を利かして、ちよつといゝ気持だ。房子は、夫の前に顔が上げられないような気もしている。

――自分の娘の時代は、果して、あやまりない恋愛ができたかどうか疑問だつたし、今は自分の生活をまあまあ仕合せの方だとおもつていたから。ちやんとした恋愛をするためには、自分自身が、ちやんとした生活を持つていなければならない。千枝子は彼女の生活力を持つていた。

が、房子自身は、そんな生活を持つていなかつた。

恒夫は？ 彼は自分の目標を持つている息子だ。それを少くとも、房子も自慢にしていた。それなのに、恒夫の嫁は母の眼鏡でえらびたい、とおもうのは、女親の夢もふくめて、エゴイズムかもしれないのだつた。

「そうですねえ」

と、房子は云つた。

「そうだろう」

と、宏三は、またにやつとして、

「今晩は、もう一本、いゝだろう」

夫は、いつでも妻を説き伏せたとき、いゝ気嫌になるものだ。

のり茶の味

伊馬春部

——どうしたの、この海苔、いやにまずいじやないか。

——あら、そう？

——それに、こんなに薄くつてさ。ほら、こうやつて透かしてごらん。きみの顔、まる見えだ……

——でも、それでも米原さまにいたゞいたんですよ。たしか日本橋のR屋のよ。ほらね……このレッテル……

——R屋だろうが何だろうが、まずいものはまずいよ。米原さんの呉れるものが一級品とは限らない。

——あなた……今日……いやに御機嫌がわるいのね。そんな不平……私に仰言つたつて、始まらないわ。海苔がまずかつたら、米原さんにそう仰言るといいわ。

——仲人の米原さんにね、フン。海苔の文句をかい、ヘン。おそらく米原さんだつて、こんな海苔とは御存じあるまいよ。これは到来物だけどつて、奥さんがぼくの鞄にねぢこんでくれたんだもの。

——あら、じやタライ廻し？

——そうさ。なにも米原さんが、わざ〳〵ぼくたちに下さるために、焼き海苔の缶をお買いになることもあるまいじやないか。

——それだつたら、なにもあなただつて、この海苔に、あまり期待なさることもないじやないの。そんなことを御存じだつたんなら……。私また、米原さんからの頂戴物だから無条件に信用して缶の封を切つたんだわ。

——そこだよ、そこをぼくは言いたいんだ。缶をあけたんなら、そのときすでに海苔の良し悪しくらい、わかりそうなもんじやないか。

——味見してみろつて仰言るの？　一枚つまんで……

——鈍感だなあ、きみは……。そんなこと手触りでわかりそうなもんじやないか。缶の封を切つたら、あら、あなた、へんだわ、このヤキノリ。この頃の海苔つてこんなかしら……つて、まず言つてもらいたかつたね。無神経すぎるよ。

——それがあなた……米原さんが、悪いものを下さろうなんて思つてやしませんもの。

——だからこそ、なお手触りで……

——よしてもう！　そんなに文句おつけになるんだつたら、食べてもらわなくつたつていいのよッ！

その（二）

——おいおい……、お皿とり上げなくつたつていいじやないか。

——結構です！　たかがヤキノリくらいのことで、ひとのことを鈍感だの無神経だの……。ヤキノリと妻と、どつちが大切なのッ？

——ぷッ……

——なにがおかしいの？

——いや、米原さんの奥さんも、仲人としては全然……失格だと思つてね……

——どういう意味？

——ぼくたち……もう十五年目の結婚記念日を迎えようとしてるんだろう？　それを海苔の缶でいさかいを起させたんじや……仲人としてはミスだろうじやないか。

——そんなことないわよ。あなたが文句つけなければ、何でもないんだもの。

——いや、それが文句をつけなくては居られないような……いや文句をつけるつもりはなかつたんだ……ただ、おや……と意外に思わせるような海苔を下さつたればこそなんだからな。

——止してよ、もう。そんな堂々めぐり……

——ウフ……くしやみしてますぜ、米原さんの奥さん、日曜の朝、ぼくたちがこんな喧嘩を始めたともしらずに……

——あ、わかつたわ、……そうだつたのね！

——な、なにが……

——あなたはわざと喧嘩を吹つかけていらつしやつたんだわ。

——わざと？

——そうよ、そうにきまつてるわ。そして私の気分を毀してしまつて……そうだわ……

——なんだ……、なにを一人合点してるんだ……

——だつてあなた、昨夜おつしやつてたでしよう？　明日は久しぶりで小金井にでも行つてみようかなあつて……

——言つたよ。桜はつぼみがちらほらほころびかけた頃が魅力的だからな。ぼくはあの一分咲きという時分がたまらないんだ。なんだか……精気というか覇気というか……とにかく生活力に満ちていて……

——その生活力が、こつちの躰にまで伝わつて来るような気がする……

——そ、その通りだよ。どうしてきみ……

——前にも伺つたことあるの……もうせん……婚約時代……小金井の堤につれてつていたゞいたとき……

——あ、そうだつたね。あのときは新宿駅で一時間も待たされたんだつけ……

——うそ仰言い。三十分よ。公衆電話の前という約束だつたのに、ポストの脇に佇つていらした、あなたがいけなかつたのよ。

——うフ……きみはお弁当つくつて来たつけね……

——えゝ……、母さんがこしらえてくれたんですわ……

——あのノリマキはおいしかつた……

或る夫婦の茶の間の会話

――今日もあたし……こしらえるつもりで、支度してたんですけど……

――その海苔でかい？

――まさか……、ノリマキがヤキノリで巻けるわけないわ。ちやんと上等のを一帖、買つて来てあるの。……でももう……その必要もないことね。

――どうして……

――だつて、もう……小金井なんか面倒くさくなつておしまいになつたんじやない？　麻雀の方が魅力なんでしよう？

――う〻む……、山村君の速達さえ来なきやなあ……、しかも部長の家でやるというんだから、やつぱりちよつと顔出ししなきや……

――でしよう？　だからあなた、あたしの気分をめちやくちやにして、ピクニックを諦めさせようとなさつたんだわ……。それで下らない海苔やなんかのことで、文句をおつけになるんだわ。

――そんなことないよ。麻雀にするんだつたら、君に、はつきりそういうよ。海苔とこれとは全然……別問題だよ。海苔に関する無神経さについては、ぼくは純粋に怒つてるんだ。

――また海苔？

――うふん……　ところでどうだい？　小金井行きはやめると言つたら、きみ怒るかい？

――いいえ、ノリマキつくる手間だけ省けたというもんだわ。行つてらつしやい。部長さんのとこに……、どんな部長だかしらないけど……

――何だつて？

――部長がきいてあきれるわ。どうせ、どこかの料理屋か宿屋なんでしよう？

――いや……鳩山内閣の麻雀ゴルフ禁止以来、そういうところは御法度なんだ。ほんとに部長の家だよ。おもしろくもない……。おい、おみおつけ……

――あら、お代りなさるの？　珍しいわね。

――いや……その小さい里芋がおいしくてね……

――そう？　あなたがお好きだからと思つて……。じやちよつと暖ツためるわ。

――そうか……その間ぼく、莨屋まで行つてくらあ。

――あら、暖ツためるといつたつて、そんなに時間か〻りはしないわ。それに「新生」だつて買つてあるし……

――いやなに、山村君のとこに電話かけるんだよ。

――あら……どうして？

――サシツカエアリ本日欠席つてね……

――まあ……

――行つて来まーす……


（間――）


――お帰んなさい……

――やれやれ、今日の日曜は大へんな人出だぞ。天気いいもんだから、家族づれで大にぎわいだ。

――そう？　はい……おみおつけ……

――うむ……うまい……

――サシツカエアリ……つて、どんな電話おかけになつたの？

――きみを病人にしたよ。

――えつ？　あたしが何の病気？

――発熱三十八度五分……風邪にしといた……

――まあ……じや私、家に寝てなくちやいけないじやないの？

――そんなことないさ。錠かけといて、予定通りピクニックさ。

――どうするの、見つかつたら……会社の誰かに……

――そのときは病院に行つたことにするさ。

――三十八度八分が……？

――五分だよ……ふ……。どうも妊娠らしいんでね……

――まあ……あなたつて方は……

――ちよつとその診察に……こう言つとけば、誰だつてそれ以上……深入りはしないさ……

――あゝ、おいしかつた、御馳走さま。お茶漬け一杯もらおうかな。その亀井戸大根の漬け物の色が何ともいえないから……

――そう？　……はい……

――どれ……そのノリ……

――あら、これ……まずいんでしよう？　ノリマキ用のを焼きましようか？

――う〻ん……、それでい〻よ。もんでのり茶にすれば、結構おいしいさ。

――そう？　じや……はい……ふつ〻〻、これ……ほんとに、あなたの顔すかして見えるわ。

――そうだろう？　バア……

――まあ……

――お茶をくれ……

――はい……。ねえ、……あなた……

――なんだい？

――ピクニックに行く前……ほんとに病院につれてつて下さらない？

――えつ？　じや……

――えゝ……出来たらしいの。今度こそはほんとに……

――そうか……。やつぱり米原さんの奥さんは偉いなあ。さすがに仲人だけのことはあるということになるよ。

――どうして？

――この海苔のおかげで、とうとうきみの口から、おめでたの話が聞き出せたつてわけじやないか。

――まあ……

――おいしいぞ、こののり茶……。きみもやつてごらん
ええ……

愛は惜しみなく

水木洋子

その（三）

丸子　あなた、ねえ……
卓夫　……
丸子　言つてもいゝかしら。
卓夫　……
丸子　言つてもいゝ？
卓夫　……
丸子　……
卓夫　人が新聞を読んでる時に、耳のはたでうるさく言うもんじやないよ。
丸子　まあッ、まだ何んにも言やしないじやありませんか。ずいぶんねえ。
卓夫　新聞を読んでるんですよ。
丸子　いつまで見てらつしやるのよ。
卓夫　大きなお世話ですよ。
丸子　もうお茶よろしいんですかッ？
卓夫　おいおい、飲むんだよ、まだ。
丸子　ねえ、
卓夫　何さ。
丸子　あなた、私と一緒になつて、後悔してらつしやるの？
卓夫　……
丸子　まだ三月にしかならないのに、もうお友達に……
卓夫　えゝ？……何んだベソなんかかいて……
丸子　あなた、私のこと、シマツタつて、仰言つたんですつてねッ。
卓夫　何んだ興奮なんかして……
丸子　ごまかさないでッ。
卓夫　僕がどうしたつて？
丸子　あなた、よその人に、全くシマツタことをしたつて仰言つたんですつてね。
卓夫　誰れがそんなことを言つた。
丸子　誰れだつていゝじやないの。ちやんと私、聞いたんですから。
卓夫　工藤君か？
丸子　違うわ。
卓夫　じやあ花崎だろう。
丸子　違います。
卓夫　花崎でないとすれば……彼奴かな。山村だろう。
丸子　違いますッ。
卓夫　あ、そいじや木山だ。そうだろう。あのオッチョコチョイだろう。
丸子　みんな違います！
卓夫　それ以外にない筈だ。
丸子　……それだけの人にお饒舌りになつたのね。
卓夫　いや……
丸子　じやあ、饒舌つた相手は御自分が一番よく知つてらつしやる筈じやないの。
卓夫　カマをかけるな、カマを……
丸子　まあ、ほんとなのね。やつぱり仰言つたんですね。いゝわ、そんな、恥になるようなことを今から言つてお歩きになるなんて……あなたつて、ずいぶん喰えない方だわ。シマッタなんて、そんなひどいことを……
卓夫　いや、あんまり冷やかすからさ、みんなが……。
丸子　冷やかされると、そんな、侮辱するようなことを仰言れるんですか？　あなたつて方は……
卓夫　いやあ、そのくらいのことは言うよ、男つてものは、ね？　ヤニサガつてるみたいでまずいから、一寸そう言つておくもんなんだよ。
丸子　でも私、具体的に伺つたんですのよ。ちやんと。花崎さんが心配そうにお宅はうまくいつてないんですかなんて仰言るんですもの。
卓夫　花崎か、彼奴……余計なおせつかいを……
丸子　いゝえ親切に言つて下さつたんだわ。
卓夫　ふうん、そうかね。
丸子　高い費用を使つて式を挙げて、たゞたゞ身の廻りにうるさく附き纒われるだけで、身の廻りなら下宿屋のおかみさんだつて間に合うし、女房つてえのは不経済なもんだなあつて、仰言つたんですつてね。
卓夫　へーえ、そうか。
丸子　聴きたい時にラジオも聴けない。新聞もゆつくり読めやしない。帰るや否やベラベラ、八百屋の小僧の噂からアパート中の動静まで逐一聴かされなきやならないし、全く家では落着くことも出来ない。実際会社でもまれて来て、家で、まつわりつかれるんじや、やりきれない。つくづく一人になりたいと思う。そう仰言つたんですつて？
卓夫　ふうん。
丸子　主人はゴマヨゴシが好きなんですよなんて向いの部屋の妻君と話しながらゴロゴロすり鉢の音をたてやがる。たてやがるつて仰言つたんですつてねッ。こう亭主のことばかり四六時中考えていられちやあ、こつちがたまらない。少しは女だつて自分の生活というものをもつたらよさそうなもんだと思うんだ。
卓夫　そりやそうさ。編物始めりや、これ貴方の。肉を煮りや、これ貴方が好きだから。煮肴だけど焼い

或る夫婦の茶の間の会話

といたわ、貴方がそのほうが好きだから。コロッケの方が安いけどメンチカツの方がお好きだから、無理したわ。

丸子　御迷惑なのッ。

卓夫　五円のコロッケと、メンチカツの差額まで、僕のせいにしちやかなわんよ。貴方々の押し売りで……

丸子　……

卓夫　大体、花崎なんか相手につまらんことを駱舌り合うもんじやないよ。あれはね、ヤキモチやきなんだ。僕らを嫉妬して、かきまわそうと思つてるんだ。バカだよ、君は。それに花崎はね、君に気があるんだよ。

丸子　まあッ、うそ。ほッほ。

卓夫　喜ぶな！

丸子　あら、ひどいわ。

卓夫　君だつて、チョット・フイリップねつて、言つたじやないか。

丸子　あらア、あれはジエラール・フイリップに一寸下向いたところが似ていたからだけど、上向いたら見られないわよ。

卓夫　だから、チョット・フイリップねなんて、君がおだてるから、奴さんいゝ気になつて、君に興味を寄せるんだ。

丸子　まあ、いや。あんなの。貴方のほうがよつぽどいいわ。

卓夫　今更改めて言うだけどうかしてる。

丸子　そうかしら……

卓夫　ヤニさがつてる。

丸子　あら、何を？

卓夫　ふん……

丸子　まあッ、花崎さんなんかに好意をもたれたつて、嬉れしくないわ。男の人じやあるまいし、ひどいわ。そんなこと言う人、嫌い！

卓夫　ふゝ。

丸子　なあに？　へんな笑い方をして……

卓夫　花崎なんかに煽られるから可笑しいよ。

丸子　貴方こそ親しくしてらつしやるくせに……あんな人のどこがいゝのかしらと思つてたわ。

卓夫　利口じやないね、あんまり……

丸子　誰れが？

卓夫　彼奴さ。

丸子　勿論よ。

卓夫　バカだよ、ありや……

丸子　バカよ。水さすようなことをして……

卓夫　君に惚れてるからさ。

丸子　いやン、もう……いじめないで……惚れてるなんて、嫌な言葉！　けがらわしい。

卓夫　そういう奴さ、あれは。

丸子　大嫌いよ、あんな人。

卓夫　そうでもないだろう。

丸子　あら、ほんとよ。

卓夫　そうかね。

丸子　まあ、どうしてなの？

卓夫　何んでもいゝよ。

丸子　まあ気持の悪い。何よ。花崎さんなんか……

卓夫　そのこつちやない。

丸子　じや、何？　仰言いよ。

卓夫　いゝよ。

丸子　いやよ、仰言らなきや……

卓夫　お膳かたづけなさい。

丸子　逃げるの？

卓夫　いや、日向ぼつこするんだ。こゝの方がよく読める。

丸子　ごまかすのね。何よ。仰言らなきや、ついてくわよ。部屋中……

卓夫　うるさいなあ。

丸子　卑怯よ、言いかけてやめるのは………

卓夫　……

丸子　何よ、ねえ。

卓夫　……

丸子　仰言らなきや動かないわ。

卓夫　君もね、僕をせめるこたあないと思うんだ。男つてエゴイストねえ、始めてわかつたわ、つて、述懐しただろ——、誰れかに。聞いてるよ、ちやんと……

丸子　私、他人になんか言わないわ。

卓夫　姉さんにだつて同じさ。それが義兄さんに伝わり、伯母さんに伝わるようなもんさ。つくづく男のエゴイズムを感じたそうだが……

丸子　そうよ。だつて、たつた一枚しかとつてない新聞を、あなたつて、持つたきり離さないじやないの。その一つの例を見てもわかるでしよ？　それで私に政治意識がないとか、社会意識がないとか仰言るけど、電車の中で読むんだつて、持つてつておしまいになることだつてあるじやないの。私自身の空白状態を考えてみたことおありになる？　君は室で寝そべつて、ラジオを聴けるからいゝと仰言るけど、貴方の洗濯、靴下の手入れ、貴方の……あら、お散歩にいらつしやるの？

卓夫　……

丸子　まあ新聞持つてつておしまいになるの？

卓夫　まだ一行しか読んでないんですッ。屋上は寒いけど……

妻の落しもの

田村泰次郎

その（四）

宇野重吉の扮する中年の易者が、一人息子に死なれ、ひそかに思慕を寄せあつているバアのマダムに去られて、奈良へ行くために、東京の場末の街を、ひとりで駅の方へむかつて歩いている。形がくずれて、うすよごれた二重まわしを羽織つた姿が、舗道に長く影をひいている。

映画「東京の空の下」のラスト・シーンである。

ひとびとは、もう、ぞろぞろと立ちはじめていた。

「あら、あたし、スカーフ、どこへやつたかしら？」

平三のとなりにいた妻の須美が、はつとしたように急にあたりを見まわしたり、暗い足もとをのぞきこんだりしはじめた。平三は、画面から受ける感動にひたつていたが、しばらくして、ふと、妻の言葉に気づいた。

「どうしたんだい？」

「スカーフがないの」

「え？あのフローレンスから買つてきてやつた、――」

平三は、そのとき、はじめて、数時間前に一しよに西荻窪のうちを出て、銀座で食事をし、新宿で帝都座へ映画を見にはいるまで、妻が今日はどんなスカーフで、顔をつゝんでいたか、はつきりと覚えていないことに気づいた。けれども、もしか妻の好いているあのスカーフではないかと、びくつとして、彼はたずねずにはいられなかつた。

「ええ」

「そんな馬鹿な、――早く、そのへんをさがしてみろよ、ぐずぐずしていると、みんな、帰つてしまうぞ」

平三は思わず、語調が烈しくなつた。

「さつきの席に、落してきたかも知れないわ」

「だつたら、行つてさがさなきや、――」

彼のけんまくに、妻は別の席へさがしに立つた。そこは、舞台の上手よりの端つこで、いま夫婦の坐つている席から、すこしうしろの方だつた。

はじめ、彼らが館内にはいつたときは、適当な席がなくて、ようやく、一つだけその席をみつけて須美が腰かけたのであるが、それからしばらくして、平三はそれよりも前方の正面の席があいて、そこを占めた。

そのうちに、平三の隣りの席もあいたので、彼は須美を自分のそばへ呼んだ。そのときに、須美はスカーフを、前の席に忘れてきたのかも知れない。

映画がおわつて、あたりがあかるくなり、観客はみんな帰つて行つた。平三は、まだ、さつきの端つこの席で、うろうろしている妻の方へ近づいて行つた。

須美は、良人が近づいてくる気配を感じるらしく、こつちを見ずに、席の腰掛け板をひつくり返したりして、まだ未練らしく足もとをのぞきこんだりしている。

平三の眼には妻が、可哀そうに映つた。いつもなら、ここで不気嫌な声で叱るところなのだが、何故か、叱る気持になれなかつた。それは、一つには、いま見たばかりの映画の宇野重吉の扮した中年易者のすべてを諦観したような生き方に、かなりに共鳴を感じていたからにちがいない。

「やつぱり、ないわ、――さつき、こゝへ忘れたはずなのに、きつと誰かに持つて行かれたのよ」

「縁がなかつたんだよ。それでも今日まで、まる二年半ほども、持つていたんだから、あきらめるんだな」

平三は、宇野重吉の中年易者のような気持になつて、そういつた。

須美は、まだあきらめきれないように、そのへんを見まわしたが、やがて、

「ひよつとして、ひろつたひとが、事務所へ届けてくれているかも知れない」

といつて、事務所へもたずねてみたが、そんな届け物はなかつた。

帰りの車のなかでも、彼は憂欝であつた。それでも、彼が沈んでいると、妻が一層、そのことを気にすると思つて、つとめてほかの話を、愉快そうに話した。けれども、その話しぶりが、かえつて不自然に感じられるのか、妻はますます、沈んで行くばかりだつた。

「あなたに悪いわ。ほんとに、あたし、どうしようかしら……」

妻は幾度も、そうつぶやいた。

「いや、もう、いうなよ」

口ではそう答えたが、彼の語調には寂しげなひびきがあつた。この際、彼はわざと、寂しそうな口ぶりをしてみせて、妻をいじめてやりたい気持も、ないではなかつた。

彼らは、結婚後十年近くもすぎていて、いまでは、ふだんは、ほとんどお互いに、なんの抵抗も感じられない

ほどの仲になつていた。彼は、軽く妻をいじめたり、からかつたりすることが、妻をうれじがらせることと同じように、妻の心の生活のいろどりになつていることを知つている。そのことが、また、彼自身の、男のサディズムのような本能を、満足させるものであることも知つている。

けれども、平三はそんなことを計算の上で、技巧的にそれをするだけではなく、それは同時に、幼児が自分の母に甘えたいような、彼自身の欲求からであつた。

「でもあなたが、折角フローレンスで買つてきて下さつたものなんですもの……」

平三は、一昨々年の夏、ヨーロッパの旅の途上、フローレンスに数日をすごした。

絵画や、彫刻の好きな彼は、フローレンスの寺院や、美術館を毎日のように訪れて、ルネサンスの巨匠たちの、不滅の傑作に陶酔した。自分の生涯の最良の日々だと、そのとき感動し、その感動は、いまもつづいている。

そんなある日、彼はサンタマリア・デルフローレ寺院に近いリカソリ通りの一軒の装身具を売つている小店のショウ・ウィンドウに、彼は一枚のスカーフをみつけてすぐそれを買つた。

黒で幅広にふちをとり、まんなかは、黄色と茶色のこまかく組みあわせた線が、たてに並んでいた。その黒の色も、黄と茶との組みあわせも、品の高い色調だつた。黄と茶とは麦秋の穂波が陽にかがやいているような感じだつた。

良人の土産のそのスカーフを、須美は大切にした。好きでもあつた。平三からフローレンスというイタリヤの古都のすばらしさを、聞かされて、一層、彼女はそのスカーフを愛するようであつた。それを同時に、その古都への良人の感動と、夢とが、そのスカーフに形となつてあらわれているように思えるらしく、そのためにも彼女はそれを大切にせずにはいられなかつた。

須美は、フローレンスを知らないが、良人をそんなにもよろこばせたフローレンスに、ひと一倍の愛と憧憬とを持つている。平三は、それをよく知つている。

ふだんものを落したり、忘れたりすることのめつたにない**妻が**　その彼女にとつて大切な、貴重なものを、失つたことで、どんなに彼女自身を責めているかを考えると、彼は、妻にきつい言葉をかけるわけには行かなかつた。

その夜、平三はひとり茶の間で、フローレンスの地図をひろげて、スカーフを買つた、リカソリ通りを眺めていると、妻がはいつてきた。彼はあわてて、地図をかくそうとしたが、それがかえつて、妻の注意をひきつけた。

「フローレンスの地図なのね？」

「うん、！」

彼はうなづいた。なにか悪いことをしたように、口籠りながら、

「しばらくぶりで、見たくなつたんだよ」と、弁解した。

「いいの。わかつてますわ。ごめんなさい。あたしが、不注意だつたの」

「いや、そんなことよりも、こんど、お前と一しよに、おれはフローレンスへ行きたいんだよ。きつと、そのうち、おれはお前をパリへもローマへも、フローレンスへもつれて行くよ」

「あたしなんて、駄目だわ。そんなところへ行つたら、それこそ、どんな失敗をしでかすか知れないもの……ま た、あなたひとりで、行つてらつしやい」

「おれだつて、ひとりで、どんなすばらしいものを見たつて、仕方がないよ。お前に見せなきや、あとで話が通じないぢやないか。お前をつれて行くのは、おれ自身のためでもあるんだ。齢とつてからでも、共通の話題に困らないからな」

彼は書庫へはいつて、フローレンスの街や寺院の絵葉書や、美術館の案内書を持ちだしてきた。幾度も、妻と一しよに眺めたそれらのものを、また彼は、夫婦で眺めはじめた。

ウヒッチ美術館の、ボチシエリの「春」や、「ヴィナスの誕生」の色刷りや、メヂチ家の墓所にある、ミケランジエロの、「夜」と、「昼」の彫刻の絵葉書を、飽かず眺めた。

「須美。おれには、こういうたのしみがあるんだよ。お前は、おれに、フローレンスの思い出を、なくさせたと思つて、気にしているかも知れないけど、フローレンスはおれの心のなかに生きている……フローレンスは、おれのものだよ。心配するなよ」

その言葉は、妻へと同時に、彼自身へいい聞かす言葉でもあつた。妻の眼もとに、涙のたまるのを、平三は見た。

ジュニアそれいゆ

1955・早春号幸福特集

10代のひとたちの毎日の生活に、夢とあこがれをこめ、新鮮で知性ゆたかないろどりをそえる美しく明るく愉しい雑誌……『ジュニアそれいゆ』

私の撮影日記　雪村いづみ

希望と努力と幸福と……中河与一
幸福は自分で作るもの…山脇道子
あなたの身近にある幸福……広瀬良子・街夕記子
城夏子・竹内てるよ
横山美智子

プードルカツトの日本髪　ペギー葉山

それいゆジュニアばたーん……………中原淳一
短篇　雨　傘……畔柳二美
短篇　ママと二人の娘たち　街夕記子
絵物語　青い鳥…松田信子
中原淳一画
あなたのすべてを美しく

世界に誇る町　京　都

幸福は…青い鳥は…どこにいるのでしょうか？本当の幸福とは、どこにあるのか、ごーしよに考える為におくる幸福特集です。只今発売中　¥180

ジュニアの衣裳しらべ…三井美奈
ジュニアのフランス生活　佐藤桂子
スカートとジャケット…水野正夫
皆のお座布団…中原淳一
他教養手芸生活など満載

中原ひとみさんのドレス
デザイン　中原淳一

高校を卒業した二人のジュニアの生活…………
忘られた子ら（カメラルポ）
女学生服装史…中原淳一
詩　少年他……中村メイコ
映画　緑はるかに…主役ルリコ決定・ルリコの髪他
お友だちをお招きする時

ウールのチェックのワイシャツ　中原淳一

ひまわり社のスタイルブック

春のスタイルブック
海外モード

特集・今春の1955・SPRINGスタイル7人集

中原淳一編・定価200円・2月28日発売予定

☆　最新着の海外モード写真から選りすぐつた春のスタイル200点に解説と作り方を附した新しい試み。☆　杉野芳子・山脇敏子・桑沢洋子・隅田房子・国方澄子・水野正夫・中原淳一の春のスタイル7人集。

〃私は朱と紺と紫が好き〃 岡田茉莉子さんの衣裳調べ

文豪川端康成氏の作品の映画舞姫に出演し、一躍新鮮な演技で時代のホープとして現われた岡田茉莉子さんは、次々に大役をこなされて、我国映画界に新風を巻き起して居られる。茉莉子さんは、往年の名二枚目、岡田時彦氏の令嬢である事は皆様も御存知の事だろう。東京目黒の茉莉子さんのお宅では、お美しいお母様と、大佛次郎氏の贈物であるカナリヤの「次郎ちやん」と水入らずの静かな生活を送つて居られる。日本趣味だと云われる茉莉子さんのお住いだけあつて、庭木の立住い部屋の造作と、純日本的な香りがみなぎつている。たゞ一つの洋間は、南側の陽当りの夏い明るい部屋、御愛用の電蓄、テープレコーダーなどが置いてあり、春を思わせる花の香が部屋一ぱいに立ち込め、いかにも茉莉子さんらしい明るさ。

朱地に金銀の市松模様のお召しのきものの、茉莉子さんは、大変大人つぽく、落着いた美しさを見せて居られた。

紫と紺が一番好きな色と云われる茉莉子さんが、この濃紫に銀糸が浮いた様に横縞が入つているタフタの布地が、すつかりお気に召し、きものに仕立てられたもの。裏地に紫のナイロンタフタを使われて、従来のきものとまつたく違つた感じを出された。金の帯もあざやかな渋さの中に豪華な美しさを見せたこのきものが、大変に良くお似合いだつた。

右のきものと同じ種類のタフタの紺の色違いで出来たカクテルドレス。このドレスは、茉莉子さんのデザインになるものだそうで、ボックスプリーツの中に二重にひだを取つてあり、大きく開いたスカートも大変シックなドレス。銀糸の艶と光沢が渋い中にも華やかな美しさを見せて、パーテイの宵にきつと素晴しい思い出を残してくれるだろう。

撮影所に出掛ける時や、ちよつとした外出に好んで着て出られるきもの。細かい絣模様の黒

のお召し。お友達のプレゼントとの事で、大切なお品の一つ。帯は黄銀桃赤緑と配色良く縞に織り出し、帯〆を黄色にすると云うこつたもので、このきものの為にわざ〳〵作られた品だそうだ。ほつとくつろがれるお姿。

ちようどこの撮影の前日に出来て来たと云われるスプリングコート。レインコートの役目も果すもので、紺とグレーの変り織のシャンタンに紺のビロードの衿に小さな紺のボタンと云うお好きな紺を基調にした、シンプルなもの。手に持たれた真赤なバッグも美しい。

ある春の日の午后の一時。

極く気軽に愉しまれるドレスにセパレーツがある。このセパレーツも茉莉子さんのお好きなもの。黒と赤の変り織りウールで、柔かで軽やかな感じ。スウェーターやブラウスやその時々で感じを変える事が出来るので、大変便利で暖かだと云われる。こんなお姿はまだ女学生の様な可憐さだつた。

素適だと思うとパッと買うのでこれもその買物の一つとみせて下さつたのは、朱色の無地のお召とグレーにピンク、白の縦縞のお召しの短か目の羽織りの一揃。これは又、本当にお嬢様らしいやさしさにあふれたお召し物で、茉莉子さんに大変良くお似合。このきものは大変にこつたもので、裾廻しに羽織と同じ布が使つてある。

真赤なタフタのカクテルドレス衿元袖口に黒のビロードでふち取りしてあり、裾には、同じ黒の布を利用して、アップリケがしてある。大変細かく手の込んだ細工で花模様が浮き出て居り、花辨には模造宝石が散らばり、赤と云う、一見派手やかな色が、黒によつてぐつと引きしめられ、本当にシックなドレスにしている。

タフタの光沢も美しく、これをお召しになる茉莉子さんは、炎の精の様に温かく情熱的であつた。

これは私のデザイン。と見せて下さつた一越の訪問着。お休みの時など絵を書いたり文章を書いたりする事がなによりも愉しみと云われるだけあつて、こうして御自分のきもの、柄なども考えられる。

紫地に白い模様[illegible]きりつと桃色で染め別けた見事なお召し物。玄関に立たれたお姿は艶やかな程の美しさだつた。

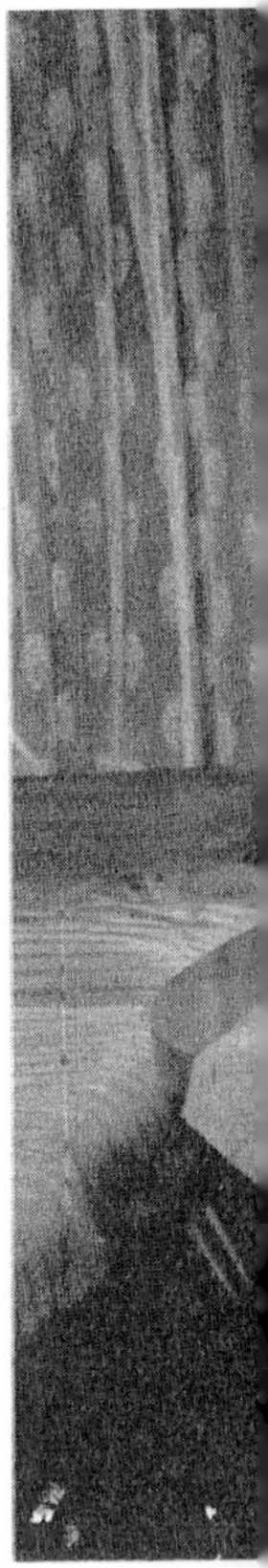

完全なる住宅照明

雰囲気をつくる光と影

池田栄一氏の住宅から

トオースター・ミキサーから始まつて、電気冷蔵庫から電気洗濯機、さては真冬でも重い夜具をかけないですむといつた電気毛布迄、恐らく家庭用電気器具でないものはない所から、完全な電化生活のサンプルとして池田氏のお宅を紹介しようと云うのではない。

20坪たらずの一室住宅式になつた階下、それに家族のベッドルームに当てられた二階は10坪弱、このたかだか30坪にみたない住宅に、普通の天井からの照明灯が12ケ、螢光灯が実に36ケもついている。一部屋に一灯という一般の考えからいけば、せいぜい、10灯か15灯もあれば足りる所でもあろうに、何故それ程沢山の照明が設備されているのだろうか。「床柱にお金をかけたり、贅沢な家具を揃えた家でも、照明の点になるとまるで無関心で、一室一燈で事たれりとしているのは、滑稽なくらいですね」と電気の専門家である池田氏は云う。そこで住宅の照明の新しい工夫とその効果を、池田氏のお宅に見てみることにしよう。

飾り棚の照明とテレビ　室内の照明が邪魔になつてテレビが薄くしか受像できないと云うような例がある。それがこの部屋（居間兼食堂兼応接間のホール）では、天井からの照明、即ち天然白色の螢光灯40Ｗ四灯（参考図ＣＤＥＦ）を消せば、それでテレビ観賞に適当な明るさ（暗さ）になる。ホールの正面の棚のうち四コマは硝子戸が入つて、右側の上下は飾り棚に、左側は食器棚になつている。上の棚は下から、下の棚は内側の上から、それぞれ20Ｗの螢光灯をはめ込んで、写真のような特殊な効果をあげているのも面白い。

書斎の一隅と開閉事務机　テレビの横の棚を鍵の手に本棚とし、その一部に開閉の事務机がとりつけてある。照明は天井からと、机の内側の上にとりつけた螢光灯で充分。テープレコーダーを置いて事務をとられるのは池田氏。下は事務をとつていない時

間接灯を点滅させて出す照明効果の実例を上下の写真で比較したところ

「一応趣味という面を除外しても、住宅照明と云うものはいろんな専問的な照明方法の集合であるべきなんですね。例えは、勉強や読書の場所の照明は、事務所照明か学校照明に似ていますし、台所や裁縫する場所は、工場照明のような明るい照明がむいています。同様に居間の雰囲気などは、時には劇場であつたりレストランであつたり、或る場合には教会のような神聖なと云うか気持を落ちつかせるような光線の柔かさが欲しかつたりするものです。」という池田氏の住宅照明に対する考え方は、一寸聞くと非常に贅沢な実行出来ない事を云われているようにも考えられるが、建築当初に間取りや装飾に拂う神経や費用を考えれば、それを多少照明にも気をくばるだけで随分結果が違つて来る事は事実らしい。

また素人考えには、そんなに複雑な配電工事をすれば、さぞ故障も多く洩電の率なども高いように思うかもしれないが、それは全然逆だという。それより差込みや、電燈のソケットから幾つにも線を引つ張つて、アイロンもトースターもラジオもスタンドもつけているといつた方が、加熱度も高くずつと危険率が多い。

其の点、この池田氏のお宅は、建築家がまず池田氏の希望を取り入れて概略の設計をし、これに池田氏が電気設備の設計を加て最終的に建築設計が出来上るといつた萬全を期したもの。従つて平面図を見ればわかるように、スイッチの操作によつて池田氏の云うような、必要に応じていろんな効果を出す事が出来る。

ピアノと円錐型の吊りスタンド 次女の順子さんはコロンビアのスリー・シスターズの一人で新進ジヤズシンガー。この円錐型の吊りスタンドは、光りに角度のある普通の電気のスタンドより、こんな場合にはずつと合理的で能率的。—右—

食卓にはレストラン風な照明を 100 Wの白熱灯一ケに40 Wの螢光灯三本を用意した天井の照明は、昼間は天然光線を取入れる天窓になつている。食卓の背後の食器棚兼用の飾り棚には内側から20 Wの白色螢光灯が二ケ、楽しい雰囲気を添えている。—下右—

玄関と階段を照らすスポット 一室住宅風になつているので玄関もパイプで吊つた階段も装飾的効果が、よく部屋に調和している。この部分の照明は40 Wの白熱灯が二ケ、スポットライトで方向転換は自由自在になつていた。笠は黄色と黒の焼付。このライトの特徴は、この下のスイッチで点滅出来るだけでなく、ホールと便所と浴室の入口、台所の四ケ所で消したりつけたり出来るように工夫されている。—下中央—

応接用ソファの上壁にとりつけられた間接照明 応接用ソファの主な照明は上部の壁にとりつけられた40 Wの白色螢光灯なので、この40 W白熱灯の間接ブラケットは、いわば室内装飾にもなつている。反射笠の色はバーミリオン焼付。—下左—

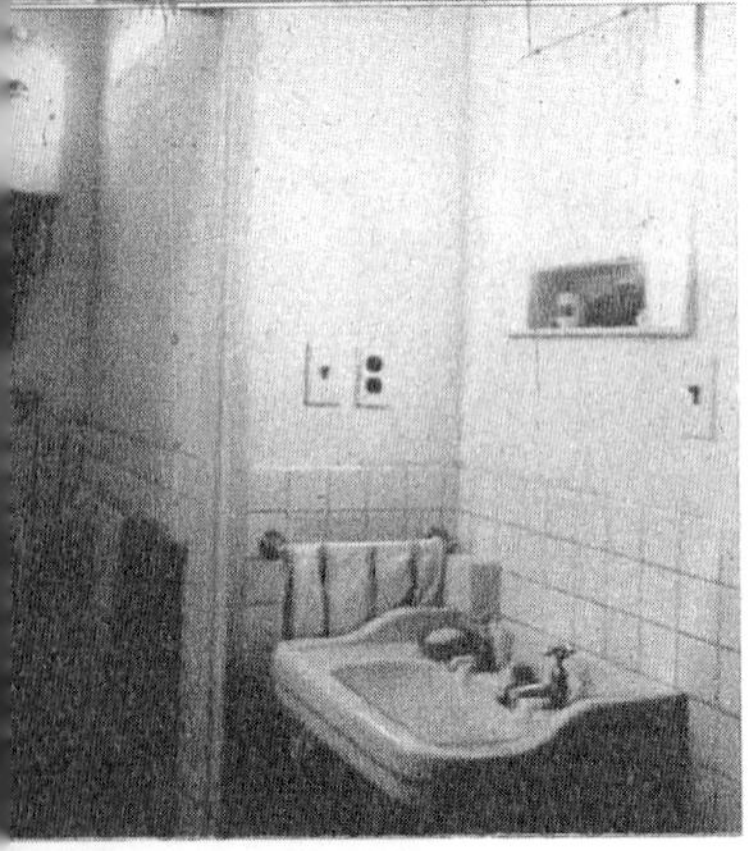

明るいキツチン　炊事台と流しの上のカモイの内側から40W一ケ20Wの二ケの螢光灯が、手許をまぶしさを感じ ない程度にさせずに明るくしている。　**右上**

戸棚を利用した三面鏡　扉を開くとドアスイッチによつて20Wの白色螢光灯がつく。洋服ダンス式の戸棚も押入れもドアスイッチで。

左上

右下

洗面所と浴室　浴室の20Wの螢光灯は浴室の壁の裏側が食器棚になつているのを利用してとりつけた洗面所は鏡の両袖に曇り硝子で。

左下

停電中は？　これだけ電気設備が完備していると停電中はどうなるのかと思うがそこは停電に備えて蓄電・充電装置が完備していた

平面図　図中五十音順の黒円は電燈の位置を示し、アルファベット順の黒い棒状の線は螢光灯の位置を示している。ホールを中心として一室住宅式になつているために、日本間との境は30cm程床が高くなつて居り、障子、襖で仕切られているだけ。事務所との連絡に重点を置いて設計されているだけ。一般家屋からみると、押入れ物入れの箇所が極端に少い

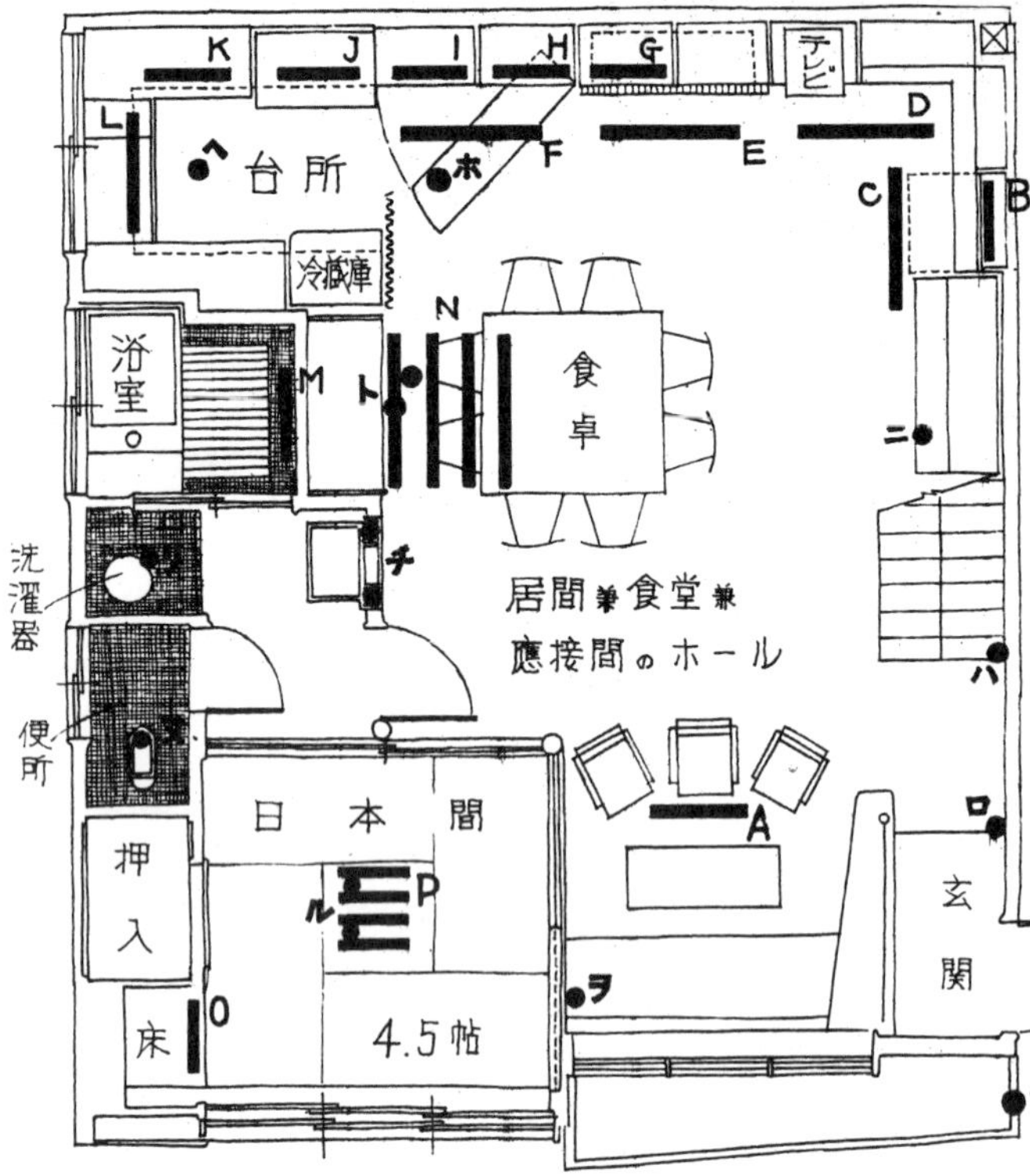

電気毛布　こゝに紹介するのは少々筋違いのものだが、まだ目新しくもあるので撮つてみた。円形の器具は、これで温度を調節出来るようになつている。これはアメリカ製だが国産のものもある。値段は約一万二千円前後。

寝室灯の廻転板をまわして、光りを遮弊した所　読書を止めて何か考え事などをする場合に、螢光灯の光りが強過ぎる時、気分を楽にさせる為には一寸シールドを廻せば、明るさを加減出来る。

寝室の照明　20W白色螢光灯は、ベッドで新聞や本を読むのに適当。ベッド脇の枕もとに、インタホーンがあるのは、家人との連絡のためではなく就寝中に隣接した事務所に連絡する為のもの

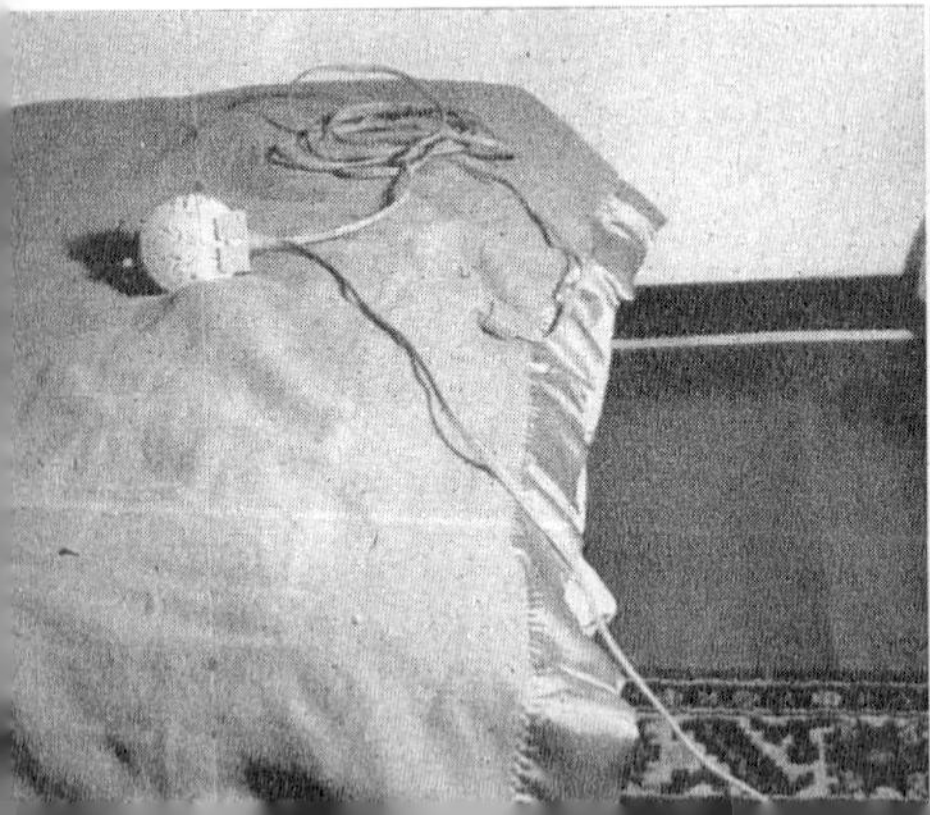

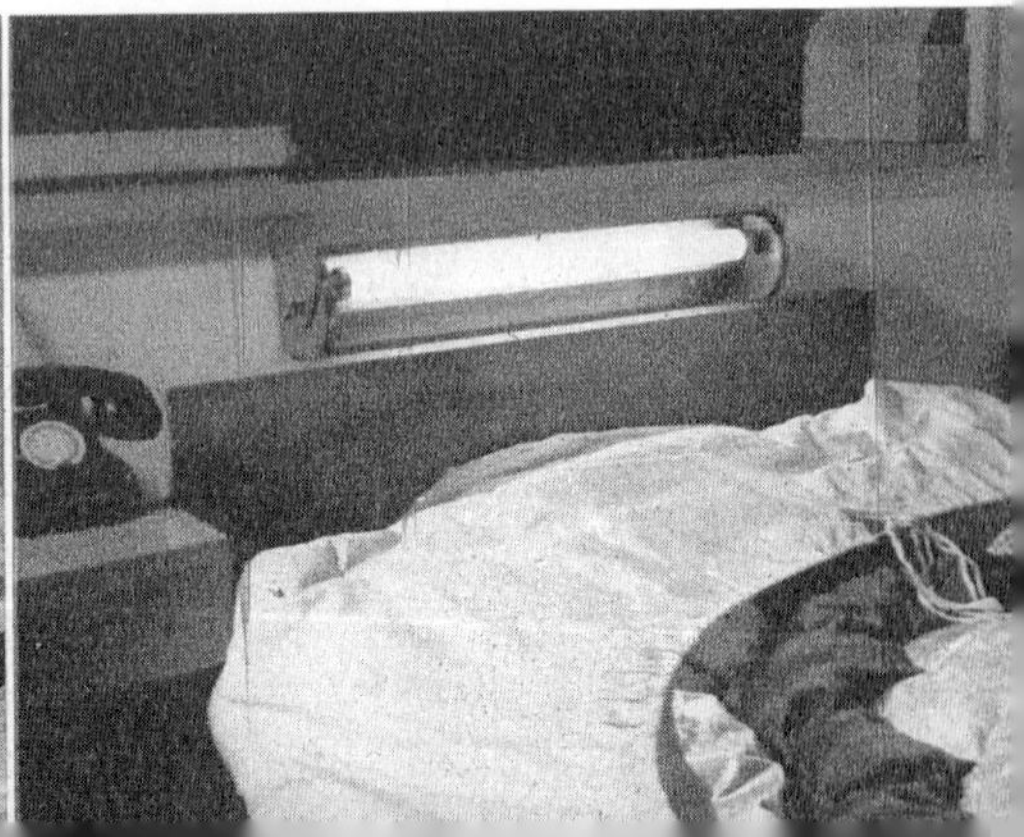

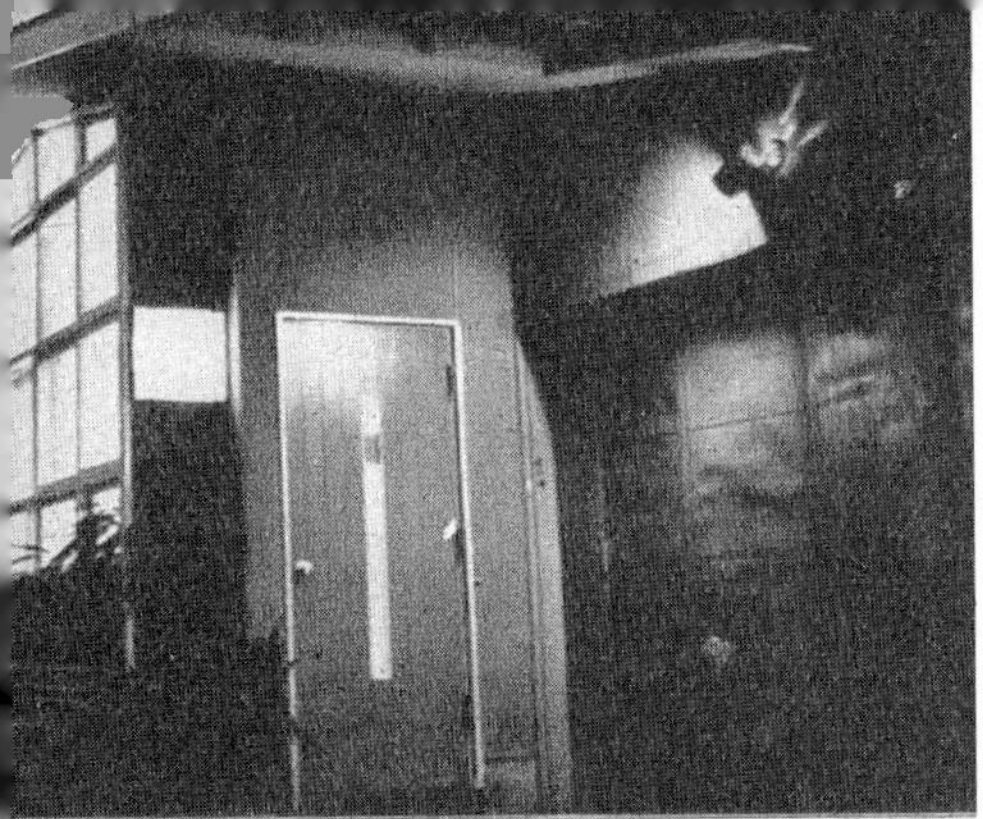

外観夜景　ガレージの上から60Wのスポットライトを照明にした。左側の四角い光りは硝子の表札になつた居り内側から光りを当て丶いるのも一工夫だ。

完全なる分電盤　普通の家庭用の配電盤はヒユーズを使用しているものが多いが、配線の多いところから写真のような完全な自動スイッチの分電盤を用いている。故障は自動的にわかるので安全。

ご自慢の移動カクテルバー　池田氏はなかなか多忙な日常にもか丶わらず趣味の人で、碁も打てばカクテルーも上手に作られる。これは下に車がつき袖机式に引張り出せるもの。因みに電気代の月額は平均二千五百円程度。

トイレの電気煖防設備　トイレ迄紹介するのは少しどうかと思われないでもないが、こんな所にまで煖防設備を忘れなかつた点、今後新築される場合まで参考にもなろうかと思つて掲載した次第だ

寝室のフロアライト　二階の池田氏御夫妻の寝室とお嬢さんの寝室の双方にこの10Wのフロアライトがついている。床下から30cm程の高さにあるが、夜間等は殊に便利だという。

電気座布団を置いた応接用ソフア　このお宅の家具のデザインは、「生活の絵本」でもお馴染の、新製作派の剣持勇氏。写真左に見えるマガジーン・ラツクを兼ねた小卓、ホールの折畳式の食卓を始め、家具のデザインも素晴しい。

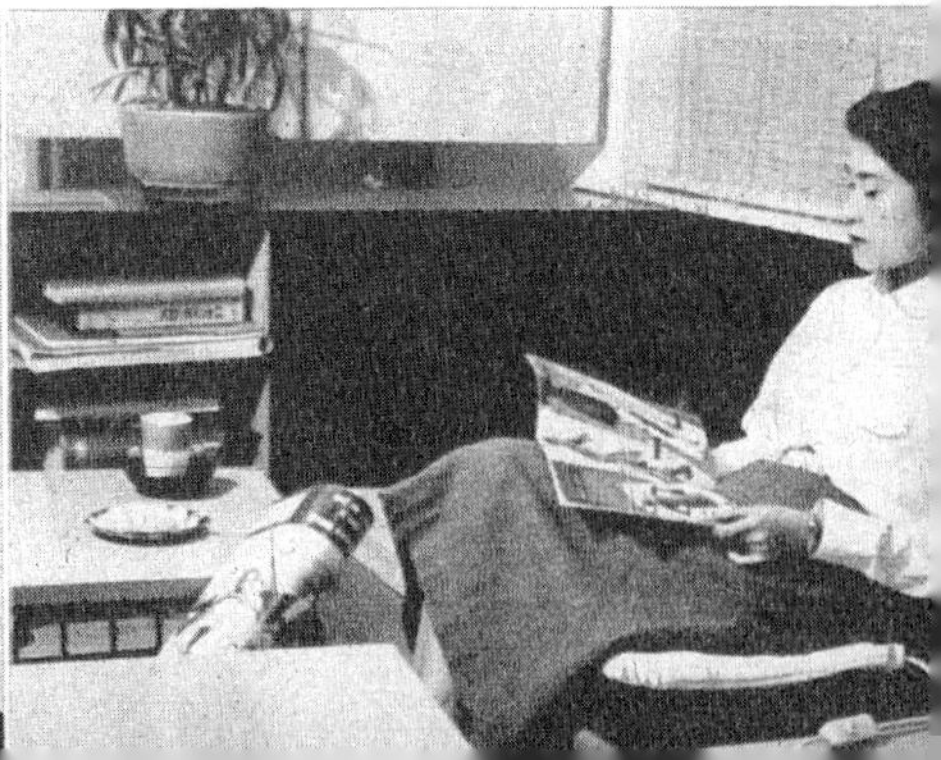

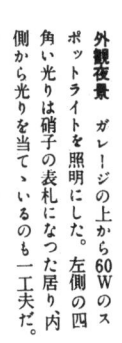

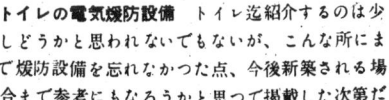

動くカラー

―機能的なワンピース―

小井手伊勢子

動くカラーとは、洋装に必要な新しい感覚の表現と、変化づけるための考案で、製図に幾何を応用して機能性を持たせたものであります。

この方法は先づ最初に一つの基本となるスタイルを選定して製図をかき、次々と何種類かの衿型の構想をねつて製図上に描き、最後に一つの完成した製図にまとめ上げますが、出来上りました作品は最初に考へておいた衿数の二倍にも三倍にも変化づける事が出来ます。

布地は春向の薄手ウール、色はクリーム地にシルバーグレイの小さな縞模様で衿裏にはクリームと配合のよいグリーンを扱い、飾りボタンは安全ピンを利用した取外し式のもので外にブローチを用意して色々と変化を楽しんでみました。

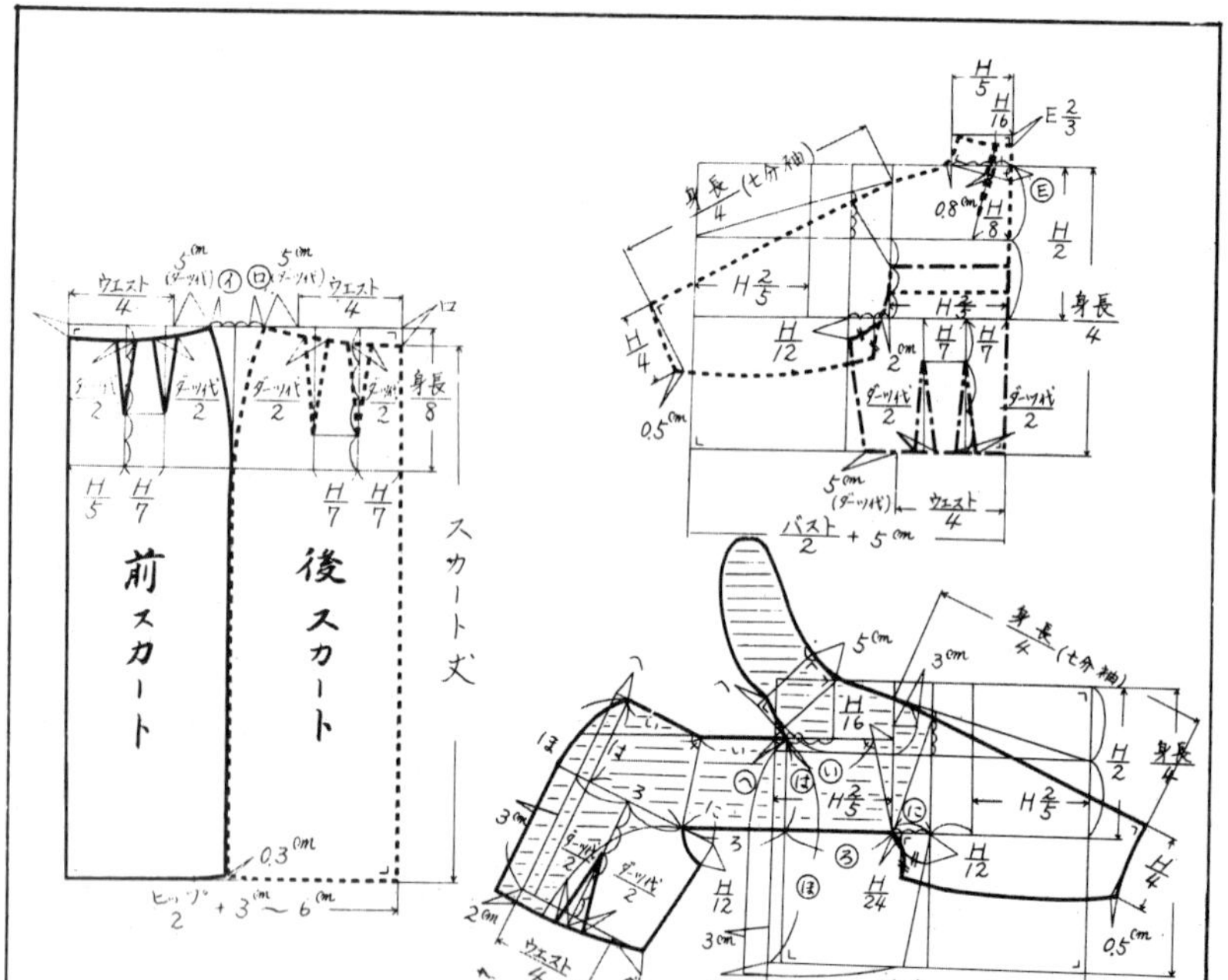

帽子の空箱でハンドバッグを作る

水野正夫

手作りのハンドバッグと云うものは、玄人の様にちゃんとした道具も無く、材料もせいぜい布を使う事しか考えられない場合が多いので、勢い込んで作つた割に良いのが出来ないのはどうした事でしよう。それは結局手作りは手作りらしい思い付きや、手許にある材料を出来るだけ上手に利用する事、又、ボール紙を使う場合のミシンの使い方等無理が多いので、その工程の簡単に出来る方法を考えてみる事が大切です。

ここでは出来上つている型、つまり帽子の空箱の可愛いらしい型をそのまゝ芯に利用して、上から布を貼りつけてみましたが、これなら誰にでも出来ます。又、布は黒地に白い縞が通つているシユス織の化繊の布地を使つて、裏地は真赤な布を使つて、蓋の裏にはポケットをつけました。裏全体に透明のニスがラッカーを薄く塗ると丈夫だし、見た目にも綺麗です、お揃いのマフラーやハンケチを使うのも楽しい思い付きです。

① どこにでも一つや二つはあり相な帽子の空箱を用意する。底が深い様だつたら適当な薄さまで切り取つておく。底は外す。

② 布を貼る都合で胴囲の方の寸法を少しちゞめ、底も0.2センチ位小さくする。画用紙位の厚さの紙に底の円と蓋の円を写しておく。

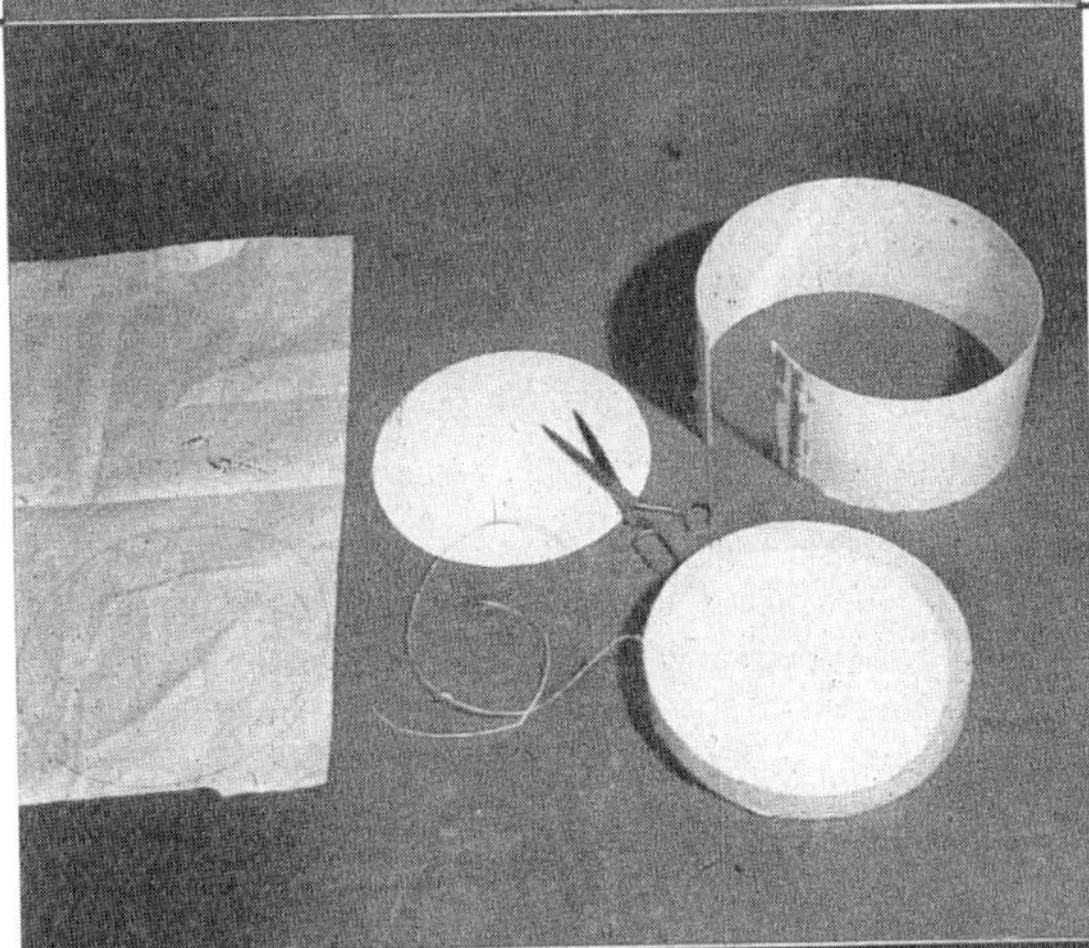

③ 胴囲りを小さくして紙で貼り、底も同じ様に障子紙の様な和紙で丈夫に貼り合せる。この場合全体に紙を貼つた方が良い。

④ 表になる布に丸く切つた紙を貼り、囲りに細かく鋏を入れる。底の寸法の円も、同じ様にして布を貼り、切込を入れておく。

⑤ 底も蓋も、糊を全体に引いて貼る。織目がねぢれたら、曲つたりしない様に注意して貼り、曲りの布も各々下側へ折つて貼る。

⑥ 蓋の囲りと胴囲りを計つて布を裁ち、片端を縞に合せて折つて糊でとめる。貼り重ねる一方の端も同じ様に糊で折つておくと便利

⑦ 囲りへぐるりと布を貼る。布端がぴつたりと境目迄来る様にして、反対側の布端は各々内側へ折り返して糊でとめる。アイロンで。

⑧ 裏の赤い布にも蓋と底の円の大きさに裁つた紙を貼る。胴囲りの寸法と蓋の囲りの寸法の紙も、同じ紙で各々裁つておく。

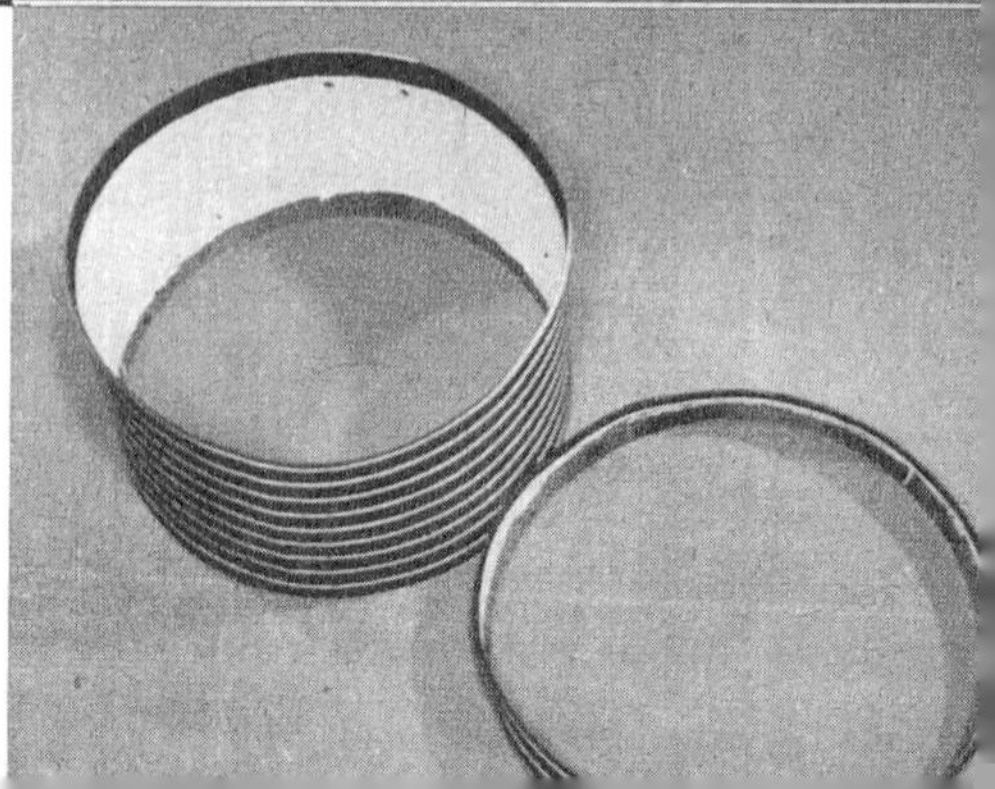

⑨ 囲りの布に切込みを入れて糊をつけ、内側に貼つてアイロンをかける。囲りの布は各々ぐるつと貼りつける。しわの寄らない様に。

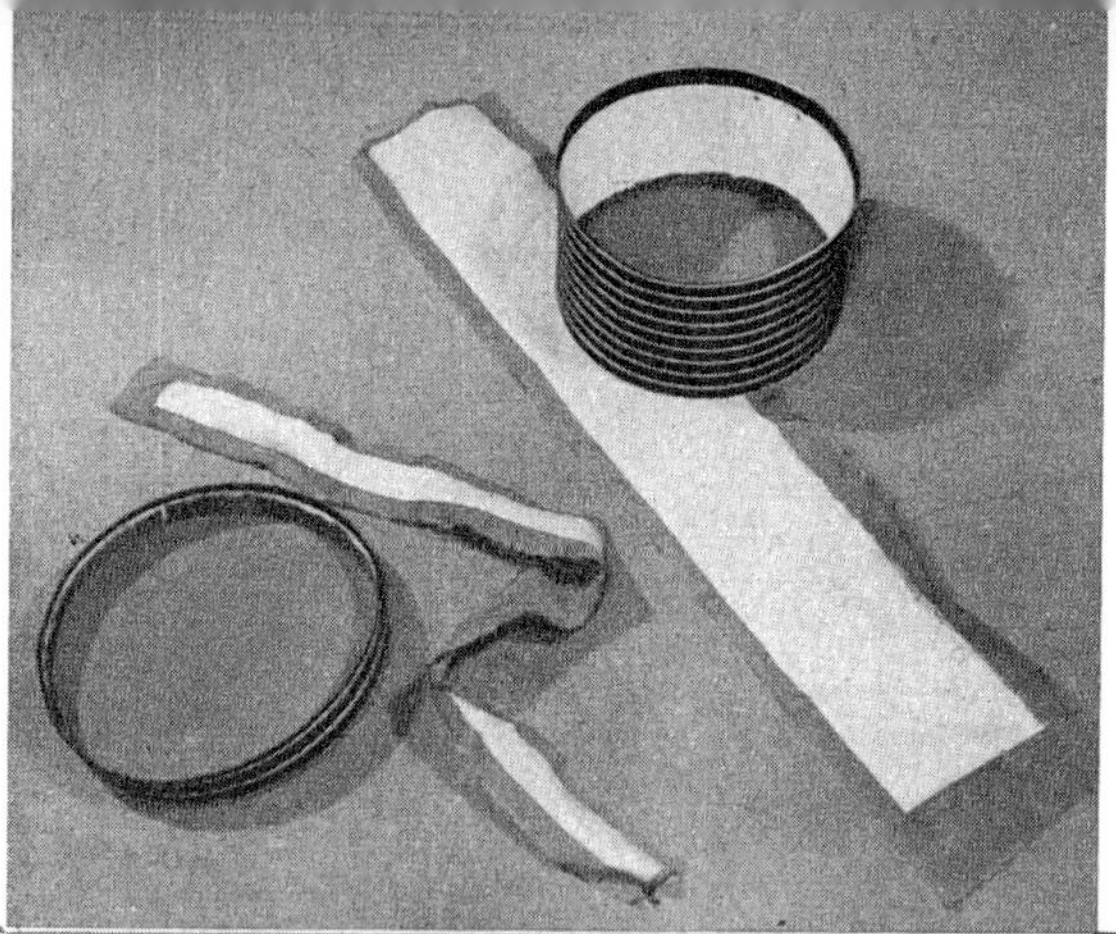

⑩ 囲りの裏布にも前に裁つておいた紙を貼り、ポケットの布を縫い付けて内側に貼る。ポケットは蓋の裏に縫付けておいても良い。

⑪ 紐の布を裁つて、芯を入れ仕立てる。この時に縞や柄を生かす様にするときれい。しつかりしない場合には上からミシンで刺す。

⑫ 蓋と、底面に、縞を生かして切込みを入れ、紐を通して上で結ぶ。これは手で提げられる様に少しゆとりを持つた長さで。

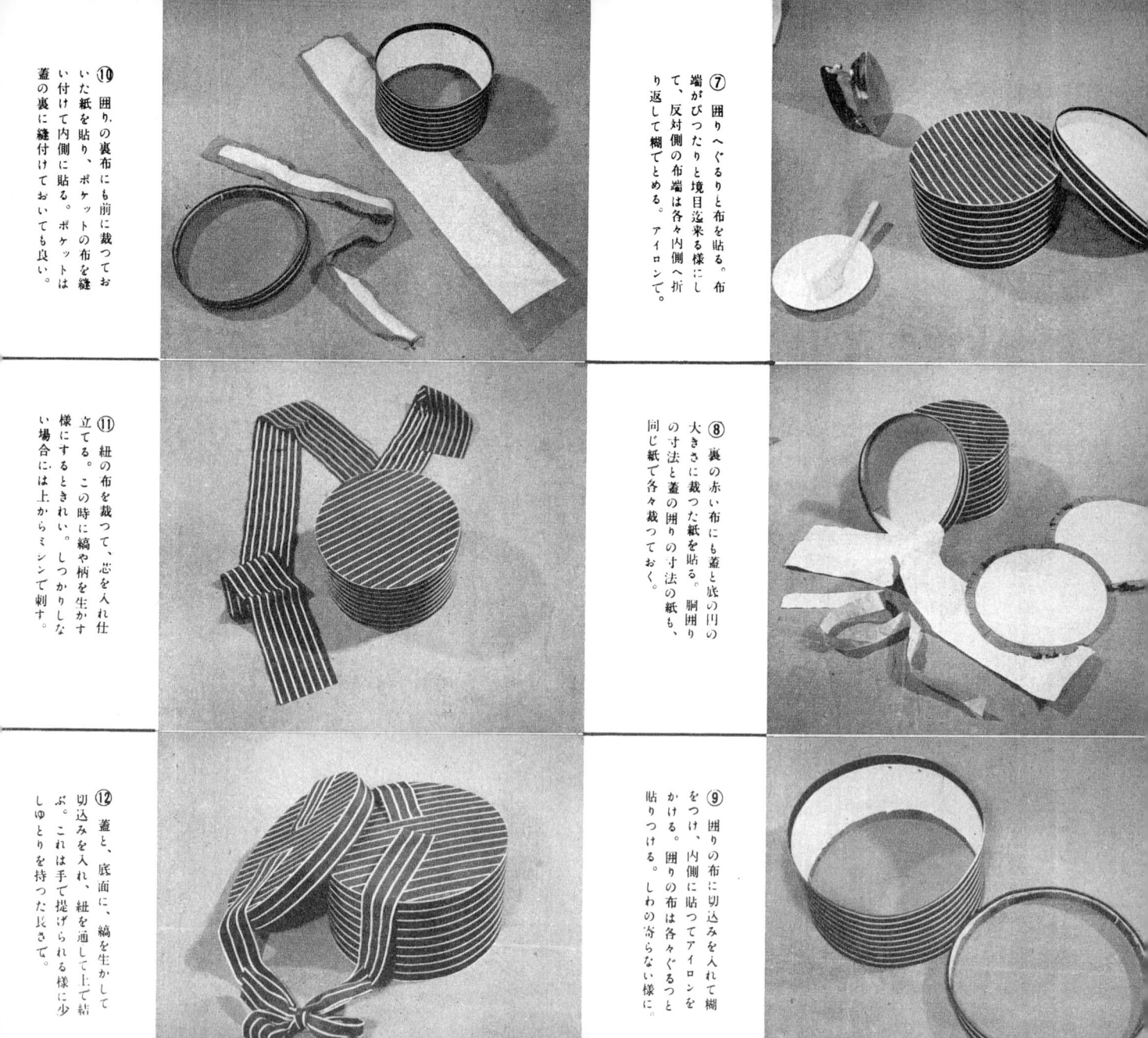

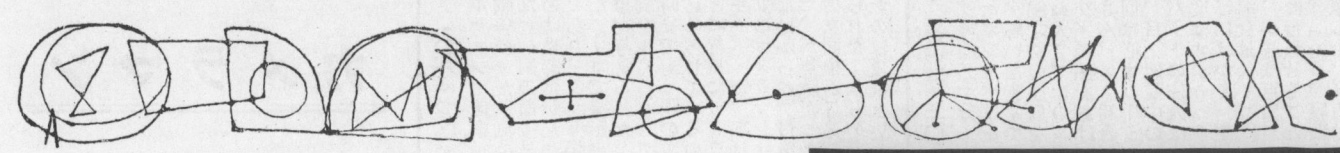

特集

職場と生活

働く女性の手帖から

外に仕事を持つて働く女性が〝職業婦人〟と呼ばれて珍しがられたのもそう遠い昔の事ではないが、現在では、その職場も広くあらゆる方面に渉つて女性の活躍が見られる様になつた。そして、それらの人々は日々どんな事を考え、どの様な毎日を送つているか、ここで各方面の職場に真剣に仕事と取り組んでいる十八名の方々から、下記七項目に就て一文を寄せて頂いた。これは働く人のありのまゝの生活の記録である。
①仕事への希望②入社に就て③服装に就て④出勤前三〇分⑤就寝前三〇分⑥家庭で⑦たのしみ

働く女性に期待する

古谷綱武

若い女性のすがたが、じつに生きいきとしてきたことは、戦後の日本のよほど目につく印象らしく、日本にきた多くの外国人までが、そのことをいつているのだが、私も、つよい実感をもつて、ほんとうにそうだと思う。じつさい若い女性と話していて、その生活をきりひらこうとする希望と生きがいに、目をみはり、感動するけいけんを、私はじつにしばしばしている。

この大きな変化は、戦後の若い女性たちが、社会のなかに仕事を求めて働きだしたこと、そしてそういう生きかたを当然とかんがえるようになつたことに、なによりも大きくささえられているといつてよいであろう。いまの若い女性の生きいきとしたすがたは、社会にでて働くことのなかでこそ形づくられ、きずかれたのである。

もちろん若い女性が働きだすようになつてからは、すでに数十年の歴史がある。しかしそれはながいあいだ、結婚の日をむかえるまでの一時の腰かけにすぎなかつた。そしていまもまだ、そういう心のもちかたで職場に身をおいている女性が、もうまつたくいなくなつたとはいえない。

しかしそういうなかで、女性が社会に仕事をもつて生きていくことを、もう一時の腰かけとはかんがえないで、それを、自分の生涯をつらぬく生きがいとむすびつけた生活の計画にしてあゆみだした女性たちが、明日を生きる日本の女性のすがたを、力強くえがきだしつつあるのである。戦後の女性の目につく生きいきとしたすがたは、そこからこそあふれだしてきている光といつてよいであろう。むかしの女性は、なによりも、女でだけあろうとした。しかし社会にでて働きだしたいまの女性は、まずなによりも社会のなかで「人間」であろうとしている。私は、この女性たちのあゆみを、大きな期待をもつて見守つている。

（評論家）

その①

カメラマン

共同通信社写真部

高橋千代

現代の新聞紙面に必要なあらゆる人の〝人物写真撮影〟が共同通信社の写真部員としての私の仕事となつている。それは政治家から学者、芸術家、スポーツ、芸能人を問わず、或は又その都度、何かしら話題を呼んだ人物、例えば何々賞の受賞者であるとか、海外からの来訪者とか、総選挙の際等、有名無名を問わず、新聞紙面に必要であろうと思われる人は残らずレンズに収めなければならない。その為に殆ど休日も定まらず毎日の様に車で馳けずり廻つている。その写真は全国の契約百数社に電送其の他で送られる。又、カメラマンは心臓が強いものの様な定評もある様だけれど、この仕事は其の折折でのエチケツトが大切とされている

1 仕事への希望

『お仕事は？』『共同通信の写真部です』『ヘエー女のカメラマン。タイヘンでしようネ』とオドロキのマナコでジットみつめられる。顔のシワの数をかぞえようとしているのでしよう。毎日無我夢中で働いてる私に、苦しいでしよう楽しいですかと聞かれても答えられない。私が聞きたい。が、何といつても〝荒仕事〟の新聞カメラマン。自分で選んだコノミチについて弱根はタブーと苦しさは考えないことにしている。男女同権とはいつてもまだ〳〵のジャーナリズム界で、女性であるという同情だけで仕事をしたくない。一人の人間として、立派な仕事をしたい。

2 入社について

イサマシイ仕事がしたかつた。大東亜戦争のまだ景気のよい二年目でもあつた。一回の面接試験で無理矢理入つたのは当時華かだつた報道班員の製造所であり、タマリ場であつた写真部だつた。ソコで撮影後のフィルム整理の仕事を与えられた。最初はコノ仕事でも胸をふくらましてよろこんだ。が、何時までも〝陽のあたらぬ場所〟に閉じ込められているのは不満で、折あるごとに部長にカメラを持たしてくれとカキクドイた。部長がいつもいうのは『女のカメラマンはどこの社も使つていないからね』最後には社長にも直訴した、が無駄だつた。ところが国敗れて男女同権が与えられた。カメラも与えられた。入社の動機が敗戦で遂げられたのは皮肉といわねばならぬだろう

3 服装について

服装・化粧―について、別に無関心であるワケがない。中性的に見えても女性であることには間違いないから。

といつても、生れつきの顔を鏡の前で何時間もネバッてみても、見違えるほど修整されるものでない、と悟つた(？)このごろは、口紅を軽くつけ、髪にはちよつと程度の高い香水をふりかけるぐらいですましてしまう。

服装は働き易いため年中スラックスで通し、上衣の色で変化を求めて気分をかえている。アクセサリーは気をくばり、個性を生かすように努めている。

流行はニューヨークやパリの直輸入には感心しなく、充分に消化して自分の個性を伸したいと思うが、私のはマッチしているだろうか。

4 出勤前三〇分

出勤前三十分――時計がこの時刻を示す時、ソワ私が何とか観音さまとなる時。耳はラジオ、目は新聞、手はパンの裏がえし、口はソシャク、……

これは大抵のツトメ人は同じだろうが、このなかで、新聞とラジオのニュースだけ、あわただしく追つかけるのは違うだろう。それはその日の行動だけでなく、次の瞬間が決定されるからである。

突発事件とか、予定されぬ会議などが報らされると、さあタイヘン。食事を中途で、コーヒーも半分にし、社に向つて走り出す。このような朝は隅田川の朝霧にも気附かず、オ堀の白鳥も目にとまらず、電車のなかで足ぶみして、運転手を見つめてる。

5 就寝前三〇分

就寝前三十分――は楽しくコウフンしたオシャベリをいかに結末をつけるか、思いなやんでいるトキである。

錦之助の悪口を云えば口もきいてくれぬ大ファンのA子さん、スタンダール文学に熱をあげているW大文科のE江さん、××組合婦人部長H枝女史、一回は必ずコーラスを強要するM子さん、目下恋愛中のC代、Y子さん……アパートの住人は夕食後誰かの部屋で一度はオシャベリをしなければネムレぬご仁ばかり。定例閣議ならぬこの井戸端会議（？）は言論は自由とばかりに、議論は百出。とうていピントを一点に合わせることは毎回困難というもの。『もう、寝なければ！』と時計を指さして、緊急動議を出すのは、コノ三十分前。

6 家庭で

家庭――といつても、四畳半のアパートで一人住い。特別かわつたひとときがあろうはずはない。洗濯、掃除にお台所仕事はできるだけ要領よくやつて、あとは家庭を安息所とするよう努めている。ソトで比較的激しい生活をしているので、タタミの上に、手足を思いきり伸して、ボンヤリラジオの音楽を聞いているひとときは、天の声を聞く楽しいとき。

土曜の夜など、部屋に黒幕を張り急造暗室とし、プライヴェートの写真の引伸しを楽しんだり、古い画集や写真集を開げて感心したり、次のプランを考え込んでいるときなどは、時のたつのを忘れる長いひとときである。が、いうならば私の家庭のひとときは平々凡々になり、語るにシカズ。

7 たのしみ

趣味――は生花をやつている。といえば笑われるかも知れない。が、ヒトに見せるというはつきりした目的もなく、花をアッチにやつたり、コッチに葉をさしてみる楽しさは、何か、写真の造形性にも通じているようだ。

勅使河原先生の草月流にも、ちよつと頭を突込んでみたが、最近はオブジェに疑問をもち出した。

日曜などの休みの日は、とても〝東京の休日〟をエンジョイする方法を知らないので、都会の騒音と都塵をのがれて、郊外散歩か近郊へ旅行することにしている。もとより、この時、バックに愛機キャノンが入つていることは申すまでもないこと。

その②

秘書

日本放送協会秘書課

武藤美奈子

大げさな表現をすれば、上司の方が円滑に仕事をすることが出来るようその周囲に生じる様々なことをするのが私達の仕事であります。例えば、来客の接待や、電話の取次ぎをしたり、上司の方の必要に応じて直ちに手渡せるよう書類の整理や物品の保管をしたりすることで、殊に上司の方の留守中には部内部外をとわずその間の連絡や、伝言は明確にしなければなりません。従つて常にその周囲に細心の注意をしていなければならないので出勤してからずつと緊張の連続です。

1 仕事への希望

大会社の組織の中で上司の方々の多忙も一通りではありません。従つて私共秘書の役目も煩雑を極めまして一刻の怠慢も許されません。一寸した不注意から電話の取次ぎを忘れた為に、上司の方の仕事に支障をきたす等と云う事は絶対にあつてはならないことであり、こうしたミスほど悲しいものはありません。私も三年前初めてこの仕事をするようになつてからしばらくは、まご〳〵していた為め思わぬ失敗をして、洗面所の隅で涙を流したこともあります。反対に上司の要求に対して敏速に処理することが出来た時は小さいながら心からの喜びを感じます。

2 入社について

一年ごとに厳しさを増す就職難の時代にあつて、就職ということが卒業を目前にした人達の悩みの種となつておりますが、その点私は恵まれていたとも云えるでしょう。来春を卒業に控えた十一月、突然担任の先生からNHKの採用試験を受けるようにすすめられて、驚いた次第です。私も高等学校の三年生になつた時、卒業をしてしばらくの間は社会の勉強をする為にどこかの会社に就職をしたいと考えておりました。幸い父母も兄達も賛成して呉れ先生には私の希望をお話しておきましたが、まさかNHKに就職するとは夢にも考えたことがなかつたのです。試験の答案に何を書いたのか、今およそ記憶がないのは、やはり試験というものの性質上夢我夢中だつた為でしょう。

3 服装について

勤務中はユニフォームがあるので、気を使わずにすみますが、然しユニフォームは毎日同じものを着ているだけに、常に清潔と云うことを先づ第一として汚点、ほころび、プレスの具合等特に注意しなければなりません。一日の勤務が終つて私服に身を改めると快よい疲労を感じながらも、又別の嬉しさを感じます。私はわりにスポーティーなものが好きで、えんぢ色のスーツに白の開衿を一寸のぞかせたスタイルは好んでする服装ですが、家庭での私は殆んど和服で過ごします。明るい色が好きで、水色の地に赤の十字が飛んだ着物に、白と赤のこまかな柄の茶羽織を着たり、黄八丈等もよく着ます。これは仕事から離れて一人の女性に帰つた姿かもしれません。

4 出勤前三〇分

この時間は一日の生活が始まる前あわただしいひと時です。午前七時三〇分、第一放送の「朝の歌」の軽快な歌声が流れ出すと同時に食膳につきます。暖かい味噌汁の臭いは、今日一日のエネルギーをとるための充分な食欲をそそります。続いてラジオの「朝の訪問」を聞きながら、忙いだ化粧をすませて、洋服に着換えている頃、八時の時報が聞こえ、気をせかせます。五分間のニュースの間にどうにかお弁当片手に靴をはくところまでこぎつけるわけです。こんなあわただしい毎朝を繰返しておりますのは、これも生まれつき良く寝るせいかもしれません。

5 就寝前三〇分

さあ明日の為のピンカールも済みました。何時でも疲れた身体を横たえられるようお床の用意も出来ました。十時の就寝迄に三〇分間があります。一先ずその日の出来事を日記に記しますが、朝からの行動をふりかえつてみて何んでもないような小さな動きや、言葉が妙に微笑ましいことであつたり、つつしまなければならないことであつたりすることが少くありません。こんな反省が明日の為に少しでもプラスになればと思つていますが—。ポーッと机の上だけ照したスタンドのあかりが多勢の人々の中で生活する人間から、たつた一人の私個人に立ち戻らせてくれます。自分だけの時間がこんなにも楽しいことだとは、学生時代にはあまりにも無関心なことでした。

6 家庭で

外にいる時間の方が多い私達にとつて、一週間に一度の休日は、身体の休養以上に家庭の雰囲気をしみじみと味わえる楽しい一日なのです。快い日溜りに洗濯物を持出して、青空をゆつくりながめながら、洗濯に精を出したり六日間に溜つた小さなホコロビを繕うのもこの日の楽しみです。父母を初め家族全員が日曜の夕飯には努めて顔を合わせる様にします。兄妹同志で「アラ暫らく」等の挨拶をするのも休日のひとこまで、父が商売の話、母から家計のやりくりの話、そして我々兄妹から勤め先の話等次から次へ飛び出し一週間分の話が食卓を賑わせます。こんな雰囲気が明日からの勤務に対する英気を与え、家庭の暖かい幸福を感じさせるのです。

7 たのしみ

自分の生活を豊かなものにする為に、限られた時間を充分に活用するということが、私の毎年の目標です。従つてどんな場所ででも可能な読書を先ず第一の趣味にしております。目下のところ明治文学を好んで読んでいますが古典物の持つ日本的な味わいにも強くひかれています。少々時間にゆとりのある時には、古事記をくり返し読んでみることも楽しみを倍加させます。そろそろ陽気がよくなり始めると、山に旅にと胸は膨らみます。学校時代、歴史部にいた事からお寺歩きが好きで、今でも鎌倉のお寺は大小を問わず何回となく足を運んでおります。又、活け花、お茶、習字を週に一度ずつ稽古しておりますが、この時間は私の生活には、かけがえのない貴重な時間です。

―――その③―――

映画宣伝部員

松竹株式会社営業本部宣伝課

福田郁子

映画の宣伝には製作宣伝と興行宣伝とがあります。製作宣伝は撮影中の作品を一般に浸透させる事であり、そのためには新聞や雑誌にゴシップを流したり、ロケ記を載せたりします。興行宣伝は主に新聞広告のことで、キャッチフレーズで人目をひく宣伝です。私の所属している課は前者に属するもので、撮影所からのニュースを新聞雑誌に流したり、その作品の真価を最大限に発揮すべく試写会や座談会を催したり、又はその作品にちなんで、ミス〇〇を募集したりする事もあります。要は各々違つた性格をもつ作品を如何に取扱うかと云う事を見極める事です。ですから常に新しいものに対処しているわけで、一週間、一週間が勝負です。

1 仕事への希望

常にオリヂナリティを要求される映画の宣伝と云う仕事は、私など時に行きづまり、自信を失つてしまいます。難しい声明文を作つたり、一つの作品について宣伝プランを樹てたりする時、易々とやつてのける人を実にうらやましいと思います。宣伝はその作品の価値を広く判つて貰うためにする仕事ですから、決してハッタリだけで出来るものではありません。そのためには試写会や座談会などをしますが、映画が出来てそれが宣伝によつて充分に認められ、初日（封切日）に良い成績が得られた時などは、前日までの苦労もとんでしまいます。

2 入社について

専門学校を卒業してから雑誌の編集をしたり、教員をしたりして、現在の仕事に就いてから約三年になります。希望に燃えて初めて職業に就いたのが松竹で出版していた大衆雑誌の編集だつたのですが、それが廃刊になり、教員をしている間に、再び松竹から、今度は宣伝課で務めてみないかと云うお話があり、充分考えた上、もう一度松竹に籍をおく事になつたのです。ですから正式な入社試験はなく、極く稀なケースで入社したわけです。初め松竹に入つた時、確かシナリオを読んで四枚（四百字）の梗概にせよと云う試験がありました。一時間位でシナリオを読んで書くのですから、はじめての私は何処を省略して書いたらいいのか迷つてしまつた事を覚えています。

3 服装について

活動的な仕事なので、服装はスポーティなものを選んでしまいます。人に接する機会が多いものですから清潔にする様特に気をつけます。改つた席でない限り着易いセーターの類を着ていますが、最近いろ〳〵と会合も多いので、ドレッシィなものを揃えたいと思います。女優さんと接しても仕事が違うと思つていますから、別に着飾つた女優さん達をうらやましいとも思わず、あまり関心ももちません。動き易い方がいいので、靴もローヒールが多く、ハイヒールをはいても会社ではきかえてしまう事が多いです。お化粧も社に出てから直す暇がありませんので、厚い化粧は避け成る丈素顔に近いもので、口紅だけは食事のあとも気をつける様にしています。

4 出勤前三〇分

宵つぱりで朝寝坊の私は出勤前三十分が起きる時間です。正確に言いますと、それより十分前に目が覚め、ベッドの中で、起きたらあの洋服を着て、あれを忘れない様になどと、行動のプランを樹てます。

正三十分前、つまり七時半にラジオが朝の歌を歌い出すとバネ仕掛の様に起き、洗顔、食事を型通り済ませますそれはもの凄い超スピードで。最後の五分間を火鉢の前でお茶を飲みながら過しますけど、その時だけいさゝかのんびりと母と向き合つて話をします。いつもの事ながらもう少し朝の時間が欲しいなあと思いますが、それには早く起きるより他ない事を知つていますからあきらめています。

5 就寝前三〇分

一日仕事で追われて帰つて来ますと食事をしながらもつい仕事の事を考えたり勝ですが、寝る前の三十分は大体自分の部屋で仕事を忘れようと思つています。

母のいれて呉れたウイスキー紅茶を飲みながら煙草のけむりをくゆらすと今日一日の出来ごとが遙か彼方に消えてゆき、はじめて自分にもどつた様な気がします。そして遠い友人の事を想つたり日記をつけたりします。母や姉と落ついて話をするのもこの時です。時には帰宅が十一時、十二時となる事もありますが、寝る前のひとときはゆつたりと落ついて過してしまい、特に冬の夜が好きで遅くまで本を読んだり話し合つたりします。一日中で一番楽しい時間です。

6 家庭で

仕事になると歩いて済む事でもつい駈け出してしまう程、せつかちになつてしまうものですから、家庭にいる時位はゆつくりした気持でいたいと思います。日曜などは四つになる甥を相手に凧をあげたり、自転車に乗つたり童心に帰つて遊びます。家庭的な事が不得手なものですから、たまにお夕飯の仕度をする位であまり手伝いません。小さい自分の部屋の飾りつけを時々変えて雰囲気を変えて見たりするのが好きです。四つの子を除いては皆大人ばかりですから、特別に自分の生活に干渉されないで済みます。反面、小さい時に父が亡くなり、母の手で教育された私達は人一倍母の愛情を感謝し、母中心の生活をしていると言えるかも知れません。

7 たのしみ

映画を観たりお芝居を観たりする事が仕事と一緒になつて完全なる娯楽とならないのがつまらない様でもあります。ですから寒い夜でも仕事となれば遅くまで新劇を見たりする事もありますが、決して嫌ではないのですから、仕事と趣味が一致しているとも云えるのでしょう。

気の合つた友人と暇をつくつてお茶を飲んでしやべつたり、女ばかりで作つた「金星会」で先輩諸氏からいろ〳〵とお話を伺つたりするのは私にとつて大変有意義なことです。昨年、一人で旅行した事から今年も是非どこかへ行つて見たいと思つています。仕事から開放されて知らない土地へ行く事は、私にはてしない夢と詩情を与えてくれますから。

―――その④―――

電話交換手

日活株式会社国際会館内

真野志ん子

1　仕事への希望

"Are You Ms William Holden? How are you?" 国際電話に、思わず余計な会話までしてみたくなる深夜交換の一刻。忙しい日中には眼もくれない機械にも急に親しみを感じて、その黒い水平板の上に行儀よく並んだ小さな赤青白のランプの一つ一つが、まるで息をしている様な錯覚に捉われるのです。メカニックな機構の中で繊細な感情の動き…時間は既に暁方です。林立するビルの窓々に走る様に流れゆく朝の光は、東京の一日が今動き出すのだという躍動感の中で、疲れも眠さも消えて仕舞つて、この仕事でなければ味わえない幸福感をかみしめる私です

相手の身になつて親切に、正確に敏速に。この言葉の中に、交換手の性格が凡てうきぼりにされていると思います。交換手とは優しい女の感情をもつた一種の機械といえましようか。機械の理性と人間の感情との闘かいは多くの悲喜劇を生みます。忙がしい時など手八丁口八丁。注意力を四方に分散して神経をピリ〳〵ふるわせる自分を哀れにすら感じます。しかし又反面三十人近くの「女だけの都」という特殊な職場では、何時もスッキリした明るい雰囲気が作られそれは、自分の生活をより高いもの、より美くしいものにする向上心を育てゝゆく様に思われます

2　入社について

三ケ月の交換技術養成期間。応募会社の面接試問・身上調査・身体検査。これが交換手の為の正常コースでしようか。たゞ私の場合、交換手への関心、抱負、出発など特殊なコースを辿つてきたのですが……。女でも経済的に独立出来て勉強の続けられる処、まるで夢の様ですが交換手はその可能性のある、そして特別な才能などなくても誰にでもできる職業だと思います。この日活ホテルでは御客様の大半は外人ですので交換技術の他、語学力も少々必要でしよう。言葉遣いにはことさら神経をつかいます。御客様相手ですから上品で優しくゆきとゞいた応待が喜ばれます。

3　服装について

日活の職場では冬暖かく夏涼しく、また、声だけの職業ですから、会社支給の事務服の他衣類の心配はまつたくいりません。通勤用、パーティ用と各自お小遣いの範囲内で自由に楽しんでいる様ですが、東京とゆう場所柄、皆相当のセンスをもつている様に思われます。私は現在通勤にはズボン・トッパーの軽快な装いを好んで着ていますが、外出着は家の職業柄殆んど和服を用いています。服装には随分女らしい夢をもつているのですが、自分の力では殆んど充されず、父母にねだつてやつと実用品が作られる程度です。たゞ洋裁を文化で一年勉強しましたので、自分のものは自分で仕立てゝいますが、とても満足できる様なものではありません。

4　出勤前三〇分

お弁当をつめたり、お化粧したり。出勤前三十分は他の方と余り変りないと思うのですが……。たゞこれも交換手の特殊性なのでしようか、勤務は午前九時・十時・十二時・午後五時の四通りあつて出勤時間はまちまちなのです。夜勤の時など、陽が沈む頃のんびりと家を出て、初めは、何となく気おくれしました。だらしがない様ですが、毎日変化があつて、慣れてくると随分合理的に出勤迄の時間が利用できる様になります。映画も見られますし、図書館へもゆけますし、洗濯もゆつくり出来ます。この様な勤務制は時間に対しての神経を随分鋭くし、ときのうつりかわりへの関心も倍加する様に思われます。とにかく交換台は二十四時間目を覚ましているのですから。

5　就寝前三〇分

一通り出勤の支度をとゝのえてからは本を読んだり日記をつけたり。日記は特に感興の湧いた時とか事件のあつた時以外余りつけませんが、寝る前に一日の出来事をずつと思いかえす事は、明日とゆう日への下地をつくつてくれる様に思います。前にもあげましたが、勤務の特殊性から、また就寝時間も一定しません。睡眠時間も、私など四時間十二時間とゆう具合です。不規則な生活ですから、身体の方にはひと一倍気をつかいます。

交換手となつて三年近くなりますが、この様な生活に慣れるまでは、身心ともに相当の努力が必要ではないでしようか。そして又昼日中でも悠々と寝られる様な図太い神経と機械にも負けない位の強靭な人間への執着とが―。

6　家庭で

織物会社をもつ父と母、五人弟妹の長女です。少しでも東京に近く自由な生活を、と父母の援助で間借りを始めてもう二ケ月になります。休みには〝暮しの手帖〟などひもといて、昔は読んで楽しむだけだつた記事の一つ一つに、実現する喜こびを味わつています。

家事一切を任せきりだつたのに、今では狭い部屋をどうしたら最も住みよく出来るかとゆう事から始めて、日毎の食事、家計のきりもりなど、一人前の、職場以外でも大変な労働が加わつたのですが、実際には辛さよりは、生活に対してだん〳〵意欲的に行動的になつてゆく自分に喜こびを感じ、いたわつています。

7　たのしみ

演劇、映画、音楽の鑑賞、そして読書は、私から取り去る事のできない生活の一部となつています。目的は、人間の心理や行動のかたち、生活の仕組みや様式を、具体的に、感覚的に、身体的に知るためといえましようか。良い作品に接した時の喜こびは、直接生きる事の情熱をもえたゝせ、人間に対する愛を高めてくれる様に思われます。この事は、私にとつて生きてゆく上で欠く事の出来ないものです。

この様な趣味生活を楽しむため、生活を最低にきりつめていますがそれでも家に頼らねばならないのが、自分で生活したいと願つている私には、とても辛く悲しい事です。

その⑤

ステュワデス

日本航空株式会社

島田朝子

大空の華は空に咲いているだけが能ではありません。旅客を無事に快適に目的地までお連れする事が仕事であつて、それには有形無形のサーヴィスが要求されます。私達はその無形の方を受持つているわけで、此処にステュワデスの仕事の本体性が在るのです。

然し仕事の内容は、〝空の車掌さん〟〝給仕さん〟〝看護婦さん〟〝守衛さん〟果ては〝肩屋さん〟とまで呼べば呼ばれる性質をもつた複雑なものです。

1 仕事への希望

交通界のスターと、ヂャーナリズムに騒がれ、あらゆる点に於て恵まれた職業を持つお嬢さん――これがステュアデスである。こう言い切つてしまえば、無条件に私達は希望ある仕事を持つ幸福者と言えるかもしれません。そうです、その通りです。しかし、その仕事は、事務員や芸術家のように連関性のある、或いは専門とする仕事も対象も持ちません。対象となる旅客は各飛行毎に異なり、母のような気持になつてお護りするのもほんの二・三時間。時にはお別れするのが惜しくなる事もあります。しかし私は、此の職業をより強く主体性を持つたものとしたい。

2 入社について

入社の動機は申しあげる程の事もありません。就職手続きをせねばならぬ頃に学校を休んでしまい久し振りに登校しました処が、大部分の口が〆切りになつておりました。僅かに残つていたものの中二つに願書を出しました。その一つが日航もう一つは教員です。

試験は四、五回。第一次が簡単な面接、第二次が全般に亙る常識問題と英文和訳の筆問筆答、第三次が個々に立入る厳重な面接、続いて英会話の試験第四次が厳密な身体検査です。

入社した当時は嬉しい乍ら矢張り比較心理が働いてしまい、自分は教員の方に向いていたのに何故軽々しい事をしたのかと後悔もしました。

3 服装について

ステュワデスの正装は紺色の衿なしスーツに白いブラウスの衿を折返し、紺色のGI帽と、同色の三寸のハイヒールを着用した時のいでたちです。夏は上衣なくブラウスのまゝ、反対に冬は紺のトレンチコートを乗務中以外の時に着用しておりますが、ブラウスと靴下以外はボタンに到るまで紺色づくめで帽子と上衣の左胸についている金モールの荒鷲が一寸目立ちます。

制服制度が徹底している為、他の会社の女子事務員間にみられる衣服の苦情や張合い等が少く、よい事だと思つております。

4 出勤前三〇分

此の三十分間は一日中で私の最も真剣になる貴重な時間の一つです。

出社するばかりでなく時間的にも空間的にも家を離れるので後を綺麗にして出たいという気持が強く、以前のように物事を投遣りにしたまゝ家を出る事もなくなりました。普通の事務と異つて遅刻すれば飛行機は飛んで行つて了い、他人への迷惑も大きくなります。そこで遅刻だけはしないように適当な時間の使い分けと伸縮に心懸けており、お化粧法に最もそれがよく現われています。此の最後の身仕度が順調に進み不慮の出来事、失敗等に気を挫かされず、気持よく第一歩を踏み出せる時初めて私を待つているフライトへの希望が湧くのです。

5 就寝前三〇分

就寝前の様子はその日の乗務状態、帰宅時間に依つて激しく左右されますが、大体に於て洗顔、日誌、読書が普通で疲労した時には着替えだけです。

6 家庭で

家庭生活の良さは一家団欒の和やかな雰囲気にあるばかりでなく各人を社会人として育てゝ呉れる点にもあります。お互いに理解し合い乍ら行動を共にして生活の出来る人は自ら性格的にも社会人として真直に育ちます。然るに私達は、勤務日、時間が不規則である為、親兄弟から特殊な待遇を以つて許容され勝ちなので自然我儘になり、偏屈な点も出来易いのではないかと恐れています。社会の女性の尖端に立ち乍ら社会人として失格なのではないかと反省してみる事もあります。

このような理由から私は出来るだけ家族と生活行動を共にし、天才児や寵児のような特殊な存在ではなく社会の一常識人として育とうと日頃心懸けております。

7 たのしみ

自ら何かを嗜んで日常生活を豊かにしたいと思うのですが敢えて実行する迄は行つておりません。差し当り娯楽を兼ねて、音楽に傾聴し、読書の午後の一刻を過ごすという程度、気が向けばコンサート、オペラ、絵画展に行く位です。娯楽の巾をもつと拡げ、歌舞伎、寄席、演劇等何にでも興味を持つようにしようと目下実行中なのですが、これらはあくまで依存的な慰みなので自ら独りで慰めの求められる絵画、工芸、詩句等の創作、御料理等の中のどれかを始めるつもりです。

その⑥

アナウンサー

NHKラジオ局アナウンス部

荻野美代子

マイクを通じて流れ出るラジオの声が、全国の皆様の生活にどれ丈の大きな役割をもつものでしょうか。それを考える時私の仕事はなんと張合のある、楽しい仕事なのでありましょう。そのマイクの向う側にある幾万の皆様の耳に、出来る丈柔かく懇切に話し込むアナウンスの術は、年浅い私の大きな悩みであり苦労でもあるのです。課内六十余名のアナウンサーの中で、九人の女性に混つて張切つて仕事している私ですが、ともすれば平面的になり勝ちな知識の広がりの中で何かしつかり堀り下げた勉強もしたいと努力はこれからです。私の担当番組には月曜午後七時半の第二放送「若い女性」外があります。

1 仕事への希望

やり甲斐のあるお仕事で、とよく言われます。確かに自分の才能を生かし、個性を伸して行ける仕事かもしれません。唯アナウンサーは実に広範な知識を持つ事を要求され、その為に一応の常識は持つてても、そのどれもが広い代りに浅く、結局中途半端になる恐れが十分にあるのです。又アナウンスの勉強には不断の努力が必要で、ラジオをきいても、映画演劇を観ても、研究の材料とする一方、社会の状態に遅れないだけの知識を養つて行かなければなりません。「声は人」人間的完成に向つて日々これ勉強を申せましよう。

2 入社について

学校を卒業する頃、大学を出たからには、何か仕事をしたいという意欲はありました。しかし社会に出て働くと考えると、内気に消極的に育つた私には少々不安でもあり、社会に飛出す事にためらいを感じたのも事実です。激しい入社の競争に万が一残る様なら、自分にも何らかの適性なり素質があるとして働こう、さもない時は別の道をとろうと考えて受けた試験が私の行手を定めたのです。そうして第一歩をふみ出してから、養成期間を含めて約一年半、一寸見には派手で華やかなこの職業も実は大変な苦労を伴つて居る事は、他の多くの職業と同じです。入社した頃と同じ様な緊張した心と謙虚さ誠実さは何時までも持ち続けて少しづつでも成長して行きたいものです。

3 服装について

服装について色々と考え、そして作る事は、それに伴つて工夫や苦心も必要ですが、大きな楽しみです。経済的に限られた範囲で、よく考え、自分を十分に知つて、個性をいかした服装をしたいと思つています。計画を立てても中々実行されて居ないのですけれど…。色を或系統に揃え、配色も連絡あるものにする事など簡単でいて重要と言えましょう。私の好きな色は、白、紺、グレイ。洋服の型は、何方かといえばスポーティーなもの。そして何時も新鮮に私らしく着こなしたいのです。和服との二重生活という問題もありますが、中々和服のよさは捨てきれません。和服なら、今までの考え方に捉われず、好きな色で新しい感じに着たいと思つて居ます。

4 出勤前三〇分

週一回の公休もつぶれがちの現在、身の廻りの事で他人の手をわずらわせたくないと思えば、出勤までの時間は貴重です。出勤準備に三十分をみていますが、清潔で健康的に、何よりも身軽に働ける化粧と服装でありたいと考えているので時間は十分です。肌を疲れさせ、崩れの目立つ重いお化粧は、しないですむ間はしないつもりです。一旦局へ出ると、次々に仕事に追われて化粧直しの暇もなく、といつて対談の相手などに不快な思いをさせては困りますから、その意味でも私達にはそれが必要です。要は、この三十分でさつぱりした装い、きちんとした身仕度をする事。ですから私のお化粧は色々の段階の中最も簡単なものです。

5 就寝前三〇分

お化粧はしない代りに、地肌の手入れは怠りなくするつもりで、型通り、蒸タオルをして後クレンシングクリームで顔の汚れをふきとり、石けんでもう一度洗い、化粧水をつけておきます。時にはコールドクリームかオリーヴ油でマッサージをする事もあります。髪はショートなので、ブラシをかけて、翌朝まごつかない様に簡単にピンカールをします。又どんな時にも目の濁つているのは嫌ですから、きれいな水で洗眼して、冬なら手のあれも手当致します。疲れている時でもこれだけは実行しますが、要領が悪くて三十分で済まない事もあります。いゝ事は解りながら日記はつけられないので、今日の反省や、明日の事などは、床についてから思い巡らすのが常なのです。

6 家庭で

現在家族は、五十になる父、五つ違いの母、私より二歳下でこの四月から銀行員となる弟の四人、他に祖父母が健在です。

私は明るくて楽しそうと言われますが、そうとしたら子供中心にのび〳〵と育てられた私の家の雰囲気や躾の影響だと思います。戦前は祖父母も一緒でしたから御多分にもれず封建的な所の多い家でした。今は父も母も、自由放任主義でなく、そううるさく子供を縛りもしないで、子供達を信頼し、自分達が良識に従つて責任もつて行動する様にしてくれるのは有難い事だと思います。勤めてみて、家庭のよさというものをしみ〴〵と眺め直してみたくなるこの頃です。

7 たのしみ

世間的に趣味とよばれて居るもの、そのどれにも親しみたいと慾ばりながら、慣れない仕事に追われて、自分の趣味を育て生活を豊かにしたいという願いも、中々かなえられません。質問されて答える時は観劇と旅行をあげます。眺めやるだけで此方まで清められる様な自然の美しさにひたる旅のみならず大和、京の古い都に惹かれます。難しい理屈は言わず、あちこちのお寺や庭園を訪ね、洛外の野に、昔ながらの趣きの深さをさぐる事もあります。そして何かしら得て帰つて来ます。形式を整えた趣味を趣味として孤立させて持つばかりでなく、その人の心からそうしたものが生活の中に自然ににじみ出て、生活を楽しく出来たらと考えて居ります。

――その⑦――

幼稚園保母

品川区聖美幼稚園
金森啓子

女性の特質――母性本性を最大限に駆使する事に成功した職業がこれであると私は言いたい。男女同権とやらの言葉の存在で、今や家事育児だけに明暮れする女性（妻の座）の生活なんて嫌よツて云う声が、世の女性群の声であつたとしても、やはり母性的愛に繋る幼い人達への愛情は、私達女性の感情から切離せないものではなかろうか。幼児の成長を見つめて神経を削ぐ毎日の生活は、人間の良心を超えた母性愛の現れと自負出来るが、それを職業として持つのは此の上ない幸福に思う。我々保育者には、彼等がその幼い純心な頭悩で、絶えず何かを感じ取ろうとする意欲が身に応えて、仇オロソカに出来ない気が張りつめる。

1 仕事への希望

「人魚姫」は実習生なる代名詞を持つた一人前の先生にたつた一つの十八番のおハナシである。先日これを四十人の幼い人達にした時の事。八十の瞳!?が我ながら拙なく感ぜられる私の口元に一心に注がれ最後に姫が海の泡となり神の思召しによつて精霊の世界へ引上げられて終になる迄外される事がなかつた「皆さんもイイ子ですものきつと天国へ行けるわね」途端にそれ迄の静寂を破つてポツンと呟いたS君曰「駄目だよ僕は。先生なら行けるね」……今更ドキッとした事は云う迄もない。この幼子の美しさと私如き者へ寄せる信頼!?それは私の無上の喜びです

2 入社について

女性の特質、母性本能に惹かれてと言うと可笑しいが、けがれを知らぬ純心な子供達に惹かれて私は此の職業を選んだ。疑う事を知らない子供の尊さに接するのは、それだけでも既に意義ある仕事だと思う。高校卒後、大学保育科で四年を学べば一級免状、短大二年を学べば二免が与えられる。が環境年令的に余裕が無い者には、私立の一年制の学校（幼稚園教諭免許）が適している。私の場合は後者で、最低七単位の収得を、午前中は先生、午後は生徒と言うふうに習得している。午後のお蔭で、より深い実際保育を午前に、又午前のお蔭でより実感的な勉強を午後にと、三分の一人前先生は一年後の一夢に胸をふくらませつゝ、今や講義に一心に耳を傾けつゝある。

3 服装について

◎園服の事＝勤務中に於て活動の激しい私達にとつては、線の綺麗なスーツやドルマンのドレスの着用は不可能。故にセーター等の上から園で支給される園服を羽織り全く体の自由をきもので束縛される事なく動き廻る。しかし子供達とて美に対する敏感さは鋭いもの、統一された服装の中にも私達何より清潔感を保たねばならぬ。すつきりした髪と白さが眼に泌みるブラウス、ハンカチ等は欠かせないもの。

◎普段の事＝勤務外に於ても一般に先生と云うと一応コチッとした白粉気のない女性を連想され勝ち。勿論現在の実際はそうでもない。しかしどちらかと云えば、やはり流行を鋭く追い求める事もなく、現実的堅実的な装いをする人が大部分であろう。

4 出勤前三〇分

母に云わせると「これで先生だつて云うんですもの可笑しくなる」そうである。即これが私の全てを語つているらしいのである。何しろ精神年令に於ては三十分後にお目にかかる小さい人達と左程隔差のない私、そこへ持つて来て我家の末子1マンと来ているのでこのオネンネ先生の出勤（登校!?）前三十分は大した騒動である。前日一日奮闘の疲れでギリ〳〵一杯母の起床号令がかかる迄は、決して瞼は開かない。起床に始つて型ばかりの洗顔、そして朝食すわ出勤!! 即私にとつては出勤前三十分は起床＝出勤なのである。「早起きする子は良い子よ」といつも言う自分を思うと毎度の事ながら照れ臭いでも二十歳の娘の健康なる熟睡は何者と云えども防げる事は決して不可能也

5 就寝前三〇分

◎一日のうち落着いて鏡中の自分をつくづく見る唯一の時間―私の如き三分の一人前センセイがお化粧をして行くと、おしやまな子等は「うわあ先生お洒落エ」と冷かす。故にまだ照れ臭い現在なので就寝前秘かに鏡に向かつてせめて素肌の美しさを保ちたいと切ない努力(??)を行う。

◎シュトルムの「インメンゼ」に陶酔する時―たとえ数分の短時間でも何か活字に目を走らさねば寝着かれない。しかし興に乗ると十分が四時間にもなり翌朝目をはらしてしまう。

◎ささやかなる反省の刻―電気をパチンと消せば全く一人の世界。ほんの寸時ではあるが胸の上に手を組み今日を反省する。憶又あまりにも利己的な一日が過ぎ去つた……。

6 家庭で

父母にとつては初孫、兄姉にとつては長男、私には初甥に当る我家の人気者坊やの存在でこの所一家は賑やかなものである。丁度一年の初誕生を迎えるとあつて最近その活躍は目覚しき物、盛に狭いながらも楽しい何とかと茶化してはみるものの全く戦後建築のこの狭過ぎる我家の部屋を荒し廻つている。さてそこでである。摑まり立ちして丁度手頃な障子を破ると「いいよいいよその位の元気があつて。」と初孫に目のないお祖母ちやんは眼を細める。が納らないのはこちらである。たまたま珍しくそれが私の張つた物であれば尚更の事。すると姉曰「あら幼児心理でこの位の子供の自由は許さなくては」と習つて来て威張つた人は誰だつけ。」全てがこの調子である。

7 たのしみ

音楽が好きだ。古典・ジャズその他何でも、メロディとリズムを持つた物には全てに魅かれる。為に音楽会の雰囲気は私に至上の恍惚感を与える。が聴く楽しみのみに終らず自分の声で唱うと云う事も又楽しきもの。この意味で最も手近かなＹＭＣＡ山手ブランチのコーラス部に入つている。四、五人の出席しかなくてその顔ぶれにより各パートを往復しなければならぬ時さえしば〳〵であるが、この程度のものでも私にとつては大切な物。たとえコーラスは愚かデュエットにもならぬピンチに遭遇してもこの集いを愛して行きたい。趣味と云うか最も好む所のものに自分を没入した時こそ他の何物をも忘れ娯楽的愉快さをも混えて生きる事の楽しさを感ずる。

その⑧

観光バスガール

日本観光株式会社

岩　倫子

都内の名所を心持ちスピードを落して走る、クリーム色の上品な観光バス、その名はハトバス。これが私に生甲斐を与える仕事場です。マイクを片手に、巧まざるゼスチュアが、そのマイクの声と共に自然に私のポーズなのです。生きた東京を、見物にお出でになる人々に親切にお教えするガイドの役、或いは折にふれてお客様の面倒を見て上げなければならないのが私の役目です。少しでも多く、そして納得いく説明を眼の前の東京の姿に加えてお客様に理解して頂きたいと私はするのです。

1 仕事への希望

此の仕事に入つた以上、法律上は「車掌」であつてもやはり「ガイド」として立派な仕事をしたいと思います。此の仕事の難しさは、動いている自動車の中から説明するのが主なので、対象の特徴を摑んで解り易く説明しなければならないのです。が楽しみは、全コースが終つてお客様がニコ〳〵帰られるのをみる時です。時には礼状を戴いたりしますが、嬉しくて仕方ありません。マイクに思う様に声がのらない時が一番悲しくなります。学生の団体には科学的にみた大都会、東京を堀り下げて説明したいと思います。

2 入社について

上京して或る官庁のアルバイトをしていたのですが、どうも面白くなく、生れて始めて職業安定所を訪れてみましたら、恰度ハトバスの採用試験の日だつたのです。安定所の方に受けて見ないかと云われ、マイクの使い方は学生時代多少演劇をやつていたので知つていましたが、自信はなく、客扱いは始めての事で勤まるかどうか不安でしたけれど、一般事務の仕事では女の活躍する余地は余り有りませんが、此の仕事なら種々と自分の意志や工夫で自主的に、ある程度仕事が出来る点が魅力だつたので、まあやつて見ようと思つて受験をしたのです。一次試験に一般教養の筆記、二次試験に発音アクセントのマイクテスト。三次試験に健康診断が行れ偶然採用になつたわけです。

3 服装について

会社の制服は平凡なデザインですが、丸衿が愛らしくフレヤーのスカートで色は紺、引緊まつた清楚な感じで大好きです。デスクワークと異り、何時も東京の何処かを車で走つているのですから、毎日素晴らしいと思う服装に出逢い、眼を楽しませています。私の場合、専ら他人様の服装を観賞する立場で自分自身、流行を追う事は好きでなく、又経済的にも出来ないので致しません。色として黒、青系統が好きです。服装としてはセーターにスラックス。タイトのスカートにボックスのコート等で、一寸したアクセサリイで変化させるスポーティーなものが好きです。服装に余り気をとられず、それだけ他に時間を使いたい様な気もしています。

4 出勤前三〇分

私の毎朝は大体NHKの「明るい茶の間」かラジオ体操のメロディーで目を覚まします。お部屋を片附け、掃除をして新聞にサーッと目を通して朝御飯を戴く頃、恰度七時のニュース。それから簡単にお化粧をして身仕度を整え「朝の歌」をきゝ乍ら家を出るのです。云つてつてみれば、私の朝は殆んどラジオに依つて進められ、ラジオが時計の代りをしている様なものです。ともすると起床が遅れ勝ちで、ラジオに急き立てられる様にして生活しているのが現状の様です。特に早く出かけなければならない時には、火事場騒ぎの様な事も度々で、朝御飯も抜きで、出かける羽目になる事もあります。お休み以外の朝はないのかも知れません。

5 就寝前三〇分

夕食が終ると七時ー八時頃になつてしまいます。それから日記を二、三行記して、明日の仕事の準備をします。団体等の時は旅館まで出迎えをしますので、地図を出して調べたり、明日の所持品に一通り目を通したりします。そして新聞を出して神宮外苑、後楽園球場の明日の催しものや特殊な行事、海外からの著名人の来訪がないかどうか、どのホテルに宿るか等、生きているガイドの資料を探します。それが済むとお化粧を落して就寝します。シーズンが来て忙しくなると、夕食後は家人と口を利くのも嫌になつてきます。それでも毎日の新聞、その他参考書などにも目を通します。之が大体私の夜の毎日で、眠むる迄ラジオ音楽をきくのがせめてもの娯楽でしょう。

6 家庭で

両親に兄姉それに弟と私。六人家族です。新宿戸塚にいた頃は戸山ケ原が直ぐ傍でレンゲを摘んだり凧上げを手伝つたり、私達の良い遊び場でした。父は無職、何時も本を読んでいる故か私も本が好き、それに兄弟全部音楽が好きで、良く合唱したものです。大東亜戦争に兄も征き、遂に二十年六月、父の知人の居る名古屋よりずつと入つた知多半島の一農漁村に疎開し、二月経たずに終戦を迎えました。私達も幼く、東京の家を売つたり衣類を売つたり竹の子生活をしました。そして田舎の高等学校を卒業して、私だけ上京し叔母の家に寄食して居ます。一年に二、三度両親の顔を見に帰るのが一番楽しみです。今年中に東京に引揚げる話もあるので、その団欒の家庭が今から楽しみです。

7 たのしみ

私は余り交際家の方ではなさそうです。小学生時代からよく独りで読書するのが好きで、兄の書棚から「好人物の夫婦」「令嬢ユリの死」等を引張り出し、取り上げられた事も度々です。武者小路、芥川、川端、殊に日本のリルケと云われる堀辰雄の詩の様な知性的感覚の小説、抒情的な流れのもとに繊細な透き通る様な文章が好きで手離せなかつた。その他、幸田文などの随筆も好きです。高校時代にはアクセント辞典と首つ引きでシナリオや戯曲の勉強をしましたが、入社してから歌舞伎をお客様と一緒に観る事が出来るのが楽しみの一つです。音楽を聴くのも好きでチャイコフスキー悲愴、メンデルスゾーンのヴァイオリン協奏曲等、聴いていると重い気分も解きほぐされる

―― その ⑨ ――

銀行員

某銀行調査部

篠崎綾子

銀行員と云つても、私の場合窓口に坐つているのではなく事務所の仕事をして居ます。調査部と云う仕事は、外部から情報を集めて来られた人の報告によりグラフを書いたり、調べ上げられた書類を分類したり、新聞上に乗つている重要記事の切り抜きそれの分類など、日本の金融機関を精密にグラフ化したりとに角大変に頭を使います。直接調査する人は男の方ですが、細々したグラフ、帳簿上の仕事は女性がする事になります。この仕事を入社して四年間、いつも変らなく続けて居ります。同じ事のくり返しですが、極度な神経が必要な仕事です。

1 仕事への希望

一概に銀行の仕事と云つてもいろいろな分野があるわけですが、私の仕事は、調査部という機構の中にあつて、一般経済や金融等を中心とした専門の図書や雑誌、資料等の整理、それから統計事務等が主なものです。間接的でしかも地味な仕事ですが、私自身の性格からして適したものであると考えていますし、又いろ／＼な印刷物を手にすることから自然勉強する機会が得られる事が何よりの利点であると思つております。

2 入社について

学歴　立教女学院卒

試験　縁故採用であつた関係上入行に際しては簡単な面接と健康診断だけ。

給料　手取り約一万円。（現在）使途は大まかにあげると次の通りです。

母に渡す分　三、〇〇〇円

月謝　一、五〇〇円

小遣　四、〇〇〇円

積立預金　一、五〇〇円

お小遣の中には、図書費、娯楽費、美容費、衣料費（下着、靴下等の消耗衣料）等が含まれますが、月によつてその割合が異ります。ボーナスでは洋服やアクセサリー等、まとまつたものを買うようにします。

3 服装について

具体的に今日の私の服装をあげると

通勤　紺のオーバーに茶の中高パンプス。ハンドバックは手袋と共にエンジ。スカーフはデシンの模様物。

オフィス　紺の事務服を着ます。下はグレーのプルオーバー、スカートはツイードのタイト。

家庭　セーターの上から銘仙の着物と羽織、帯は極く細いもの。

服装については、自分の好みや理想と経済の許される範囲との調節が一番のなやみであり、又楽しみでもあると云える。大まかな方針としてはやはり一つ一つについて良質な生地を選ぶ事と入念な仕立ということです。色、形についてはなるべく他との組合せを考え、勿論、その時々の流行も許す範囲で取り入れます。

4 出勤前三〇分

出勤一時間前に起床しますが、三十分前には丁度食事にとりかゝります。十五分前にはお化粧、五分前には着替え、しかもその間に新聞にさつと眼を通し、ラジオも聴いているわけですから一日の中では最も有効に時間を使つていると云えるかも知れません。

5 就寝前三〇分

やはり、翌朝の準備をしている事が一番多いと思いますが、朝と違つて時間の制限がありませんので、就寝時から三十分間を逆にたどつて考えてみると、入浴をしている時、ピンカールをしている時、又それらを済ませて家族と雑談している時、或は日記を書いている時等、毎日就寝前三十分間同じ事をしているとは限りません。床につく時間もその日によつて違いますから、私にとつては一番不規則なその場まかせな事をしている時間のようです。

6 家庭で

一日の大半は仕事にしばられているわけですから、自分自身の時間は非常に貴重に感じられます。

日曜日は余程の理由のない限り、家庭にあつて、洗濯、掃除、お料理、或は洋裁等に没頭します。ウイークデイは、いけ花、琴、書道等のおけいこ事や、映画、音楽、演劇の観賞で、殆ど毎日が占められます。土曜は半日なので友達と買物にぶらついたり、又郊外に出かけたりすることもあります。

7 たのしみ

唯単なるお小遣かせぎの目的でお勤め生活をするのでなく、一日一日の仕事を通しての生活がよりたのしいものでありたいと思います。少くとも家庭にあるよりは多くの階層や年令の人々と接するわけですが、一人々々の性格や、物の考え方、又経験や知識の中から素晴しいと思うものをどん／＼自分自身に反応させ、又吸収して行く事が私の念願でもあり、又たのしみでもあるわけです。又、仕事のことに限らず、生活の上ではどんなに些細な事でも、義務感からするのでなく、自分がイニシアティブをとる気持ですると云う事も生活をよりたのしくする大きな原因だと思います。

その⑩

美容師

銀座松屋美容室

柴岡とき子

美容師はヘァドレッスしたり、フェーシャル・マニキュア、お化粧によつて容を整える事等であつて、女性を美しくするのが目的である。主にパーマネントをかけたり、セッティングする事が多いので、よく髪結とかパーマ屋とか云われるが、今の美容師は内容が高度になつている。技術と一緒にセンスも磨いて、多少の科学性と医学的な知識をもつて仕事をする。ことに都心では話題も多く、清潔で心からのサーヴィスで暖かな雰囲気の店を作る事が必要。少しでも多くの方に、綺麗になつていたゞき、おしやれをなさる様に御相談相手にもなる。

現在は美容学校を出なければ、資格がとれない。

1 仕事への希望

大きなデパート内にあるので個人の経営といつても、勤務時間は一定しており、暖房冷房完備で大変働きやすい。但し店の名ばかりでなく、デパートの名にもはずかしくない様に二重に緊張しているので気骨が折れる。その点個人だけの店は時間は不規則でも、ノンビリとしている。仕事は先生、従業員、お客様と女性ばかりの渦巻で、喜びも若しみもその中から生れやすいお客の好みとこちらのセンスがぴつたり合い、よい仕事をして喜ばれた時は一番うれしく、疲れも忘れる。逆にお気に召さず、こちらの誠意も通じないと悲しく、修業の足りなさを痛感する

2 入社について

小さい時から大勢の兄姉にかこまれて、不器用でノンビリ育つて来た私も、終戦を迎え、きびしい世の中に立たされて何か仕事でもと、丁度上海から引揚げて苦労していた姉が、戦前にしていたこの仕事に戻ると云い出した小さな銀座の店を、何も知らないまゝ手伝い出したのが昭和二十二年、いつの間にか興味が湧いて、試験をうけて免許をとつた。

店は変つたがいずれも姉の指導の下なので、入店の苦労はしなかつた。けれどおよそ、商売と縁の遠い家庭に育つたので、仕事や同僚への気兼ねよりも、お客様に、「ありがとうございます」と、自然に云えなくて困つた事があつた。

3 服装について

お化粧はごく簡単で五分。コールドクリーム、乳液、乳化白粉、粉白粉、口紅、まゆ墨、髪もいつも無造作なのが好きで、ブラッシュで形のつく様にしている。お化粧も頭も、自分に似合つた形で流行を取入れる。ひまを見て、爪の手入れやまゆ毛の形を整える。鏡に向う仕事なので知らず〳〵に動いている自分が分つて勉強になる。服装も同様で洋服生活をしている。和服にあこがれは持つていても作る所まで行かない。グレー、茶、黄、レンガ色の系統が主で、マフラー、手袋、その他のアクセサリーを服に合わせて、集めるのが楽しい。昼間は白のお揃いのユニホームを着るので、通勤着に何気なくて、しやれたものを着るようにしている。

4 出勤前三〇分

寝坊な私はぎり〳〵の時間まで、床に入つているのが大好き、ことに夏以外は暖かなベットから別れにくい。家中が寝坊助で、皆出勤するものばかりなので、三十分前は朝食のトーストを焼きながら、お化粧をしている最中で、ティシュペーパーを片手に鏡の前と食卓を往復する。手伝いの人もいるけれど、パンやきと紅茶（又はコーヒー）は自分でした方がおいしい。それにベーコンエッグか、簡単なサラダかをつけて、食事をすませる。まだバターの匂の残つている口を拭き、口紅を塗りストッキングとコートを着るまでゞ丁度三十分。もし新聞でもよむ時間が少しでもあつたら上々である。

5 就寝前三〇分

夕食が一般よりおそいので、就寝も多少はおそくなるけれど、十二時前には寝る事にしている。十二時以後は明日の仕事にも美容上にもよくないとか理由を云つているが、結局寝る事が好きらしい。季節によつて違つてくるけれど、就寝前にあつくないお風呂で、一日の汚れと疲れを落し、ハンカチ等を洗つていると、仕事の為にとがつていた神経も和んで来る。浴後髪を調えて、翌朝の着る物の準備をする。少ない服の中からあれやこれやと考えながらそろえるのが楽しみで、一番女らしい気分に浸つている時である。その後、好きなお茶でも入れて、一人でトランプで遊んでみたりする。

6 家庭で

湘南の葉山の町に私は住んでいる。気候は温暖で夏の風は涼しい。東京から移りたての時は空気の味が違うとよく云つたものだ。週に一度のお休みも、色々な出掛ける用事でつぶされ、家に落着いている事は、月に一回あるかないかである。一人者で部屋住みの気楽さ、朝目が覚めて、枕元のラヂオをひねつていつもより三十分はゆつくり寝ている。私の部屋の大掃除。溜つた洗濯物、お天気がよければふとん干。服の手入れも、兄や姉へまでサーヴィスすると、半日以上はすぐ立つてしまう。子供のいない静かな家なので、あとは海辺を散歩したり、ストーヴの前で本をよんだり、編物をする。手伝いの人と一緒にお料理をするのもとんな日だけである。

7 たのしみ

出不精で積極性がないので、余程お誘いでもうけなければパーティーなどへは行かない。絵が小さい時から好きで、忙がしくても時々展覧会へ行く。日本画展は分らないし好きでない。油絵も誰がどうのなんて論じられない。古いのも新しいのもたゞ見て、好きなのを楽しんでいるだけである。マチスのデッサンが好きで何度も見に行つた。近いうちにデッサンの勉強をしたいと思つている。仕事のためにもなるし……。

音楽やバレエも好きだけれど中々行けなくて残念に思つている。映画が一番手軽に見られ好きなのでよく見に行く。何もかも忘れて笑えるもの。胸に迫つて来るもの、綺麗なもの等、平均して月に二回は見ていると思う。

その ⑪

デザイナー

ポッピー洋裁店デザイナー

酒井つや子

私の仕事と申しましたらば、個人経営の洋裁店のデザイナーと云うわけです。何人かの縫う人がいて、私が、監督の位置にあるわけです。学校を卒業後洋裁歴と云いましたらばかれこれ九年になりましょうか。学校の先生や色色と勉強致して来ました。デザイナーとしての勉強は、此二年間です。ドレスメーカーのデザイナー科を出まして、知人の経営しているこの洋裁店で実際にデザイン初めたわけです。又、新聞・雑誌社の仕事、既製服やスウエイターのデザインなどして居ります。まだまだ勉強中ですし、やつとデザイナーとして、第一歩を踏み出したに過ぎないのです。

1 仕事への希望

十人十色のお客様が見えます。その一人々々がそれ〴〵“自分を”持つていらつしやる。私がお客様の持つているものゝなかにとけこんでその上に立つてデザインを進める。仮縫の時気に入つた様に出来た場合は本当にうれしくなります。

お客様の持つて来られる生地を見る時に、愉しいデザインが泉の様に湧き立ち、研究出来るよろこびにひたり毎日は本当に張りのある生活です。有名な先生方のデザインを勉強しながら、自分の夢を実現出来る。こうした洋裁店に務める事の出来た事は大変うれしく思います。

2 入社について

ドレスメーカーを卒業後、洋裁学校の先生を五年程して居りましたが、其の後デザイナー科に席をおき、卒業後デザイナーとして、立ちたいと心がけて、ペーパーデザインだけでなしに生きた画架に再現したいと思い洋裁店のデザイナーとなつたわけです。其の時つく〴〵有難かつたのは、五年間の先生時代です。この期間に随分勉強が出来て力づいていた事です。仮縫の事、裁断の事、と一目で可能不可能が見わけられるのは何年かの年期が物を云うのだとうれしくなります。今はデザイナーとしての収入は、卒業すぐの人が洋裁店に勤めて、一万円ぐらいで、けいけんでそれぞれの収入は変るわけです。

3 服装について

服装についての関心は、自分の生活である為か、生活の経済的に云つても大半をしめていると云つてもいゝと思います。

女の人は誰でもおしやれが好きです。私も御他分にもれずおしやれが好きですが、贅をつくしたおしやれは中年以後の夢と、自分の現在の生活にふさわしく、又私のデザイナーとしての夢の何分の一かの実現を夢見ているわけです。職業柄毎日お客様に接するわけですから、私らしい感覚のものを常に自信を持つて身につけている事は必要だと思います。私の洋服はシンプルなセパレーツやスーツが多く、着こなしやアクセサリーに依つて、デザインの総仕上をすると同時に、ドレスの持つ機能の巾を大きく致します。

4 出勤前三〇分

出勤時間は十時半ですが、西荻窪の店まで家から一時間半ばかりかゝりますので九時には出勤致します。其の前三十分と云いますと、ちようど食事がすみ後かたずけを致して居ります。その後は、髪をブラシングするとか女性のおしやれを致します。ハンドバックの中身を忘れもののない様良くあらためます。こうした事を毎日くり返して居ります。時間のある時は、庭掃除をしたり、この三十分間は、多忙をきわめています。新聞に目を通したり、張切つた一日が始まるわけでこの時間は大切で、なんとかもうすこし有効にと思つて居りますが、毎日は、いつも〳〵同じ様に、あわたゞしく過ぎて行きます。

5 就寝前三〇分

寝る前の三十分と云えば又々いそがしい事です。明日着るものゝ持つて行くものを揃えます。毎日、ハンカチと靴下を洗いついでに歯をみがき良くうがいをしておきます。時には、ブラウスのアイロンがけ、デザイン帖の整理も、一日の終りに近づくと、なおさら、気がせいて色々、これもしなくてはあれもと思います。大体寝むのは十一時頃になります。寝床の中で今日一日の記録をとどめてから、小説などを読んだり、一日の反省を寝入るまでしていたり、明日の計画や。あらためて三十分前なにをしているかと考えるとなにもしてない様で、又一日のしめくくりである時ですから、なんだか大変忙しいようにも思います。

6 家庭で

一週に一度の休日は計画をたてゝ有意義に過そうと思うのですが、母に世話をやかせるわがまゝな一日になり勝です。学生時代に習いおぼえたお花、お琴を弾いてみる事もあります。務めて帰るのは、仮縫の都合と、かいろいろですが、大体九時近くになります。家に帰り食事をして、なにやかやとしているうちに、寝る時間となりますから、家庭での時間と云えば休日だけと云う事になりますが、その日も、ファッション・ショーとが色々の集会でつぶれ勝ちです。たまには大好きな染物をします。自分の洋服なども、色々と染柄を考えて、作つたりするのは大変愉しい事です。小物を染めてお友達に贈るなど、家庭でも、多忙をきわめています。

7 たのしみ

愉しみと云えば、やはりモード誌を幾度となく頁をくり乍ら勝手気まゝに、そのページ中に遊ぶ事の出来る時でしよう。私の仕事は、いわゆる務めと云うより、自分の趣味を生かし、愉しみの中での仕事であれば、まつたく毎日が、幸せで有意義なわけです。

又、仕事の関係のグループの人達と研究を兼ねた集りなどで、色々と意見を云いあつたりする時など、又自分の夢を生かす生地が見つかつた時、アクセサリー、スウェーターと自分の思うようなものが探せた時、これも一つの愉しみでしよう。

なんと云つても素晴らしい時と云えば、良いアイデアが浮んだ時でこんなうれしく愉しい事はありません。

その⑫

劇場・場内事務

丸の内・日本劇場内場

田中充子

劇場の客席事務の全般を扱つて居ります。例えば上演物に関して、時間や料金その他に就ての電話や直接の問合せに応じたり、遺失物、盗難、病気等等の御用承り、又此等に関する記録事務等、殊に休日などの満員の混雑時には、これらの様々の事柄が一緒になつて、気持の落着くひまもない程です。又、指定席券のお預りや、お客様の伝言など、細々とした事柄も、不行届の点がない様に絶えずメモをして細かく注意を払わなければなりません。

1 仕事への希望

私の仕事に就て一言で申せばお客様至上主義に専念して明け暮れて居ります。これは会社のシステムとも申せますが一人でも多く心から満足して観覧して頂ける様に専心努力して毎日を送つて居ます。お客様を相手のこの仕事の中では日々が予想もしない様々な出来事の連続ですが、混雑の中で泣いている迷子の連れの方をみつけてあげられた時や、客席内での落し物を見つけて上げられた時等は嬉しさで一杯になります。又、体が幾つあつても足りない程忙しい時にお客様の無理な御注文等に接する時は辛い思いも致しますが毎日、最善を尽して働いて居ります。

2 入社について

当劇場へは一昨年の七月に入社しましたが、入社前に越路吹雪さんのアシスタントを四年間勤めて居た関係で、芸能界に知人も多く、この劇場にも関係の方のお世話で勤務する様になりました。そんな訳で、入社後も周囲の方は殆どお世話になつた方許りで、毎日の出勤も過去の仕事の延長の様な明るい気分で楽しく働いて居ます。それでも入社当初は、仕事の要領が判らず夢中で過しました。非常に広範囲の関係者の方のお名前お顔を覚える事、又ひつきりなしの問合せの電話にすら〳〵答えられる様に演しものの事や多勢の出演者の名前や、上演時間を暗記する事など頭の中はいつぱいでした。

3 服装について

毎日の服装といつても、仕事中は上被を着て居りますし、もと〳〵余りお洒落な方ではありませんので、地味な目立たないものを、たゞ清潔にと心掛けて居る程度でしょうか。収入の範囲内では度々の新調も許されませんので一枚のものを何年も永持ちさせています。お化粧も極めて簡単で、洗顔から身支度まで十分か十五分で終ります。それでも、毎日お客様に接して居る仕事なので、人に厭な感じを与えない様この事は出来る限り注意して居ります。又、退社の時等は上被を脱ぐと鏡の前で私なりのお洒落を楽しみます。

4 出勤前三十分

私は大体、出掛ける一時間半位前に起きますので、三十分前頃はお部屋の掃除も済み、そろ〳〵気分もさわやかになつて、身仕度をしたり食事をしたり、新聞をよんだりしています。

夜勤などもあつて私の仕事は出勤時間が色々に変りますので、遅出の時は洗濯をしたり、時間ぎり〳〵まで可愛い姪と遊んだりしています。

仕事の性質上、今日は何と何をしてなどというプランは立てられませんので、毎日何事があつても最善を尽そうという覚悟の様なものを抱いて出勤します。

5 就寝前三十分

出勤時間がまち〳〵なのと同様に帰宅の時間も日々変つて居ますが、大体床に就くのは十二時過ぎになります。就寝前の三十分間位は殆ど、入浴から帰つて、ゆつくり姉夫婦と炬燵に入つてお茶を頂き乍ら世間話をしたり、新聞雑誌を読んだり、ラジオを聞いたりしている様です。又、時にはそんな時間に必要に迫られて下着の手入れやアイロンかけ、又は靴の手入れなどをして居ます。又床に入つてからスタンドの灯で本を読んだり、その日に感じた事を和歌や俳句にしてノートに書き止めたりする事が大好きな私です。

6 家庭で

たまの休日は恥しい位寝坊をさせて頂いています。休日には必ず、部屋の片附けと、念入りなお掃除をする事に定めています。普段あわたゞしくお掃除をして出かけますので、この日は大掃除のような意味で必ずかゝしませんその他定つてする事はお洗濯位のものですが、午後は、映画を見に出掛けたりお友達を尋ねたり、衣類の整理をしたり心からのんびりと過して居ます。又、私はお料理が好きで、思い立つと家中（十人位）の夕食の支度を引受けて致しますが、皆から美味しい美味しいと喜んで貰える、そんな時は私の一番愉しい休日のひとときかも知れません。

7 たのしみ

これといつて大切に育てて行かれるような趣味は残念乍ら持つて居りませんが、音楽（聞くのも歌うのも）や書道は好きで愉しんで居ります。

又、私は幼い頃、父に連れられてよく魚釣りに出掛けたせいか魚釣りは大好きです。あわただしい日課が続くと時折堪らない程一人で魚釣りに出掛けてみたいと思います。又疲れた日の退社後、親友と美しい音楽を聴き乍ら、美味しいお茶に一刻を過すのも私の娯しみの一つとなつて居ります。

―― その ⑬ ――

フアツシヨンモデル

東京フアッションモデルクラブ

小松礼子

ファシッンモデルと云う仕事の説明は、今更私がする必要もないぐらいに、女性の仕事として大きく浮び上つてきました。私達の仕事は、デザインされた洋服、帽子、スウェーターの数々を、着たり、写真にとられたり、ショーに出演したり致します。たゞ新しいものを着たりするだけの仕事、贅沢な仕事と思われ勝ですが、仲々どうして、大変神経を使う仕事で御座居ます。デザイナーの先生方の色々な意図を一見したゞけで理解するだけの智識がいる。又写真の時舞台の時、教養がおのずと感じられるので、あらゆるもの〻勉強をたえずする必要があります。

1 仕事への希望

ファッションモデルは非常に競争のはげしい職業で、去年あたりから世間にしられてきましたが、まだ〳〵理解されない面が数多く、たゞ外形のはでさと、収入の点で若い女性のあこがれの的となるのでしょうが、理想的なモデルとはたゞ均勢の取れた標準型の肉体の持主だけで定まるものではないと思います。やはりそのモデルの人格や教養の如何によつて定まるのではないでしょうか。きれいな衣裳やはなやかな舞台に憧れる前に、私達モデルが毎日如何に自分の個性を作り出すか、どの様に衣裳を着こなすかと云う事を勉強しているかを考えていたゞきたい。

2 入社について

勿論私がその資格に適するかどうか疑問ですが、因にTFMCの標準では1教養（女学校卒業以上）、2常識がある事3プロポーションの良い者、4顔の大きさは八頭身以上、5美人である（個性は有つてよい）、6化粧法が上手である事、7健康美で清潔感のあるもの、8腰線の上にあるもの、9年令は十八歳から三十歳位まで、10標準語を話す事、11スポーツの心得のあるもの、12バレーの基本が必要な事、13音楽の趣味のある事、各部の寸法、身長一六〇糎以上、背丈三七糎、腰丈一七糎、バスト八五糎、ウエスト五七糎以下、ヒップ九〇糎等です。

3 服装について

女性のおしやれの中でまず服装があげられますが、春夏秋冬何着持つていてもこれまでと云う限定がありませんのできりがありません。私は自分の収入のほとんどが洋服にかゝつてしまいます。その他靴アクセサリーとたえず新らしい物に手が出ますので、洋服は、ファッションショーに出て着た中で、自分に合つた物をゆずつていたゞく事もありますが、その他は自分でデザインして作つていたゞきます。それも一着でいろ〳〵と楽しく着られるアンサンブル等を多く作る様にしますが、私達の仕事はたえず流行を考えているので、普だん着る物にしても、あまり流行にかけはなれた物は着られません。かと云つて、流行の尖端を行く様な服装もどうかと思われます。

4 出勤前三〇分

仕事で出掛る時の三十分前と云いますと、私にとつては口をきく隙さえないくらい忙しいのです。それは私はとつても寝坊なものですから、うつかりすると食事をする事も出来ないくらい時間一ぱいまで眠つている事があります。ですからその時になつて一人であわてるのがおちです。そうなると食事をするより、まず顔のお化粧にかゝります。これだけは時間をかけないと、自分の思う様に出来ないので大変です。早く出来上つたとしても、三十分は充分にお化粧にかゝつております。ですから朝早くからのお仕事の時は一そう大変です。

5 就寝前三〇分

寝る前の三十分は、一日の顔のよごれをクレンシングクリームできれいにおとし、お風呂に入ります。そして一日の疲れを取り、上つてから体に乳液をつけ、手足の軽い運動及びマッサージを致します。その程度の事をするくらいで、別に美容体操等と云う形にはまつた事はしていません。そして顔にはアストリンゼンをつけて肌をひきしめ、肌に一番刺戟のないベビーオイルをつけて、二三分間マッサージを致します。そして軽くふきとり乳液をつけておきます。髪の手入れは、一度ブラシをあてゝから、自分の思う様にピンカールをして、ナイトキャップをかぶり寝る事にしていますが、この様な事は皆さん不断なさつている事と同じで、別に変つた事もしておりません。

6 家庭で

家庭においてはまずその日に仕事がないと、睡眠は美容上一番大切であると云う事を口実にして、起されなければ何時までも寝てしまいます。そして前日まで仕事で忙しかつた時は、あくる日一日休養を取り、のんびりと一日が過ぎてしまいます。それ以外はたまにはお洗濯やアイロンかけも致します。家庭の仕事としてあたり前の事ですわね。その他服装に関する雑誌やスタイルブック等見て、研究したり自分の洋服のデザインを考えたりするのが好きなので、隙さえあれば何かしらしております。それから自分で何か作る事が好きなものですから、編物とか一寸したブラウス、スカート等でしたら自分で作る事も致します。

7 たのしみ

皆さんにらしくないなんて云われますが、これでも案外なんでも出来るんですよ。デザインを勉強したり、編物したり、一寸した衣服を作る事が楽しみなんでしようか、それから及びもつかない事を考えて、空想にふけつてみたり、とても馬鹿らしい事ですけど、その時のある物に吸い込まれる様な気持は、何とも云えなく素的で一時を過してしまいます。その他夏は水泳が好きなのですが、モデルとしてあまり強く日に焼けますと困るので控えて、山の方へ出かける様にしています。冬は今年は隙を見てスキーに出かけました。去年からの念願がかなつたわけです。そして思いきりころんでまいりました。これからも何かしらスポーツ等を楽しんで行きたいと思つています。

―――その⑭―――

デパート店員

大丸百貨店出納課

筒井智子

百貨店の中と云えば、これ程、女性が力強く働ける職場はないでしょう。私が入社して早三年たちました。売場教育実習期間をへて外商部相談課に配属されました。その仕事は全店のお客様の商品買上の相談に応じ販売する係りでした。一年半の後、出納課に廻りました。今度は直接金銭の出し入れにタッチするわけです。レジスター一日の収入年。現在出納事務係です。一日の収入を勘定して売上伝票と合わせ、金庫に収めるわけですが、毎日莫大な金が動いていると思うと驚きます。大変な神経を使う仕事で、体の良い金庫の番人なのかもしれません。

1 仕事への希望

与えられた仕事で自分が居なくてはと云われるように重要人物になりたいと思います。売物に立つて居る頃は、御客様の気持を出来るだけ早く理解し満足して戴けるサービスを身につける事でした。小さい事でも大丸の名のもとにそれに恥ない完全な販売員になる事が大きい希望でした。出納課という直接御客様に接しなくても、縁の下の力持となつて、金銭を間違いなく出すようにと、とても神経を使いますが、出納課の仕事は「正しく、早く、美しく」この標語に、自分のして居る仕事に当てはまるよう事務をとる私の、大きな希望です。

2 入社について

一通りの学課、数学、国語、常識、英語の筆記試験、その他に事務適正検査クレペリン等があります。そして面接で家庭の事や種々な事を会社の方四、五人からそれ〴〵質問された事憶えております。そして家庭訪問があり家庭調査があり、最後に身体検査に合格してやつと入社の喜びの通知を受けたわけで、百貨店は何と云つても御客様に一目でいゝ感じを与えて、理解力があり、常識に富み、円満で頭が良く効き、容装端麗な方を会社は求めているると思います。そして働き易く助け合いお互の和を重じる時、スポーツ選手は団結心があり、リーダーとか世話係等学生時代に務めた方は心の大きな方として有利だと思います。初任給は中学で六千円、高校で七千円位。

3 服装について

私達女性で、勤め持つ者の悩みであり、又楽しみである事の一つに衣服の問題があります。御給料を手にしたとたん先ず心に浮ぶのは、今度は何を作ろうか知ら、あゝ云う風にしたら素適なものが出来るかな、と様々な衣服に関する夢が心を掠める。でも結局今自分の持つている物にマッチして、効果最大限に発揮できるものと云う事を第一に頭にして、新しいものを揃えるように心掛けて居ます。そして生活環境に適した衣料設計、百貨店の中ではユニホームを用いるので、普段着は余り必要としないわけで、事務服の下に着易いものを何枚か揃えて裄元から少し出る色を楽しむわけです。下着は一番大切で、美しい着ごこちの良い柔かいもの、相当に神経を使つて居ります。

4 出勤前三〇分

と申しますと、御洗濯とか、何か特別の用のない普段時の起床時間とほゞ同じになります。寝坊であるため朝の散歩なんてとんでもない事で、時計を眺めながらきり〴〵の時間に飛起き、寝床を片着けて、洗面に歯は丁寧にみがきます。石鹼で洗顔、すゝぎは必ず冷水で目の中までして、二分間化粧をはじめます。幸な事にこうしている間に食卓の用意が！ 軽い食事熱い御茶を戴いて食卓の片づけを早々にして、口紅を直す。これで着換えて、時間があれば朝刊に目を通します。バスにきりぎりの時間まで茶の間を離れず飛出します。その前にもう一度鏡に写して、満足して「行つてまいります。」〇〇時頃帰ります」忙しい三十分です。

5 就寝前三〇分

この三十分は、一日中の色々な事を回想しながら、明日の身仕度をするのが、私の習慣です。夕食をすませ、家の者との雑談、洋裁、書物等終り「さて寝ましよう」と寝床をのべる。どんなに疲れていても夜更けになつても、顔の汚れを落し、ピンカールする事は必ずします。それは美しい店で働くには、やはり自分の持つ美をできるだけ質素に現わす事のできるように、どうしても必要な下用意です。寝床に入つて眠りにつくまで、朝の電車の中の事や、店での行動の一つ一つ、言葉の一つ一つを想出しながら反省をします。楽しかつた事、嬉しかつた事は今一度一人で味い、明日への心の設計を……知らぬまに眠りについて心楽しい事を回想した日等、必ず素晴しい夢をみる

6 家庭で

本当に一日中家庭でのんびりと楽しむ事は週休日以外は望めません。週休日と申しても、百貨店に入社すると共にあきらめてはいるものゝ日曜日をみんなで楽しむ事は不可能です。入社当時は淋しく思いましたが、店内に親しき友を得て却つて一人だけの休日を便利に此頃では思つて居ります。週休日は有効に、有名なバレーや音楽会、映画、ピクニックと願う気は多くても時間的に経済的に思うまゝにならず、結局は親しき友との帰りの小さい喫茶店の中の雑談に楽しみを感じ、旧友から学友から、故郷からの手紙を認めた時の心の小躍りと、みんなの消息を知る事は励ましでもあり楽しい思いが致します。

7 たのしみ

本当は趣味と申しても学生時代は時間があれば運動場で跳ね廻つて女らしき趣味は課内の手芸とお茶が関の山でした。大丸に入つて先輩の多趣味に驚きました。スポーツは勤める身には過労になりとても続きません。幸に店の文化部が発達して居てお茶は勿論、琴や謡、日本舞踊、ダンス、コーラスと立派な先生を店にお迎えして、経費も安く気軽に習えるように心配して戴いて居り、誘いや、ふとした暇つぶしにと、琴や謡をはじめました。普通ではとても出来ない事と思います。年に一度の演芸会でそれ〴〵の発表もして店友同志で指導し合い励まし合い店のこう云つた施設に大いに感謝してます。

——その⑮——

看護婦

杉並区阿佐ケ谷米沢医院

兼子あつ子

「白衣の天使」とは私共看護婦に与えられた名称として有難い形容です。清楚な衣服とそれに恥じないだけの気高い心の持主でありたいと希うのは一人私のみではないと思います。患者さんの苦悩を自分の苦しみとして一日も早く全快の身体にもどして上げるよう、又医師の忠実な片腕となつて努力する毎日です。病気は人間の不幸の源健康な身体の美しさ、生きる事の尊さに開眼させられるような気が致します。又肉体を侵す病魔への憎しみと同じように、悪魔に蝕まれない良心の美しさを持ち続けたいと努力して居ります。

1 仕事への希望

此の尊い職業に恵まれた私は誇りを以つて従事致して居ります。それだけに私は勉強のやりがいがあると思いました。看護婦でも一科学者でありますから希望は大きいのです。現在の様に医学の進歩した社会にも未だ悲しい事もあります。例えば経済に恵まれず思う様に薬を使用出来ない人、懸つたら最後癒らない病気になつたとか全く憐な悲しい現状が今の社界に残つて居るのです。しかしその反面昔では治らぬと云われた病気でも今の医学で治る。その点では随分喜ばれて居ります。患者の側に立つて、只医学の進歩の偉大なる力に感謝させられます。

2 入社について

戦後だつたので、すべての人々が職業を身につけたのであります。早速考えた結果何が一番婦人に立派な生甲斐のある職業かと考えたのです。看護婦を希望したのは立派な職業婦人として生きられる事、弱き人々を助けて上げたいと思つた。親切を以つて接する事が出来て清潔感が常に身について素晴らしいと思つたのです。しかしそれを親は喜んでくれなかつたのです。私は不思議でたまらなくどうしてかと問いました。そしたら職業としては立派であるが、結婚を考えなくなるからと云うのです。早速自分の意志として私は考えたのです。立派な家庭婦人に努力し乍ら、職業婦人として生活出来る様に頑張れば出来るんだと思つたのです。

3 服装について

私は服装は何時も地味です。常にスポーティにして何時でも身軽に活動出来る様にしています。出来るだけ無地を好んで居ります。やはり人様に感じ良く与えたいと思いますので、自分に良く合う色彩を選びます。職業上色々と考えさせられます。病院では白衣です。何時も純白で清潔感が第一の身嗜なのです。その白衣を着ますと同時に気持まで白くさらされた様にすが〱しくなります。ですからその服装に依つて随分日常の生活が変化ある様に思えます。お茶のお稽古などの時は和服になります。和服になりますと気持が随分落付きます。私の様な仕事をして居りますと落付いて和服には仲々出来ないのです。今は色彩感覚が乏しいと恥をかきますので研究して居ります。

4 出勤前三〇分

朝のお祈りをすまして直に身支度致します。朝の忙がしい事数分でも貴重な時間です。私の場合は朝は案外出勤時間がおそいので呑気です。そのためお洗濯なども出来るのです。髪の手入れをすませてから、生花に水を換えて枝のくずれたのを直しながら、大作曲家や大音楽家の時間をたのしみにして待ちます。その素晴らしい音楽を聞き乍ら今日の一日も素晴らしく終る様に、明朗に失敗のない豊な日であります様に心の中でお祈り致します。とても素晴らしい音楽の時は五分位家を出るのがおそくなります。大急ぎでゆきますが、出勤前は毎日同じく緊張した気持は変りないのです。今日の病院での行事を頭の中で数々の事を考えて気持は先に職場に行つて居ります。

5 就寝前三〇分

三十分前になりますと編物か読書して居る事をやめて片づけます。明日を控えての今夜なのですから必ず洗面を致します。髪と顔の手入れを簡単に致しまして日記帳を出します。終戦後より毎日かゝさず記して居りますので、その習慣でありましようか、必ず日記帳につけます。一日の大なり小なりの出来事感じた事などを、素直に思うままに記入出来る。その時の気持は晴々とします。その日記帳には修養日記と名付けてありますが、私の願う様にははかばかしく理想の様にはゆきません。毎夜反省しましても努力の足りない為なのでしようが。そして今日も一日過ぎ去る、あゝ今日も平和であつたその喜びの感謝をしながら、明日も亦平和であります様に祈り乍ら床につきます。

6 家庭で

前は看護婦ですと必ず宿舎生活でしたので、その家庭の暖さは忘れられ勝でした。私は今では阿佐ケ谷の医院に勤めて居りますが、誠に先生夫妻が尊敬出来ます方で私には理想の職場です。常に家庭的に導いて下さるのですから、現在私が家での生活も同様にしたいと望んで居ります。職場から抜け切つた私はすつかり女性として、好む編物とか縫い物等をラジオから流れ出る名曲を聞き乍ら仕事するのが一番たのしいのです。すべての悩みも忘れてその素晴らしい音色に満されます。亦お料理もおもしろく、本を見てはそれを自分で工夫して作つたりして居ります。時にはお友達といろ〱と社会問題とか服装とか日常生活について話合つて意見の交換もしたりして居ります

7 たのしみ

私の好きなものとしては何としてもスポーツです。運動の快適さは忘れる事は出来ません。五年ほどバレボールを専門として国体に出場する事で猛練習して居りました。私はその時スポーツマンシップと言うものを幾らか身につけました。そのためか生活上に於ても勤務上に於ても少々のつらい事などは平気で乗りこえる事も出来ます。又常に明朗な職場をつくつてゆく事が出来ます。運動が激しいので親は女らしさがなくなると心配してくれましたが、反面私は茶道や生花が好きなので気持の上で調和が出来るのです。その趣味などに依つて随分仕事にも影響されて快濶に働く事が出来ると思います。

―――その ⑯―――

タイピスト

大倉陶園販売株式会社

曾根洋子

1 仕事への希望

私の働いている大倉陶園は洋食器を製造販売している会社です。それも一寸お値段が一桁違うのではないかと思われる位高価なものなので、買手は自然外国人が多く、又輸出も多いので外貨獲得の一助をしていると云えましよう。そのため、タイプの仕事があると云うわけです。しかし大会社のタイピストとは違い一日中作製された原稿によりタイプをするのではなく、販売事に従つて自分自身で原稿を作つてそれをタイプしたりするので、仕事の上では、非常に変化があつて面白く、大変恵まれていると思います。

私の仕事は外国関係に送るタイプの仕事が一番多いようです。この仕事を持ち、四年になります。もう大分自由に仕事が出来る様になりうれしくなります。取引き関係か海外が多く、私の打つタイプ一本で取引きがきまる事もあり、文案を考えたりする時は、しみ〴〵責任を感じます。

我社の陶器を海外に輸出して大いに日本の為につくすのもこの一本のタイプと思うと、まづたく仕事に張りが出ます。これも一つの技術のおかげだと思います。毎日は、多忙でくらせるだけ、私としてはうれしい事です。

2 入社について

一つの教養科目としてタイプを習う気になり黒沢教室へ通い出して一年位で高等科迄の教程を終え、スピード試験のお免状をいただいた頃（実にのんびりと習いました）先生のおすゝめもあり習つたタイプを実際に役立てなくては意味ないと思い、丁度話のあつたこの会社へ入る気持になりました。それに扱つているものが美しい陶器なので、なおその気持を深くしました。

私が入る迄タイプを打つ人がいなかつたため（正式に習つた人はいない）別にタイプを打つ試験もなく、面接だけで入社許可になりました。ですから、試験については、何も申し上げられません。

3 服装について

大体スカートにブラウス、スウェーターと云うのが殆んど毎日の服装です。何と云つても一番働きやすく、又変化を与える事が容易なので愛用して居ります。スカートはあまりフレヤーのないものでどちらかと云うとスポーティな感じのものが好きです。ブラウスは一年を通じて半袖のものを用います。スウェーターもプレーンなものでカーディガン風のものと、又半袖のプルオーヴァもよく着ます。でも時々感じをかえるためにワンピースも着ます。夏はどちらかと云うとワンピースの方が好きです。ワンピースもやはりスポーティな感じのプレーンなもので袖も半袖のものを冬でも着ます。オフィスは大変暖かいため、冬だからと云つて厚着をする必要もなく大変幸です。

4 出勤前三〇分

オフィスは九時半から始まります。家を九時に出ます。ＮＨＫ第一の名演奏家の時間が終つた頃から私と兄の部屋の掃除をしてから、小鳥の巣の掃除をします。それが終るのが〝歌のおばさん〟の始まる頃です。十五分で簡単にお化粧をして昨夜考えていた事を基準にして服装を調えます。これが大体毎日朝の時間割ですけど春秋の気候のよい時は、オフィス迄歩いて行く日が多くなるので、これらの時間は十五分ばかり繰上ります。家は麹町なので銀座迄四十五分もあれば行けます。お濠端を歩いたり、議事堂の方から日比谷公園をぬけたり、混んだ電車に乗らないで朝の日光を浴びながら歩くのは実に気持の良いものです。

5 就寝前三〇分

就寝前に必ずする事は翌日のための準備なのですけどもう此の頃は翌日のための準備など云う事でなく、もう習慣の様になつてしまつた髪にブラッシをかけピンカールをする事と明日一日にする事を考えます。それに合わせて服装の事を考えます。これもピンカールをしながら考えるのですから、ピンカールが終り特別に明日の服装に気を付けなくてはならない時を除きすぐ床につきます。

大体十時から十一時頃でしようか。床の中で必ず日記をつけ、又本を読みますから、本当に眠りにつくのは十一時半から、十二時頃となります。

6 家庭で

お勤めを始めた頃、あれもこれも習いたいと云うわけで殆んど一週間三回以上もおけいこ事のためにスケジュールをたてたのですが、結局一週間中家に九時前には帰れないので、此の頃は少し考えて一週間の中二度以上はおけいこのために使わない様にして、体を休める事にして居ります。やはり疲れていると、タイピングにミスもふえ、目も痛くなつて何のためかわからなくなります。しかし学校を卒業する前から今日迄続いているものがありますが、それはマドリガルの集りに毎週出る事です。皆様と一緒に歌を歌つて楽しむ事は、一週間の疲れを忘れさせ、又力を与えられる様にも思います。こんな楽しみを持てた事は大変幸福に思つて居ります。

7 たのしみ

愉しみの事はやはり海水浴かスキーやハイキングなどの季節々々のリクリエーションと云う事でしよう。何となく日光から閉め出されている様な毎日ですから、どうしても自然にあこがれるのでしよう。一番楽しい事はスキーに行く事と申します。各地の初雪の便りなど聞かれる頃よりもう今年は何処へ行こうかなとリーフレフトを集めたり大騒ぎをします。ホコリぽい都会を離れて雪一面の山野を滑る気持の素晴しさは何と申してよいかわからない位です。一年に何日ときめていただける休暇も、このスキー行きのために半分程提供してしまいます。もう一つ昨年夏、白馬岳へ登つた時の素晴しさはスキーと同じ位すつかり私を夢中にさせてしまいました。

―その⑰―

新聞記者

○○新聞社婦人部

三橋照子

今年の大学卒業生が一番に就職を望んだと云われる新聞記者。私は、幸いにしてこの仕事を持つ事が出来早四年の年月が流れました。文化部の婦人課で婦人経済、モード記事を担当して居ます。流行は次ぎ〳〵と変化するそれを追いかける、又、流行を作り出す、私の仕事は、女としても最適だと思つております。ファッションショーや百貨店の展示会等、たえず取材の為、歩き廻り記事を探すわけです。大変に神経のいる仕事なのですが又働きがいのある仕事です。家庭の主婦の皆様の為に、出来るだけ流行を又婦人経済問題等を知つて頂く為私達は毎日張切つて取材に歩き廻つているわけです。

1 仕事への希望

仕事とは申すまでもないことですが、私は婦人経済欄を担当しています。これは所謂家庭欄で、主婦を、或いは若い女性を対照とした紙面を作るため、服飾、美容はいうまでもなく、料理、子供の教育等々家庭生活全般に渉つての記事を書きます。これらは殆んどその道の権威者に話を聞いて書くのですが、女性ならやはり適任の箇所といえましよう。ともかく新聞記者という職業は、机上だけではできるものではなく、足を使わなければならないので、健康であることが何といつても第一条件。また同時に、靴の減り方がはげしいので、これが悩みの種。

2 入社について

わが社では昨年から婦人は採らないので、一昨年採用された婦人記者が一番新しいので、そのなかのMさんに聞いたところによると――。学科、身体検査、面接にわかれており、学科は作文千字以内のもの二本、語句の解釈、英、仏、独、中国語いずれか一つの和訳、これらが主なところで、次は健康診断、そして面接に移ります。これは新聞記者になる覚悟のようなものや、思想関係の調査など。こういつたものは、日頃新聞をよく注意して読んでいれば大体出来るもので、常識などもよく知つておかなければなりません。

入社決定すると、試用（三カ月間）で日給約三百二十円。それが過ぎて見習社員（三カ月間）となり基本給約八千七百円。そして本社員となります。

2 服装について

人を訪問することの多い職業なので、私の場合は夏もの以外はスーツが非常に多い。それにスーツは、着たとき気分的にも、また姿勢からいつても大変違うもので、いつもピシッと戒められるような気持が、原稿を書くときに於ても影響するから愛用している次第です。しかし同じ服装のまま続けて二日と過せない。といつでも毎日変えるだけの数を揃えるのも経済的に許さないので、スーツと配色のよい色ジャージィのブラウスをスカートと組み合わせるようにしています。また、ときにはスェーターとスカートの気楽な、そして最も活動的な装いをしてはみますが、どうも気分がだらけてしまつて、仕事の能率が上らず、やはりスーツを好みます。

4 出勤前三〇分

正確にいうと髪をとかしている時分。ショートヘアーならブラシで型をこしらえるくらいで時間的に経済だろうとは思いますが、ウエストまでの長さの毛を持つているので、まとめるのに大変時間がかかります、といつても三十分はかかりませんが……。そして服に着替え、家を出ます。新聞記者とはいえ、普通の女性と何ら変りはありません。しかし家にいる時間が非常に短かいので、自分の時間がなく、出勤前など、出かけるということだけで精一ぱいなのが実状です。しかし私の知つている婦人記者のなかには、朝起きて必らず洗濯をして、それから御飯という心がけのよい日課を持つている人もいますが、私如きは有名な寝坊助なので、駄目です。

5 就寝前三〇分

これまた何といつていいかわからない程、どうということはない。つまり夕刊を読んで入浴、顔の手入れをしてすぐ床に……というだけ。出勤前といい、これといい、恥をかたつぱしから並べて披露しているみたいで申しわけないが、ゲン・シュ・ク・なる事実なので如何ともし難い。さすれば一日の汚れもの、つまり洗濯ものはどうするかというと、母に頼むか、日曜日にまとめてやるかで整理します。ですから、一週間分の下着は揃えておかなければならないというわけですが、この方が、下着の持ちがよく、経済的というものです。

5 家庭で

さきにものべた通り、家庭にいるときといえば朝、晩と日曜日以外にはない。新聞記者が日曜日休むなんてもつての他などとお叱りを受けるかも知れないが、土曜日に二日分出稿するので、日曜は開店休業でもよいわけです。つまり〝殺しだ〟〝ゾレッ〟というようなことが幸いにして婦人欄にはないから、特別な用事がない限り、日曜はのんびりできるのです。そこで日曜日のスケジュールをのべてみると――。昼頃或いは一時頃おめざめ、朝食兼昼食入浴、一週間分のハンカチ、マフラ、手袋、靴下、下着などの洗濯、靴の手入れ、大体こんなところですが、身心ともに疲労する記者職業にとつて、せめて日曜一日中は寝ていたいと思います。

7 たのしみ

一日のうちでは、電車の中と床に入つてからを読書の時間にあてていますが、新聞に追いかけられているような毎日を、例え一時間でもお稽古や自分の時間にあてることは許されません。それで〝今年こそは〟〝今年こそは〟三味線、長唄を習いたいと思いつつ四年も棒にふつてしまいました。結局大スピードで原稿を書き溜めし、歌舞伎を見てはわずかにその楽しみを味わつているのみに終ります。仕事の上での楽しみは、自分の書いた記事をスクラップしているときで、瞬く間に一冊のスクラップブックがうめられると何ともいえない生甲斐を感じるものです。しかし何といつても原稿用紙に鉛筆を走らせているときが最大の楽しみといえましよう。

その ⑱

プロデユサー

日本テレビ報道部

鯨岡阿美子

現在〃日本テレビ〃の教養番組〃明るい家庭〃〃服装講座〃〃おしやれ読本〃等を担当している。プロデユーサーとしての仕事は企画から実際の演出まで雑誌の編集と、映画の製作・監督の仕事を小規模にして合わせた様なものと云えると思う。カメラの移動其の他、現場での実際の演出に当つては、状況判断を適確にして、決断したら必ず実行する強い意志が必要となつてくるので一般に、女性は不適性だと云われている位である。又、照明や技術の人達等、仕事に当る多勢の人達の気持をぴつたり一つに合わせるという事がこの仕事で最も大切な事と云える。

2 入社について

テレビの仕事がどうしてもしたいという願から日本テレビに入つたのではありません。ジャーナリズムの一つと考えて入つたのです。本当の話、私は放送関係の仕事に経験もなし、入る前も今も相変らず自信がありません。

入社試験は新聞社のものを想像していたので、それから思うと大変易しく、また極めて難しいものでした。例えば当時（昭和二十八年八月）の人気力士朝潮が出て、私はハテこれは何だろうと返答に困りました。また口答試問の日は五月一日でメーデーの行列の中を行つたので、興奮してましたので政治問題が出たら困るところでしたが、女のためかありませんでした。

3 服装について

服装とか化粧とか、私にはまつたく無関係な質問でお返事出来ません。ごらんになればおわかりでしょうが、頭はボウボウで髪の毛はつゝ立つてますし、着てるものはたゞ裸では寒いからなんとなくまとつているという類。これではテレビ関係の女性群が全部そうかと思われてはお気の毒なむきもあるので、仕事が必要とする服装は次の通りと弁明しましよう。

スタヂオの中で活躍するには余計な雑音をさけるためにはゴム靴を、そしてしやがんだり這つたりするためにはズボンを着用します。また大変ほこりが立つので、髪の毛も包んだ方がよいというもの。ですからおしやれの人には並々ならぬ苦業かもしれません。

仕事への希望

テレビはなんといってもアメリカが一番発達していて、視る方の希望の所へどこへでもテレビカーが行つて即時事件やその内容を知らせているそうです。まず私の希望は一日も早くこうした移動用のテレビ・カーが何台も日本に出来て、その一台に乗つて、社会探訪をしてみたいということです。現在はフィルムがその代りをしていますが、どうしてもすぐその場からというわけにはまいりません。仕事に対する抱負や希望はその仕事によつて多少の差があるでしょうが、違わないのは仕事のよろこびや苦しみではないでしょうか。

4 出勤前三〇分

出勤前の三十分はと改まつて考えると、何時も時間にそれも秒で数える仕事をしているための逆効果か、さつぱりわかりません。

前項の通りお化粧及び身づくろいには何分もかけない性質なので、……いゝえこの辺にお化粧をしない、いえ出来ないポイントがあるらしいんです。つゞめて申上げますと私は朝寝坊なのです。だから仕事に出るに必要な行事、即ち洗顔、着替え、御飯をたべる、新聞を読む、煙草を吸う、それらを一気呵成に、やつちまうのです。これはそうですね、三十分もあればいゝのでしょう。でどうやら出勤前の三十分が出てきました。姉がそればかり助言してくれました。二十分よ。あとはまだねてるわ。

5 就寝前三〇分

寝る前は実に簡単です。お布団にもぐり込む前、あゝ一寸まつて下さい。前項で私はお布団をあげることを忘れましたが万年床の変型、ベットでねてますからこれは三日に一辺位干してます。御心配下さいません様に。お布団に入る前これだけは唯一のおしやれでコールド・クリームをベタベタ塗つてふきとります。年のせいで皮膚のあれるのを防ぐためです。さて枕元の電気スタンドをつけて、ラジオのスウィッチをひねり、おもむろに本を読み出します。これは三十分以上二時間にわたることもあります。但し仕事でトチつたり、仲間とまずいことがあると軽く反則してねもやらず反省し、決して決してと誓いながら寝入ります。

6 家庭で

自分の部屋ですることもなく日を送ることが出来たらこんなに楽しいことはありますまい。休みの日は洗濯だ洗濯だとたらいの中をみつめながら半日をすごし、部屋の掃除と着るものの仕末であと四分の一をおくり、あとはいうに及ばずねるのです。一寸計算がちがいましたかしら。半日をねてすごす方にまわした方がより正確でしよう。

ねまきやカーテン縫いが思いつゞけてやつと何週間目かに果せるといつた程度。私だつてミシンもかけられるのですから作るには作るのです。但しそれが衿が満足についてなくともまた袖が多少チンバでも自分でつくるのは楽しいからではなくお安いからなのです。

7 たのしみ

私は、御趣味はとたずねられるのが一番嫌いです。何も趣味がありません。旅行も乗物が好きじやないから知らない土地に行きたくともこのまゝひよいとつれていつてくれるわけではないし、まあ好きなことたのしみといえば、一におしやべり、二に読書でしよう。私の読書はしやべる相手がないときのひまつぶしなので何でもいゝのです。手あたり次第に読みます。いまの仕事がいわゆる女・子供むきのものと称される番組なので、硬派出身の私にはなんとも甘いのです。でつい読むときだけもというので柄になく経済書が好きです。かたいものといつてもポール・スウィージーの社会主義論位でケインズになるとちんぷんかんぷんです。それにもう一つこれは探偵小説。

愉しく新しく

中原淳一著

発売中　定価 200 〒 10

『愉しく新しく』　この一冊をお持ちになつていれば、どんなに毎日のくらしが愉しくなることでしよう。女の人のたのしい暮し方、工夫・考え方を、誰れよりも一番考えていて下さる中原淳一先生が、みなさま方にお贈りする早春のプレゼントです

夢を生かす机・はんぱな布から出来るブラウス・手づくりの贈り物・ふろしきで胸を飾る・手紙はこんな風に整理する・カーテンと座布団・ポケットのアクセサリー・つけまつげをつくる・二人はこんな部屋に住む

幸福を呼ぶ小さなテクニック・職場の恋愛エチケット・結婚の支度・白い顔と黒い顔・春の仕事・買物上手ということ・季節と配色・パリの住い方から思うこと・幸福な会話は生活のオアシス・美しい家庭のために

一着の服を十七通りに着る・果物を飾る・絵のある雑布・アップリケのゆかた・子供は大人のおさがりばかりで楽しく暮らす・のれん・長火鉢を新しく生かす・こたつぶとん・茶の間は家族が一日中暮す生活の彩り

手藝集 No.・4

発売中　定価 200 〒 10

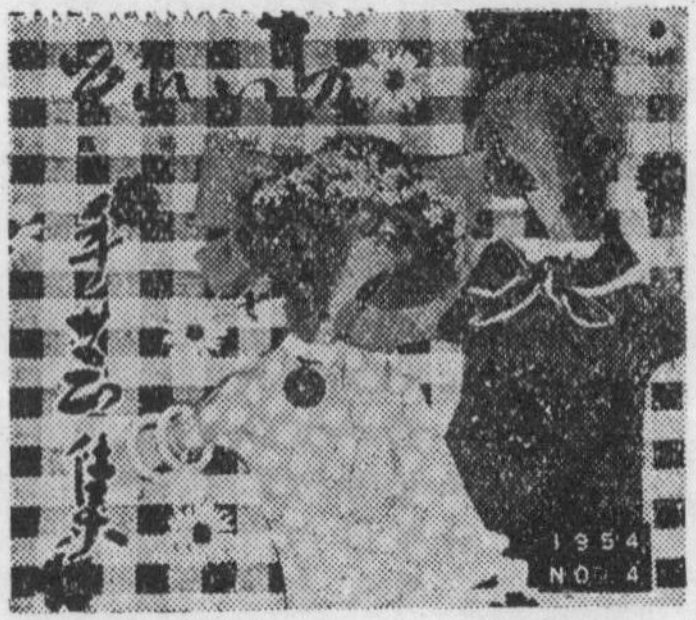

生活篇　一番簡単なアップリケでいろどるテーブルクロス……中原淳一
紺の布地でのれんを作る　片山龍二
ざぶとん・なべつかみ　水野正夫
あたたかい部屋履き・角張繁子　三井秋　疋田中子　飯塚光子………他
服飾・贈物・生活篇の作り方

贈物篇　プレゼント集…疋田中子他
男の人にはこんなもの・小原和歌他
お父様　お母様へ………木村鞠子他
お友達へ愉しい贈物……飯塚光子他
小さい方へのプレゼント水野正夫他
スタンドの笠をつくる……片山龍二
10分間で出来る愉しさ……鈴木悦郎

人形篇　小さなマリー……中原淳一
三つのテーマで人形をつくる・水野正夫　鈴木悦郎　井出忠彦………他
12の国の風俗を人形に求めて・福田三恵子　内藤ルネ　塩谷恒二……他
ピコちやんの衣裳しらべ……三井秋
どうぶつアラカルト　人形の作り方

服飾篇　つぎはぎのスカートは自分でつくる美しさ…………中原淳一
帽子集・一の瀬あき夫　筒井光康他
自分でつくるバック集・角張繁子　水野正夫　三井秋　池田明子……他
手芸のあるブラウス………水野正夫
手袋とマフラー・木村鞠子小原和歌

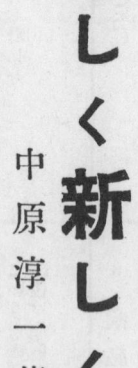

そめゆい歳事記

春の巻

擔当筆者
春の装い1 デザイナー 中林洋子
春の小話 随筆家 日置昌一
春の装い2 舞踊家 西崎緑

春の装い 1

配色

グレーとか白を基本にして、芸術家がカンバスの上に色彩を飛ばせて喜ぶように、私達もアクセサリーで遊ぶ事が出来る。それ自体個性のある色は、何色をもって来ても美しい調和を見せる。

ベージュ（自然色）を主体にして、空色や真紅や、黒や、ライトブルー等を大胆に使うのが夏向きの傾向である。

鏡にうつゝた姿が一つの完成した画になって見えるようにいつも心掛けたい

セーター

春になると、セーターのデザインも色も仲々愉しいものが出ているが、やはり一番スマートなのは、丸首の何十年前から伝わっている半袖のセーターと、同色のカーディガンの組合せであろう。平凡だなどと思わずに一寸したアクセサリーの使い方で、感じを変えて着られる。プリントの端布れで細かいスカーフを作ったり、替カラーを使った、小さな花を所々に縫いつけたり、リボンを止めたり、こんな事を一人で考え出すのも愉しい。

春の小話

三月の話 (一)

月々のとなえかたのなかで、三月を呼ぶ〝やよい〟の名は最も広く親しまれております。「やよい」は「いやおい」すなわち弥生で、すべての草木が陽春の気に恵まれて「いやおい育つ」の意義です。

やよいの名が史に始めてみえるのは日本書紀、神武記に「二年乙卯三月甲寅朔巳未、うつって吉備国に入り、行宮を起て以てこれに居たまふ」とあるのがもっとも古い記録です。

三月の話 (二)

三月の別の呼び方に暮春、沽洗、花津月、夢見月、桜月、花見月、春惜月、桃月、穀月、清明、季春、嘉月、竹秋、暮陽、末春、晩春、載陽、華節、寝月、末垂、禊月、桃緑、蚕月、春陽、暮律、花飛、花老、五陽、称月などといろいろの名が諸書にみえます。陽暦の三月はまだ寒気は相当強いがそれでも東風はたちそめて春はすでに近いことを告げます。東風を谷風とも呼び五穀豊穣の徴といいます。

春の装い 2

愉しい着物を

大体は春先の着物は薄色が多くなりますから帯は濃目のもの帯止帯上は薄色のものと云う様な取り合せになります。

洋服地などを利用してすっきりとしたきものを作られたらいかがでしょう。たとえば、シャンタン・タフタなどに、金の帯銀の帯、又、全然反対色などの細目の帯をキリッと〆た姿は、若々しく大変美しいものです。

今年の春のきものは是非こうしたものを愉しんで頂きたい。

帯の事

帯の結び方も夏ほどあっさりせず冬程ごってりしない美しさを考えるべきでよほどきまったお席以外は若い方は、長目の大元録の袂で、帯は半巾又は中巾を片花結びの様にしたものが、一番初々しくもあり、一人でも〆よいのではないかと思います。又、作りつけの帯なども作っておくと便利です。作りつけの帯は、普通の帯の半分で出来ますから、気に入った柄がありましたら、お友達と二人で分ければお揃いの帯が出来て愉しいもの。

帽子

復活祭の日から色とり〴〵の華やかな帽子をかぶるのが外国の風習である。淡い色の美しいヴェールで顔を包んだり、ブーケを髪の上でちらしたように花をもり上げたり、つや〳〵したぶどうの実を耳のわきに垂らしたり、帽子と云う常識的な名前の下に隠れて春のあこがれを一時に発散する。

私達もこんな気持をつゝましく現わして、あまり奇抜でなく、変った色の帽子をかぶりたい。

スカーフ

この冬はナイロンのスカーフをオーバーの衿元につっこむのが奇妙にはやったが、オーバーをしまう時には是非共あのスカーフも一緒にしまい込んで頂きたいと思ったりする。春ともなればスカーフが、直接目にふれるものなので貧相なものではとてもごまかす事は出来ない。本絹のしっかりと重い布ざわりや美しいプリントのレイヨンの風呂敷大のものを、ベルトに利用したり、ハンドバッグの手に結びつけたりして、そのサラ〳〵した布の流れを愉しみたい。

ベルト

春はベルトの季節である。

巾の広いのでも、細いのでも体の線に合わせてカーブしたのでも、新しい感覚のバックルのついたものでも、一冬中すっぽりと体の線をかくしたコートを見なれた眼には、ベルトの存在が特別目立つ。

春には、キッドのなめらかでつやのある感触がふさわしい。パステルカラーの皮の光が、あなたの細いウエストを強調する。

桃の話

旧暦の三月三日頃は、桃の花の盛りですから、ひな祭りを「桃の節句」ともいうらしいです。「もも」とは燃実《もゆみ》の意ともいいます。また桃は陽木で陰気を払うものともいわれます。なお桃酒をひな祭に献じたといわれますが伝説によると支那武陵の桃花が水に流れているのを掬んで飲むと気力旺盛となり長寿を保つという故事から古くから用いたといいますが桃酒の作方は詳らかではありません。

蛤の話

桃の節句に、はまぐりを用いることは今ではあまりやらぬようですが、むかしはかならず供したそうです。はまぐりという貝は幾万集めてもその一対以外に蓋の合うのはありません。そこで、一度身を定めれば決して他の者とは身を合せぬという意味から女子の節句に用いたといいます。これがまた婚礼などに用いられるようになったものです。

草餅の話

くさもちには昔は母子草を用いたらしいが後世には一般によもぎ（蓬）を用います。

米の粉によもぎをまぜて、蒸して搗いたものでむかしは一種の団子が本来のものでした。この起原については平安朝の初めころすでに作られたことが三代実録にみえております。また室町時代の中頃「摂州有馬郡母子村の永沢寺の通幻禪師母子草にてもちをつくり歳事としたことより始まる」との説もあります。

帯上げ

帯上げは普通には赤とかピンクとか割合に色がきまっています。けれども、帯とあまりあってないのに、仕方なくしている場合がありますが、デシンとか裾廻しの餘りとか、その帯に配色の良い布地を、帯上げの為に用意しておきます。別にしぼりでなくても良いのですから、美しい配色を、愉しみたいものです。又、帯上げは、出すぎるのはしつこい感じですから、相当派手なお席でも結んだあと少しのぞく位がよいと思います。

風呂敷

風呂敷は、たゞ物を包むと云う事ばかりでなく、和服には、一種のアクセサリーともなるものですから、良く考えて持つ様にします。

たとえば、大変渋いお召し物の一揃いに、パッと明るい風呂敷で若々しさを出したり、又逆に派手な中に、きりっとした落着きを見せたり、仲々大切なものです。風呂敷は、こったものとか、趣味を生かした愉しいものとか上品な品とかえらぶことで、貴女のゆかしさを一層引き立てるでしょう。

足袋ぶくろ

春先はほこりっぽいので、かえ足袋は必ず御用意下さい。デパート等にも足袋ぶくろと称して美しい袋がありますから、それに洗った足袋を入れておいて、訪問なさった時など一寸玄関脇ではきかえるなど、大変奥床しいもの。足袋は白カバーもありますから、かけておきましたら、出先でカバーだけ取るようにしてもよいでしょう。雨の日の為にも、最近では、ビニールの様なカバーも出来ています。足袋はいつも白いものを。

アンサンブル

無地のウールとプリントのシルク、例えば、グレーのツーピースにピンクと白の水玉をブラウスとジャケット裏に使う。

暖かい春の陽ざしにふとジャケットのボタンをはずして歩く時、チラ〳〵と裏地が見えたりするのは素晴らしい。

ブラウスと裏地のアンサンブルが平凡ならジャケット裏とベルトとか、帽子とブラウスとかの一寸した工夫で春が貴女の足もとにひざまづく。

リボン

巾の広いグログランのリボンをゆったりとたばねて、帽子のように頭に飾るのがはやって居り、大きな蝶結びのわになった部分が三つ程重ねられて頭の中央から段々と長くサイドに流れていく。これをショートカットにしっかり止って居るだけで、若々しくあらたまった感じがして、やたらに飾り立てた帽子をかぶってあるくよりは余程気がきいている。

リボンはどんな色でも楽に買えるし、春先のおしゃれに手頃である。

傘

雨傘とか、日傘とかきめてしまわないで気に入った木綿の布で柄の長い傘を作っておくのも嬉しいものである。

もっと愉しくするには、木綿でステンカラーのレインコートの裏地にプリントを使う。そのプリント布で傘を作っておく。

ついでにスカーフや手袋も作れたら、なお用途が広い。が一時に全部使うような野暮な事はしないよう。

彼岸の話 (一)

彼岸の意義……彼岸とは元来佛教上の言葉で、生死（現世というよりも更に広い意味）の世界を此岸（この岸）とし、涅《ね》槃《はん》（不生不滅のさとり）の世界を彼岸（かの岸）とし、菩薩（さとりの境涯に住するもの）を舟とし、この舟に乗って、この岸から彼の岸にいたるということで、春分、秋分の日を中日として前後七日間をとくに佛事供養、あるいは自省精進の時としたのです。

彼岸の話 (二)

中日……彼岸七日間のまんなかの日で、春は春分、秋は秋分と日をいい、この日は昼夜の長さがほとんど同じであります。「暑さ寒さも彼岸まで」といいますが、季節的にまことによい時です。この日から昼夜の懸隔がだんだん逆になり、昼は夏至でもっとも長く、夜は冬至になって一番長くなります。この中日を中心としての七日間にはいろ〳〵の佛事がさかんに行われます。

彼岸の話 (三)

彼岸の行事……いっぱんに寺詣りや墓参、あるいは六阿弥陀詣などをいたします。また寺院では彼岸会法要をいとなみます。

家庭ではくさ餅、牡丹餅、彼岸団子、あるいは稲荷すしなどをこしらえて佛前に献じ、また親戚や隣り近所へくばるなどします。

また江戸時代には彼岸の中日に鏡を磨くとその光りを増すといわれ、この日を「御鏡磨き」と呼んだそうです。

蛇の目傘

傘は、洋服の時の物と同じで良いのですが、今はあまり見掛けない蛇の目の傘も仲々良いものです。人込みの時などは洋傘の方が便利ですが、静かな所では、大きいので着物もぬれませんし、仲々風流な姿です。紺蛇の目は、ことに顔を引き立て、さっさと雨の降る音も、いかにも春らしい雰囲気ではありませんか。若葉のもえる春にしっとりとした雨に蛇の目と云う姿も、又違った美しさを持ち、古いと一言に云い切れぬものがあります。

下駄

下駄を買う時の注意。

鼻緒は、年よりも割合い派手なものをえらびます。鼻緒が破れるとすれて、すぐ足袋が切れますので、上等な鼻尾をつける方が結局は徳になります。

台は、桐が良く、柔かい様に見えても、はいているうちにじゃりなどがくい込んでかえって、長持ちしますし、軽くはきよいものです。柾目は、男の人とか乱暴にはく人には割れやすいので注意してはくようにしましょう。

コートの手入れ

雨の日の外出に、雨ゴートなど着て出られますが、帰宅した時には、すぐコートの手入れを致します。コートにも色々あり、ベルベットの様な物で出来たものは、かげ干しにして乾いたら、ブラッシュを掛けハネの泥を取ります。しゅすの様なものは、よごれた部分だけさっと水洗いして、泥を取りかげ干しします。乾いた時アイロンを掛ける事を忘れない様に、ぴっちりとのばしてから簞笥にしまう様にしましょう。

布地

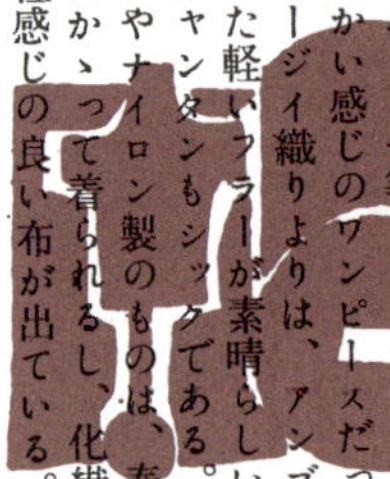

春のウール地はもたく〜していてはいけない。薄手のシャリツとしたウーステッドや、アルパクやトロピカル・パームビーチ等。

柔かい感じのワンピースだったら、ジャージイ織りよりは、アンゴラのはいった軽いフラーが素晴らしい。

シャンタンもシックである。重いンルクやナイロン製のものは、春から初夏にかゝって着られるし、化繊でも驚く程感じの良い布が出ている。

シャツウエストドレス

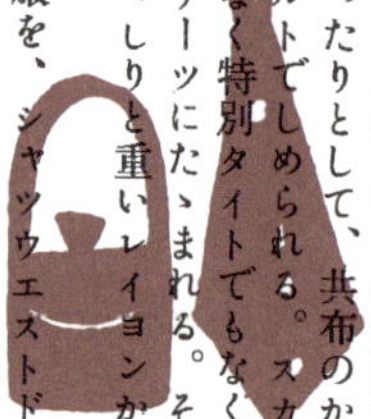

ネックはワイシャスのようなかたい開衿カラー、袖は半袖か七分のブラウス袖、ヨークからゆるみが出てウエストでゆったりとして、共布のかっちりしたベルトでしめられる。スカートは広くもなく特別タイトでもなくキッチリとプリーツにたゝまれる。そして布地はどっしりと重いレイヨンか絹の無地。

こんな服を、シャツウエストドレスと云って春には一番着易いしゃれた普段着である。

ブラウス

いまゝでスーツの下で小さくなっていたブラウスに、パッとスポットライトをあびせかけるのが春である。

デリケートなフリルでハラく〜かざったり、小さなシシュウを散らしたり、リボンを垂らしたり、シャーリングの影を落したり、わずかな布地でいくらでも愉しむ事が出来る。

色は白がやはり一番使い道が多いが、パステルカラーやストライプも生き生きとして、着て嬉しいものである。

上巳の節句の話(一)

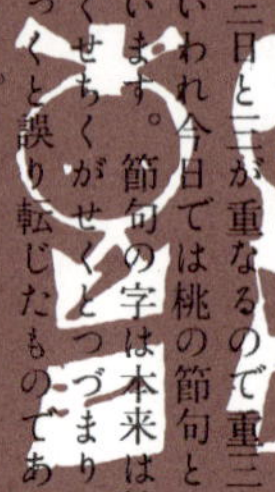

むかしは三月の上の巳の日を節句としたので、今のように三日とは定めていなかった。三日ときまってからも上巳の節句と呼びならわされ、徳川時代には諸大名総登城の賀が行われました。三月三日と三が重なるので重三の節句ともいわれ今日では桃の節句とも呼ばれています。節句の字は本来は節供《せっく》が正しくせちくがせくとつづまり、やがてせっくと誤り転じたものであると言われます。

上巳の節句の話(二)

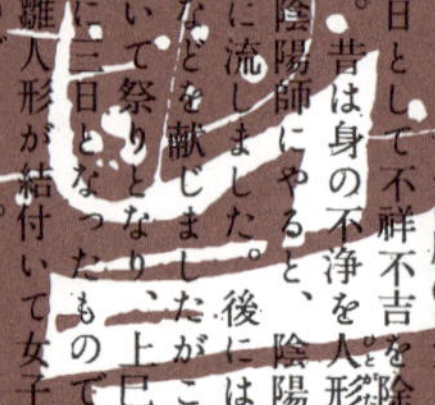

上巳の節句になぜ巳の日を用いるかといえば、旧三月は辰の月であるから、巳を除日として不祥不吉を除く意味からです。昔は身の不浄を人形《ひとがた》に移し、それを陰陽師にやると、陰陽師は祓をして川に流しました。後には川に流さず供物などを献じましたがこれが雛遊と結付いて祭りとなり、上巳の日と結びさらに三日となったものです。また人形《ひとがた》と雛人形が結付いて女子の祝日となったのでしょう。

雛祭りの話(一)

ひなの名義……ひなの名義については古来いろく〜の説があり「雛」の字は鳥の子でヒヨコで「ひ」と鳴くからヒヨコ、ヒナといい、小さい愛らしい玩具に寄せて、子供の遊び物に被らせた名とも、雛鳥、雛鶴など美称の意味に過ぎないとも言う。訓みも「ひひな」を正しとし、また「ひいな」にも書くから鳥の子のヒナとは関係がないとの説もあり、姫之遊《ひめなあそび》の略であるなど諸説があります。

着物の模様

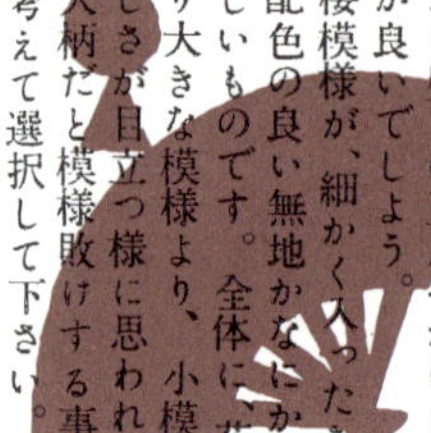

大体模様は一ヶ月位ずつ早目のものをえらぶとよいでしょう。桜は三月頃から盛りの四月頃迄。あやめや藤は四月頃から盛りの五月へかける、と云う着方が良いでしょう。

小桜模様が、細かく入ったきものに、帯を配色の良い無地かなにかと云う姿は美しいものです。全体に、花模様も、あまり大きな模様より、小模様の方が若々しさが目立つ様に思われます。あまり大柄だと模様敗けする事もあり、よく考えて選択して下さい。

着物の手入れ

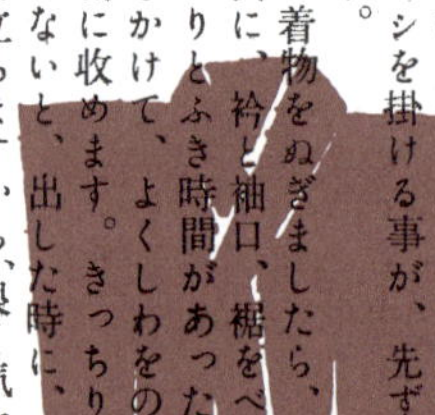

春はほこりっぽいので着物も汚れやすくなっているので、洋服と同じ様に帰宅したら、すぐ玄関先ですっかりブラシを掛ける事が、先ず第一に必要です。

着物をぬぎましたら、長じゅばんと共に、衿と袖口、裾をベンジンであっさりとふき時間があったら、アイロンをかけて、よくしわをのばしてから箪笥に収めます。きっちりとたゝんでおかないと、出した時に、たたみじわが目立ちますから、良く気をつける様に。

裾廻しの事

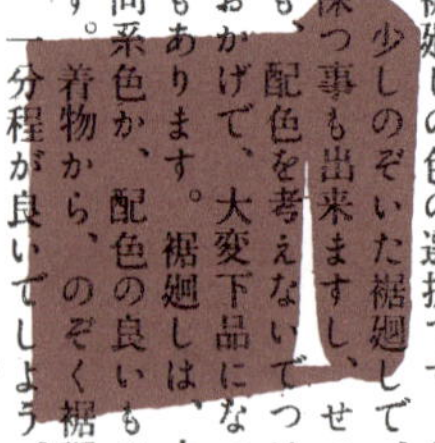

着物は、もちろん柄が大切ですが、今一つ大変大切なものがあります。それは裾廻しの色の選択です。じみな着物も、少しのぞいた裾廻しで、若々しさを保つ事も出来ますし、せっかく良い柄も、配色を考えないでつけた裾廻しのおかげで、大変下品になったりする事もあります。裾廻しは、大体、着物と同系色か、配色の良いものをえらびます。着物から、のぞく裾廻しの寸法は、一分程が良いでしょう。あまりのぞくと下品になります。

ワイシャツ

トレアドルパンツの魅力のとりこになって、春が来ても、捨てられない方は、いつまでも真黒のとっくり首のセーターも着ていられない。そんな方にワイシャツをお進めしたい。男物と同じにかっちり仕立て、裾をスラックスの中にいれないで、ダブ〳〵と着ているのは仲々シックである。

真白よりは、パステルカラーがスマートだが、白で前立てに刺繍を加えたり、美しいボタンを光らせたりするのもシャレている。

手袋

はめなくても寒くて困らないのに、はめる所が嬉しい所以である。

真白のカシミヤか、木綿の縮んだものがいい。丈は手首がやっと隠れる程短いものか、そうでなかったらひじまで届きそうな長いのが春のおしゃれ。

この頃は何処へ行っても大ていの色は揃って居る。手袋の引き出しを明けると、花園にまぎれ込んだように、各色そろって入っていたらさぞ嬉しかろう。

下着

勿論冬のボテ〳〵した肌着はぬいで頂き度い。ブラジャーとガーターベルトとスリップだけでもふるえないですむ季節が来た事の喜びをスリップやペティコートにたくして、せい〳〵下着のおしゃれをしたい。

坐った時に、裾からチラチラ綺麗なレースがのぞくのは、お化粧品に一財産そゝぎこむより奥床しいおしゃれである。

小さなサテンのボーをちょこ〳〵レースに結ぶのも美しく可愛らしい。

雛祭の話 (二)

ひなまつりの起り……元来子供の遊びで祭ではなく、祭りとして三月三日に行われるようになったのは、後土御門天皇の頃からで宮中では上巳の祓、巳日祓などといいました。また後水尾天皇は手ずから人形を作って飾られたといいます。この行事が民間に流行したのは徳川時代からで専門の人形師もあらわれ、善美精巧なものが作られ、道具類や式作法まではなはだ格式化されるに至りました。

雛祭りの話 (三)

おひなさま……ひな段の一番上に飾る一対の人形を内裏雛といい、その座を紫宸殿になぞらえます。雛はもと京都が中心で、禁裡を模したものであるからすべて公卿形式のものだが、享保頃から武家で盛んなにわか武家雛があらわれた。十一代将軍徳川家斉は千代田城内に「御小屋」と称する雛人形の製作所を設けたほどで、したがって人形の種類などもいろ〳〵にふえました。

白酒の話

ひな祭りにはつきものの白酒は上代の白酒《しろき》また醇《しらかす》とはちがうようで徳川時代に入ってからできたものです。桃の花のもも色に対して白い酒を用いることは、紅と白によって日と月とを祭る意味をあらわすのだといいますが、はっきりしたことは判りません。この白酒の製法は精げた糯米を久しく味淋に浸けておいてから、味淋を加えながらヒキウスでひいてつくるのが本当だといわれております。

本綿の着物

昔はゆうぜんの様な、線のやわらかなものが、珍重されていたが、今は、木綿の様に、しゃっきりとしたものが、好まれている様です。本当のきもの通は、木綿が好きだなどと云います。木綿はなる程大変味のある良いものです。布団を作るのに使う布地で着物を作ったりすると、思いもよらない面白くこった味のものが出来ます。木綿のきものは、木綿だからといって裏地に絹ものを使わないと、しわになったり、腰が出たりします。

かさねの事

羽織はなるべく早くぬいで、帯つきの姿で外出したいもの。それの方が数倍も美しく、若々しい感じです。羽織がないと、一寸寒い時などにかさねと称するものを着物の下に着ますと、羽織をぬいでも寒くありません。

かさねと云いますのは、袖無しで脇の切れているもので、薄い真綿を入れてあり、それに衿を掛けたもの。それをきますと温かですし衿に別の色が重なって美しいものです。簡単に作れるものですから是非用意したい品。

帯止め

帯止めも中央で普通に結ばず横で片花結びにするのも此頃流行ってきました。又、二重に掛けた結び方や、色々と変った結び方が出てきました。帯上げもそうですが、若いからと云って派手な物をする必要はありません。きものと、帯との配色を良く考え、渋すぎるかと思うような帯止めでも、思い切ってしてみると、かえって、しゃきっとした味が出たりして良いものです。

きめられたものでなくその都度配色を愉しめたら素晴らしい。

花

ディオールが日本に来た時にテーラード物のポケットに、鈴蘭の花を五六本さして居た。それが、黒っぽい男ものの服に、柔かさと優雅な影をたゞよわせ魅力的だった。

バラとかカーネェションとか、誰れでもが使う花をさけて、忘れられたような可憐な花をそっと使って見たい。

ライラックとかスイートピーとか、又名もないような野の花を。

香水

香水を使う位なら上手に使って、動きや、眼の表情や美しい声と同じに貴女の個性にとけこんで、貴女の一部とならなくてはいけない。

特別の時だけひっぱり出してつけるのは、パーティの時だけ口紅をつけるみたいに不自然である。

買う時は、手首の腕の所に二三滴たらして見ると、一番早く一番正しく判断出来る。耳につける人があるが何の役にも立たない。

スーツ

春は細っそりしたスーツが欲しい。色はピンクか、ライトブルーか朝ものように淡いむらさき色。

デザインはすっきりと整理された単純さの中に優美な若々しさを感じさせるようなもの……装飾的なディザインは一切必要でない。

色がこのスーツの生命なのだから。そして真白の短い手袋をはめてフラットなパンプスをはいてすっきりと歩きたい。

皇后さまの誕生日

公式に国民の祝い日として定められてはおりませんが、三月六日は皇后さまのお誕生日であります。天皇陛下のお生れになった日を天長節と呼んでいたころは、天長地久の対語をとって、皇后さまのお誕生日を地久節と一般に言いならわされていました。

私達の家でお母様のバースデーを祝福すると同様、この日、宮中でも天皇御一家お揃いのお祝いが行われると申すことです。

社日の話

農事暦に社日のことが出ていますがこの社日（しやにち、しやじつ）は春分、または秋分の日にもっとも近い戊の日をいい、春のそれを春社、秋のを秋社といいます。春社には種子を蒔き、秋社には五穀を刈り取って、ともに田の神、土の神を祭る日とします。

なお、つばめは春の社日にきて、秋の社日に帰るということです。ゆえにつばめを土地の神お使いだという伝説があります。

たねまきの話

農作物の発達につれて、またそれぞれの性質にしたがって、種子蒔きは一年中ありますが、大体、春に種子をおろして秋にとり入れるのが自然であり、大部分であります。単に種子蒔きといえば稲の籾種子を苗代にまきつけることをいっています。

稲だけでいえば八十八夜前後でありますが、草物総じて、種子おろしは彼岸前後から八十八夜前後にかけてもっとも多く行われます。

ハンドバックの中に

夜になるほど小さなハンドバッグを用意しましょう。色々中に入れられるものの中に、ガーゼと紙白粉をお忘れになりませんように……ガーゼは小鼻のわきのごみや目尻のほこりなどをそっと取る時など、手の中で小さくなり目立ちませんので便利です。紙白粉は、多勢の中でれい〳〵しく鏡を出す事もなく、ハンケチのかげでそっと鼻や、額の油じみた所を押えておきますと、一時しのぎになります。ハンケチは必ず二枚用意する事。

手袋

洋服の場合もそうですが、春の外出には、薄い手袋をお忘れなく。ぽかぽかと温くなりますとつい忘れ勝になりますが、なるべく忘れず使用する事です。なぜかと申しますと、ちゃんと洗って出たと思っても、春のほこりは、すぐ汚します。訪問の時、気がつかなくて、手がよごれていた場合もあり、大変恥しい思いをします。その場合、手袋をしていればそんな恥をかゝないですむわけです。ナイロン製など感じの良い品が出ています。

和服のイヤリング

昔は、和服にイヤリングをする事など思いつきもしませんでしたし、思いついたとしてもつける事が出来ませんでした。が、今は、美しい着物にもイヤリングをつけた人達が多いようです。その場合、耳から長くさがるものより、耳たぶにぴったりとしたものゝ方がよいと思います。着物の色と揃えた可愛い玉が耳についているのも若々しい感じです。

デザインなども、ゴテゴテしたものより、スッキリと色を生かしたものが良いでしょう。

カラー

冬中着ていたスーツでも、ドレスでも、真白のカラーを取りつけるだけで春を感じさせる。セロリーの感覚を思わせるようなカリッとステッチした、ピケやリネン、小さなピンクの色のピターパンカラー、白地に可愛い春の小花を縫い取ったもの。考えただけでもさわやかになる。

替カラーを沢山作って春を待とう。

スプリング

スプリングを作りたいのですが……と云って十人いたら八人までがダークグレーのギャバジンをさし出す。凡そその名にふさわしくない。何故もっと美しい色を使わないのだろう。レインコート兼用ならなおの事、雨の日のゆううつをふき飛ばすようなパステルカラーや、白や、うき〳〵としたストライプや、チェックでも使ったら良い。木綿でも化繊でも何でもいゝ。「スプリング」にふさわしい暖い色なら。

靴

先日銀座通りを歩く人を眺めていたら十人中七人迄黒く、後は赤いパンプスだった。春が近づくと、赤の数が増々ふえる。

きつい赤は、本当は春とは縁遠い。もっと軽い感じの色が使えないのだろうか。美しい色彩の靴も大分作られて居る。色が美しい程型は単純でなくてはならない。そしてヒールもフラットな程シックである。

春は黒でなく、ネービーが美しく感じられる時である。

たないどの話

たないどはたねいど（種井）とも「タナイ」「タノイ」ともいって、種子とは田根または田の根の意義です。春になって種子をおろすために水（井《いど》）に浸けます。土地によってちがいますが彼岸に入る十日か半月ぐらい前に稲の種籾を水につけます。これは種子の発芽をよくするためとともに不良の籾種子を選別するためにおこなうのです。

つみくさ

むかしは二月から三月にかけて（新暦の三月末から四月）野に山に遊ぶ日を定め、これを三春の行楽とか踏青といって、一つの春の楽しい行事としました。春陽うららかな大自然に親しみ、また野生の食用植物である芹、よめ菜、たんぽぽ、つくし、げんげなどを摘みかえるなど心身の健康にあわせて野趣ゆたかな行事で、まさに春の日の絵であり歌であり、また遊びであり生活であります。

学校の卆業式

各学校の卆業式も、今ではほとんど三月の行事のひとつとなってまいりました。

特殊な学校でない限り三月中旬から下旬にかけて卆業式が行われ、下は小学校から上は大学まで、幾百幾千の若人達が蛍の光に送られ、それ〴〵新しい人生の首途をするわけであります。本人は言わずもがな、苦労して学業を終えさせた親御さん達にとっても、待ちに待った悦びの日と申せましょう。

ショール

春になっても薄いショールを肩からおはなしになりませんように。

それは、かざりと云うだけでなく、着物の衿元のよごれをふせぐ事になるのですから。

ほこりっぽい春の日には、着物の汚れるのも早いのです。着物を洗う事は大変で、仕立て直さなくてはなりませんし、ショールの様に簡単に洗濯のきくもので汚れがふせげるのならショールは、いつも手放したくないものです。

草履

春は草履などもほこりで汚れやすい時季です。外出から帰えられたら直ぐクリームで拭く様に心掛けましょう。よごれたまゝでいつ迄もおかない事が結局長持の秘結と云う事になります。

此の頃は大変美しい色の草履が出来ました。ビニール製品とか、割合に良く出来ていて色も良く、値段もお安いものがある様です。そういう品で、ピンクだとか紺だとか色々な色を揃えておけば、大変便利です。

着附けの事

着物をきる機会の少ない若い人たちには、着附けと云う事は、大変むつかしい事でしょう。すぐくずれたりして仲々うまく行きません。それは、慌てて着るからで、下着から、じゅばんから、ぴったりと着て、少しきつい目にひもを結びます。それから着物を着るようにします。

何枚か重ねるのですから、一つでもぐずぐずしていると皆それなりにくずれるので、ぴったりと一枚一枚注意して着る事です。若い人は、あまり衿をぬかない方が良いでしょう。

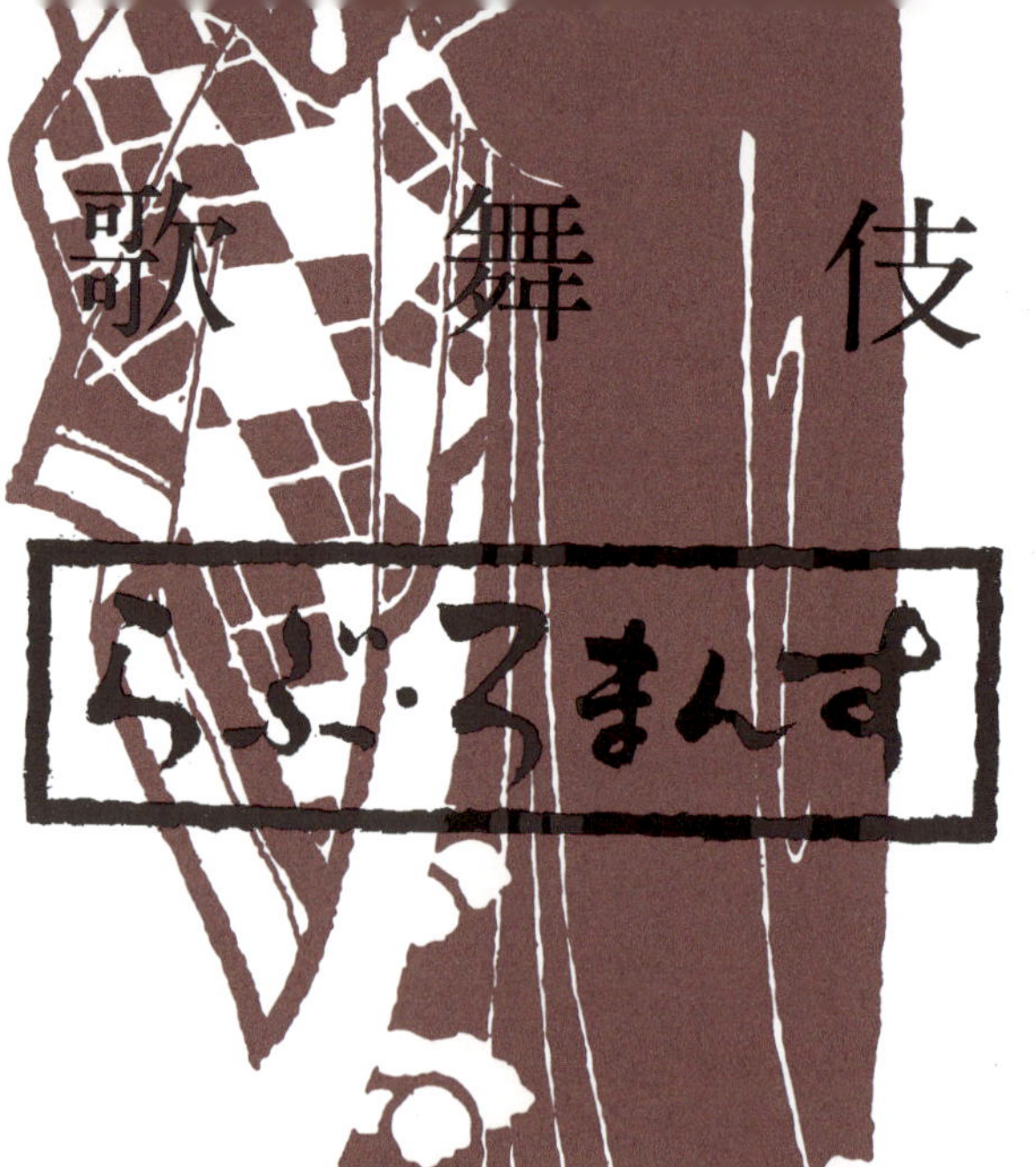

歌舞伎 らぶ・ろまんす

歌舞伎に表われたラヴ・ロマンス――その中から一ダースの代表的レパートリイを挙げるとなると、これは、いま流行りの十二章と違って大へん難しいことになります。例えば有名な心中物だけをとりあげても忽ち十二の狂言は数えられます。ラヴ・ロマンスを選出するに当ってはやはり歌舞伎は独特の形式美を備えた狂言、または当時の有名事件を脚色したもの、一般に上演される機会の一番多いものから同じようなケースのものが重ならないようにしてみました。もちろん歌舞伎に現われたラヴ・ロマンスですから、封建的な要素が大部分を占めるのは仕方ありません。

寺川知男

お七 吉三

河竹黙阿弥作 「松竹梅雪曙《しょうちくばいゆきのあけぼの》」

本郷駒込吉祥院の小姓吉三郎は檀家である八百屋久兵衛の娘お七と人目を忍ぶ仲になるが、吉三郎は元は侍で将軍家拝領の宝刀を紛失したのでその詮議に苦心している。一方、久兵衛は釜屋武兵衛という男に借金があるので、気のすゝまぬお七に因果を含めて武兵衛に嫁がせようとする。晴れぬ心のお七の所へ吉三から手紙で今宵中に刀が見つからねば切腹すると云って来たその折、武兵衛がその刀を持っていることがわかったので、お七は是非とも吉三にその旨を告げたいが、すでに亥の刻を過ぎて町々の木戸が閉ざされて通行することが出来ない。火の見櫓の太鼓が鳴った場合だけは木戸が開かれることになっているが、櫓太鼓は火事などの非常の場合に限って打つもので、理由もなしに打てば重罪に付される。しかし恋い慕う男を救けたさ、会いたさの一心からお七は下女お杉の止めるのもきかず、遂に振袖姿もあらはに火の見櫓に上って太鼓を打つ。木戸は忽ち開かれ、火事だ火事だと人々が右往左往する中を、お杉が武兵衛から奪った宝刀を手に、お七は吉三の許へひた走りにかけて行く――と云ったのが河竹黙阿弥作「松竹梅雨曙」のストーリー。安政三年に上演されたが、お七が人形振りで櫓太鼓へかけ上る所が大評判で、そのため現在でも舞踊会でもしばしば踊られている。もっともこの事件は天和二年に起ったのが実際で、お七が死刑になった数年後の貞享三年に井原西鶴が「好色五人女」で小説化している。戯曲には宝永元年に大阪の豊竹座で人形浄瑠璃が最初、それ以来数限りなく劇化されている。あくまでもひたむきなティーン・エイジャーの恋愛が人々の心を打つのはいまも変りはなく、お七に扮する女形もそうした娘心を表現している。

お染久松

近松半二作「新版歌祭文」

宝永七年にまず舞台化されているが、安永九年に近松半二の書いた「新版歌祭文」の野崎村の場が一番よく上演されて有名。

その宝刀紛失のためお家改易となり、和泉国の侍の伜久松は摂州野崎村の百姓久作に預けられ久松と呼ばれる。久松は大阪瓦町の油屋という質屋へ奉公に出されるがその家の一人娘お染と思い思われる仲になる。しかし、お染は山賀屋へ嫁入りしなければならぬ義理があり、久松も一貫五百の銭を盗まれた失敗もあって、二人は仲を裂かれ久松は野崎村に帰される。ところが久作の娘お光はもとから久松と許婚の仲で、いよいよ祝言と定った嬉しさに髪を結ったり、ナマスを刻んだりいそいそしている所へ、野崎の観音詣りにかこつけてお染が久松に会いに来て、この世で到底添われぬうえはかねて覚悟の心中と目と目で云い合う。お光は始めは嫉妬にかられてお染と角つき合うが、やがて久松とお染のたゞならぬ仲をそれと察し、わが恋は締め黒髪を切って涙ながらに二人を添わせようとする。そこへお染の母も来て、お光や久作らが見送るうちにお染は舟で、久松は駕で別々に油屋へ帰って行く幕切れは余りにも有名である。

油屋へ帰った久松は無情な番頭善六のために土蔵へ押込められるが、久松の傍をはなれては生きては行けないお染は土蔵に近づき互いに顔を見合せて心中することになる。

このほか俗にお染の七役と称する鶴屋南北の作品や清元で有名な「道行浮塒鷗《みちゆきうきねのともどり》」など多くの書替狂言があるが、お光という許婚の女性が、わが恋を捨てゝ二人の幸福を願いながらお染久松の恋は結局悲劇に終る運命的な結末が哀れを誘う。

三勝半七

人形浄瑠璃「艶姿女舞衣《あですがたおんなまいぎぬ》」

「艶姿女舞衣」元録八年大阪千日前に起った心中を劇化したものでいろいろの作がある中で明和九年に人形浄瑠璃になった俗に云うこの「酒屋」が今日残っている。義太夫と云えば「今ごろは半七ッあん」とすぐ飛出すほどサワリの文句は有名。

茜屋の半七はお園という貞節な妻がある身を、美濃屋の三勝と云う遊女となじみ、お通という子までその間に出来た。その上に廓のいざこざから半七ひと殺しの罪に陥るので半七の父半兵衛は我が子ふびんさにその罪を引受けて代官所で縄にかゝる。お園の父宗岸は半七の余りの不行跡ぶりに愛想をつかし、無理に嫁の暇をとってお園を連れ帰ったが、その事件を聞いて、舅の義理、自分勝手なわが振舞が面目なくなってお園を連れて詫びに来る。お園は主人に嫌われるのはすべて自分の不束から、自分さえこの世になければうまく納まるものと自殺しようと覚悟する程気の弱い女である。三勝と半七は二人の間の子お通の衣物に書置して格子先から暇乞いして心中しに行く。書置きを読んだ一家はたゞ涙にくれるのみ。そのあと半七の殺したのは罪人なので、半七に罪がかゝらぬことがわかる。

お園という女性は嫁女のかゞみと云われる描き方になっているが、たゞ従順なだけの妻に精神的にも肉体的にもあきたらず遊女に通いつめた男の姿がよく描かれ、日本的な妻というものについて多くの問題も含んでいる。実説では三勝は俗に垢摺女と呼ばれた位の下級の遊女とされている。

お半 長右衛門

人形浄瑠璃「桂川《かつらがわ》連理柵《れんりのしがらみ》」

「桂川連理柵」は安永五年に人形浄瑠璃で上演された。

京都の帯屋の長右衛門は遠州からの戻りかけ、石部の宿で伊勢詣りから帰る信濃屋の娘お半と丁稚長吉らと泊り合わせた。

その夜、長吉の無態の恋慕にお半は長右衛門の部屋に逃込んだのが縁で、まだ十三の娘お半と四十五の長右衛門は契りを結ぶことになる。京へ帰った帯屋の家では義理の母が実子茂兵衛を可愛がって長右衛門を憎みことごとに困らせるが妻のお絹はまたこの上もない貞女で夫とお半の仲を知りながらも常に夫をかばう。

分別盛りである長右衛門はこの家の中に波風を起すことを心配するが、それに加えてお半が妊娠したことがなお一層彼の心を曇らせる。その上にすり替えられた政宗の差添えの行方がわからず、所詮生きては申訳が立たぬと、お半と共に桂川に身を投げるのである。

享保年間に京の桂川を十四、五才の娘と五十男の死骸が流れていた。この男女は桂川の渡し場で強盗に殺されて川へ投込まれたので心中ではなかったのだが、芝居のような駈落の途中だと云い、または色恋ではなく、娘が男に連れられて大阪へ奉公に出る途中、との噂も出たのを早速芝居に仕組んだもの。

当時は世代のかけはなれた心中として驚くべき事件だったのだろう。

小春 治兵衛

近松門左衛門作 「心中天の網島」

「心中天の網島」は先代中村雁治郎の名演技で「河庄」と「炬燵」の二場をさらに有名にした上方世話狂言の代表作。

紙屋治兵衛は曽根崎新地の紀の国屋小春と云う遊女となじみを重ね、今宵も河庄という揚屋で江戸屋太兵衛と小春の身請けを張合っていた。小春は死ぬほど互いに惚合った治兵衛だが、その兄の粉屋孫右衛門や治兵衛の妻おさんに泣いて頼まれ涙を呑んで治兵衛に愛想づかしを云うので、それを知らない治兵衛は腹を立てゝ帰る。

一方、紙屋の家で女房のおさんが炬燵を温めて待っていたが、死ぬほどに思いつめていた男と別れるという小春の心を思いやると、自分の義理が済まなくなり、衣類を質に入れても小春を身請けして家に入れ、自分は子守でもして三人仲よく暮そうという。治兵衛にもこうした妻の真情に泣かされて小春との仲はふっつり締めるのである。所が恋敵の太兵衛が小判を鼻にかけてからかうのがシャクにさわり、つい刃物三昧に及んで殺してしまう。

縄目にかゝって生き恥さらすよりはと思っている時、ちょうど死出の旅路の暇乞いに来た小春と手に手をとって死にゝ行く。子守までしてもと、小春の心情を考える、治兵衛の妻のおさんの心も、そのおさんに頼まれて、つれない態度を見せる小春の心も、ともに悲しく、切ない程の女の哀れさがひそんでいる。

お夏　清十郎

近松門左衛門作「**お夏清十郎笠物語**」

門左衛門が人形浄瑠璃にしたのは事件のあった年の寛永二年。「お夏 清十郎笠物狂」という題だが、現在では坪内逍遙作の舞踊「お夏狂乱」がしばしば上演されている。

姫路で一番の米問屋但馬屋九左衛門の娘お夏は親の目を忍んで、いつの間にか手代の清十郎と情を交している。

清十郎は恋する身の因果で、同僚の手代勘十郎の御機嫌取りに七十両をお夏から調達してやったのに、勘十郎はお夏が他家へ嫁入の為の調度の代金までも、清十郎の親、左治衛門をだまし騙り取ってしまう。その上に勘十郎は下手代の源十郎をそゝのかして主人に進言して清十郎を追出そうとかゝるのである。清十郎はあまりの口惜しさに勘十郎を殺そうとしてあやまり源十郎を殺してしまう。

お夏と手に手を取って駈落し長野まで逃げのびた清十郎はついに捕われ自害してしまう。

恋人の自害にあったお夏の心は乱れに乱れて、ついに発狂してしまう。

お夏の悲しい魂が、お伊勢詣りに行きかう通行人の菅笠をみな恋しい清十郎の姿だと思いすがりついて行く。

野辺の道を子供達にからかわれ、悪人に追われ、恋に破れ心の狂ったお夏の姿をえがいた、「お夏狂乱」の舞が、現在大舞台にかけられているのも、悲しい恋を物語り、お夏のあわれさが、女のあわれさを物語っている事によるのではあるまいか。

佐野　八橋

河竹新七作　「**籠《かご》釣瓶《つるべ》花街《さと》酔醒《のよいざめ》**」

現在上演される「篭釣瓶花街酔醒」は三代目河竹新七が講談本から脚色したもので明治二十一年に千歳席で上演されたが、実際の事件のあったのは亨保年間のこと、最近では吉右衛門の当り芸であった。

下野佐野の絹商人次郎左衛門が江戸へ出て吉原見物のとき全盛の花魁萬字屋八ッ橋の道中姿の美しさに身も魂も蕩けてしまう。金さえあれば心のまゝと国元の商売のことも忘れて通いつめ、いよいよ身請けという段になると八ッ橋には浪人繁山栄之丞という二世を云い交した間夫があって次郎左衛門に愛想づかしを云う。今更となって口惜しい彼は有名な「花魁それや、ちっとつれなかろうぜ、夜毎に変る枕の数、浮川竹の勤の身では、昨日にまさる今日の花、心変りがしたかは知らぬが、もう表向き今夜にも身請けのことを取決めようと、夕べも宿で寝もやらず、秋の夜長を待ちかねて、菊見がてらに廓の露、濡れて見たさに来て見れば案に相違の愛想盡し、そりや田舎者の次郎左衛門故、恨みとも思はねど、何故初手から云うてくれぬ……」との愚痴も八ッ橋は聞かばこその冷いあしらい。次郎左衛門は覚悟をきめて一旦佐野へ帰って剣術を習い家の跡始末もつけて家宝の銘刀篭釣瓶を携えて、江戸へもどり、八ッ橋等を切り殺して縄にかゝる。

それまで遊びの味を知らなかった律義な田舎者が一旦女に惚れるとアバタ面の醜い顔のことも忘れて夢中になる姿と、金を湯水のように客から引き出して、自分の恋人に貢ぐ八ッ橋の姿はたゞおそろしい。

お富　与三郎

瀬川如皐作　「与話情浮名横櫛《よばなさけうきなのよこぐし》」

「与話情浮名横櫛」よりも「お富さん」と呼ぶ方が有名になったそのお富与三郎、実説では天保年間の事件だが、劇化されたのは嘉永六年で瀬川如皐作。中でも「源氏店」の強請りの場が繰返し上演される。

上総木更津の浜で江戸の伊豆屋の若旦那与三郎と土地の親分赤間源左衛門の妾お富がふとすれ違ったのが縁の始り、お互いに憎からず思い染めて遂に人目を忍んで逢曳する仲にまで発展する。親分が江戸へ旅立つと出かけた留守宅へまだ初心な与三郎をお富が引入れて逢瀬を楽しんでいる所へ、子分みにくいの松の注進で不意に踏込んだ源左衛門は与三郎をなぶり斬りにした。松に追われてお富は木更津の海へざんぶと飛込んだが幸いに和泉屋の大番頭多左衛門の船に救い上げられて源氏店の妾宅に囲われる。

めぐる月日も三年越、命の網をどう取りとめてか与三郎は江戸へ戻り、切られ与三と異名をとって無頼漢の仲間入りをしている。相棒の蝙蝠安の手引きではからずも強請に入ったのがお富の妾宅。死んだと思ったお富が人に囲われているのを見てタンカを切る。「百両百貫貰っても帰られねエ場所もあらァ」と手切れ金と下司張って居直るが多左衛門の計いで十両貰って不承々々ながら一まず帰る。しかし何となく未練が残るので安を先に帰してお富の家へ戻り様子をきけば多左衛門が三年越しにお富を囲っていながら枕一つ交はさないのも道理で、二人は幼いときに別れた兄妹とわかり、多左衛門の情でお富と与三郎は夫婦になる。その後与三郎は悪事が重なって捕われ八丈島へ島流しになる。

この書替狂言の「切られお富」もしばしば上演される。

朝顔　阿曽次郎

嘉永三年より伝わる　「生写朝顔日記《いきうつしあさがおにつき》」

「生写朝顔日記」として今日に伝わる院本は嘉永三年の作品。

秋月弓之助の娘深雪は宇治の蛍狩で宮城阿曽次郎と恋仲になったが秋月一家は国許に騒動が起ったので急に帰国することになり深雪と阿曽次郎は明石の浦ではかない船別れをした。

宮城はそのとき、せめてもの記念にと扇子を船に投入れた。

深雪にはその後大内の家臣駒沢次郎左衛門との縁談が起ったが、それが恋人の宮城と同人物とはつゆ知らず、悲しみのあまり家出する。

小瀬川へ身を投げる所を助けられた深雪は却って悪婆に誘拐されて摩耶山に幽閉されてひどい目に会うが家へも帰れず積る辛苦に眼も泣きつぶして今は朝顔と呼ばれる門附となって諸国をさ迷う。

島田の宿で客の求めに奏でた爪琴に身の不幸をかこつ音律はいたく聞く人の涙をさそったが、その客こそ宮城の駒沢次郎左衛門であったが朝顔は見えない。

駒沢は「朝顔、露の干ぬ間」と本名とを記した扇子と眼病の霊薬を亭主の徳右衛門に託して立去る。後で聞いた朝顔は狂気のように駒沢のあとを追ったが大井川はちょうど出水で川止め。しかし旧臣の徳右衛門が自殺した血と共に与えた霊薬で朝顔の眼病はなおり、忠僕の関助に連れられて駒沢をたずね目出度く結婚する。傾城遊びに迷う主君に乗じて大内家を乗取る奸計をすゝめていた岩代の悪事も現われ大内家は安泰となる。

一目見て惚合った男を恋焦れるあまり盲目になったが、それでもなお忘れず一途な恋が成就する。目出度し〳〵だが芝居では琴をかなでる深雪の盲目の哀れさが涙をそゝる。

お軽勘平

「仮名手本忠臣蔵」より「道行旅路花聟《みちゆきたびじのはなむこ》」

「仮名手本忠臣蔵」は歌舞伎の独壇場で説明するまでもないが、その中でも、俗に云う道行「落人」から、五段目、六段目、七段目に至るお軽と勘平の忠義のために夫婦愛を犠牲にして仇討ちの一端を荷負うくだりは有名である。

「道行旅路花聟」は四段目のあとに続く道行で俗に「落人」とも呼れる。腰元お軽との恋にふけったばっかりに、主君の大事に居合わせなかった不忠を詫びて、勘平は自害しようとするが、お軽に止められひとまずお軽の里へ落着いて忠義の道を考えようとともども道行する。

五段目は、お軽が勘平が主君の仇討ちに加われるよう軍用金を作るため祇園へ五十両で身を売る。その金を受取った父親の与一兵衛が帰宅の途中、斧定九郎に殺され金を盗まれるが猪射ちに出ていた勘平の二つ弾は誤って定九郎に当る。六段目は勘平は軍用金欲しさに定九郎の持っている縞の財布五十両を奪って帰宅すると与一兵衛の死骸がかつぎ込まれる。勘平は闇にまぎれて射殺したのは夢だと早合点、たとひ主君の御用金調達のためとは云え現在の舅を殺して金を作った云訳立たず自害する。そこへかけつけた千崎弥五郎、原郷右衛門によって刀傷と鉄砲傷は違うと証拠が立ち一味の血判状に加えられながら勘平は息絶える。

七段目は由良之助が本心を包んで祇園の一力茶屋でお軽を相手の遊び、力弥が持参した顔世御前からの手紙をお軽がのぞき読んだのを知った由良之助はお軽の命を貰うつもりで俄に身請けの相談をする。折よく訪れて来た兄の寺岡平右衛門に勘平の一部始終を聞いたお軽は兄の手で殺して貰おうとする所を様子を見ていた由良之助に止められ、敵の間者となっている九太夫をお軽が刺して勘平の身替りに功を立てる。

このお軽と勘平はあくまでも主家のためにつくした夫婦の悲劇である。

安珍清姫

亨保八年謡曲「道成寺」より「娘道成寺」

紀伊国日高郡に道成寺という今から二千年前の文武天皇時代に建立された古刹があり、この寺に近い日高川真名古の庄司の娘 姫が僧安珍を恋して追いかけ、安珍が鐘の中に隠れたので女人の執念で蛇体となって鐘を七巻半まいて遂に湯と化したと云う伝説は「今昔物語」などにも記されて有名である。

謡曲の「道成寺」はこの伝説に基づいて作ったもので道成寺が鐘を再建した鐘供養のとき、清姫が再び白拍子に化けて寺僧をだまし再び鐘を溶かさんとする。謡曲は室町時代の作だが歌舞伎に取入れられたのは享保八年。今日よく上演されるのは「京鹿子娘道成寺」のほか「二人道成寺」「奴道成寺」がある。

中でも最も有名な「娘道成寺」は宝暦三年に初代中村富十郎が演じ、鞠唄わづくしなどが仕組まれ、その後多くの工夫が凝らされたが歌舞伎は十八番の「押戻し」もつくようになったが、これは花道から押し戻して悪鬼を追払う趣向。

なお「日高川入相花王」は安珍を追う清姫の執念は蛇体となって日高川を渡ると云う筋で歌舞伎でも日高川の船頭と清姫を人形ぶりで演ずることになっているのが慣例。

手紙は文字で書く会話

阿部艶子

気軽に口をきくつもりで

手紙は文字で書く会話です。人と話をするのには、親しい人との気楽なお喋り、年長の人に対する儀礼的な挨拶、急な用件を語ること等々といろいろの会話があるように、手紙にも、いろんな場合の手紙がある訳です。それなのに一口に「手紙」というと「億劫だ」と思ってしまう方がありますね。必要に応じて口をきくように、手紙も時と場合でもっと気軽に書きたいものです。

「手紙文」という形式にこだわるのは、昔の人の話です。

ありのまゝを美しく

空々しい手紙は相手になんにも訴えません。いつか私は「柳の若葉はますます緑に、桜の花は庭先にひらひら飛び交う季節になりました」という手紙を貰ったことがあります。

私はその人の家に柳も桜もないことをよく知っていました。（その地方はそういう木が育たないのです）そうするとそのあとに書いてある細々した文章もみんな絵空ごとに思われ、かんじんの用件の頼みごとさえ、本気で考えることが出来なくなるのでした。

書き出しは飾らず卒直に

手紙の書き出しに、普通女の人は「時下益々御清栄」などとは書かないでしょう。でも誰でも「始めになんて書いたらいゝのか……」と迷います。季節のことを書くのは、日本の手紙の習慣ですけれど、必ずしもそうときめることはありません。用事の手紙ならいきなり用件でもいゝのです。でも人に逢った時に「今日は」とか「御機嫌よう」というように、手紙の始めに「今日は急に温かくなりました」とか「新芽が美しい」という季節の言葉は、手紙をなごやかなものにします。

ほんとうの愛の手紙

ラヴレターとは愛の告白をする手紙のように思われています。昔はともかく、今「ほんとうはあなたを愛しています」というようなことを、手紙で告白するのはどういうものでしょうか。お互の愛情は、話し合っている時に、云わず語らずの間に感じとるものではないかと思います。ふだんそれが表現出来ないで、手紙に托すのは少しひきようです。

それよりも、恋人同士の間でとりかわされた、愛情あふれた手紙をこそラヴレターというべきです。

親しい人にも言葉の身躾みを

親しい人への手紙は、かなり乱暴な言葉づかいでも許されます。それがふだんの言葉ならば。

それでも手紙はあとに残るものです。お互の間で通じる言葉だからと云って、あんまり支離滅裂な文章では、なにかの折に読み返して恥しくなることもありましょう。

遠慮のいらない間柄だからと云って、シュミーズだけでお茶を飲んではしたないように、手紙も自分の身だしなみ程度の文章は書きたいものと思います。

森　鴎外の手紙（上）

四月二十七日と三十日との手紙が一しよに来たよ。お前さんなんぞは活人画にずゐぶんつかえるはずだから頼みに来はしないか。しかしすごみの方でなくてはむかないとおもう（中略）茉莉の写真をとるならお前さんでない人と一しよではこまるねえ。しかしもうとってしまったのならしかたがない。何だってお前さんは一しよにうつさないのだ。そんなに惜しまなくったっていゝではたいか。

これは、森鴎外の「妻への手紙」の中の一節です。

下手な謙遜は却ってきざ

「乱筆乱文お許し下さい」という種類の文章を、手紙の終りに必ず書く人がいます。時によってはそれがふさわしい時もありますけれど、考えなくてはならないこともあります。

もともと、自分の字は乱筆、自分の文章は乱文、というのは日本風に自分を必要以上に謙遜というより卑下して云う習慣です。「御判読下さい」と云ったって、読めないほどの字を書いている訳ではないのですから。そんなに謝まる位ならていねいに書いたらどうだ、という気をおこさせないとも知れません。

うわべだけの同情は無意味

お悔みやお見舞の手紙に、相手の人に同情するあまりあんまり強い言葉を使うのはよくありません。「どうしてお亡くなりになったのでしょうか」「どうしてそんな御病気におなりになったのですか」等、そう云われても相手は返事に困るでしょう。こっちがきゝたい、と思うでしょう。

そういう場合の手紙を書く時、自分がその人の立場だったら、ということを深く念頭において下さい。うわべだけの同情の手紙が心を打たないことも忘れずに。

森　鴎外の手紙（下）

鴎外が出征中奉天や遼陽から夫人に宛てた手紙が小堀杏奴さんに編まれて一冊の本になっている。私は、今十六才になる娘が生れる少し前に読んだのです。その頃私のまわりに面白くないことが多く、私は憂鬱な日を暮していたのですけれど、鴎外の妻や子供への愛情に（ふざけたようなぞんざいな文章の中の）こっちまで心温まる想いで読みふけり、その手紙のよさと、もうじき生まれる筈の初めての赤ん坊への親しみとが、混然ととけ合うような気持でした。

手紙は心の糧として

手紙は用のある時だけ、という考え方にも賛成出来ません。用もないのにやたらに手紙書きに夢中になれということでは決してないのですけれど、なんにも用もなく、義理もないのに、書きたい手紙があるでしょう。遠く離れた友達とか、恋人とか、夫とかに。或日の思いを、意見を、書き連ねて送る。恋人同士の間では、後に写真のアルバムよりもよい思い出となるでしょう。（わざわざ後の日のことを意識して書いては駄目です）又自分の「考え」の練磨にもなるでしょう。

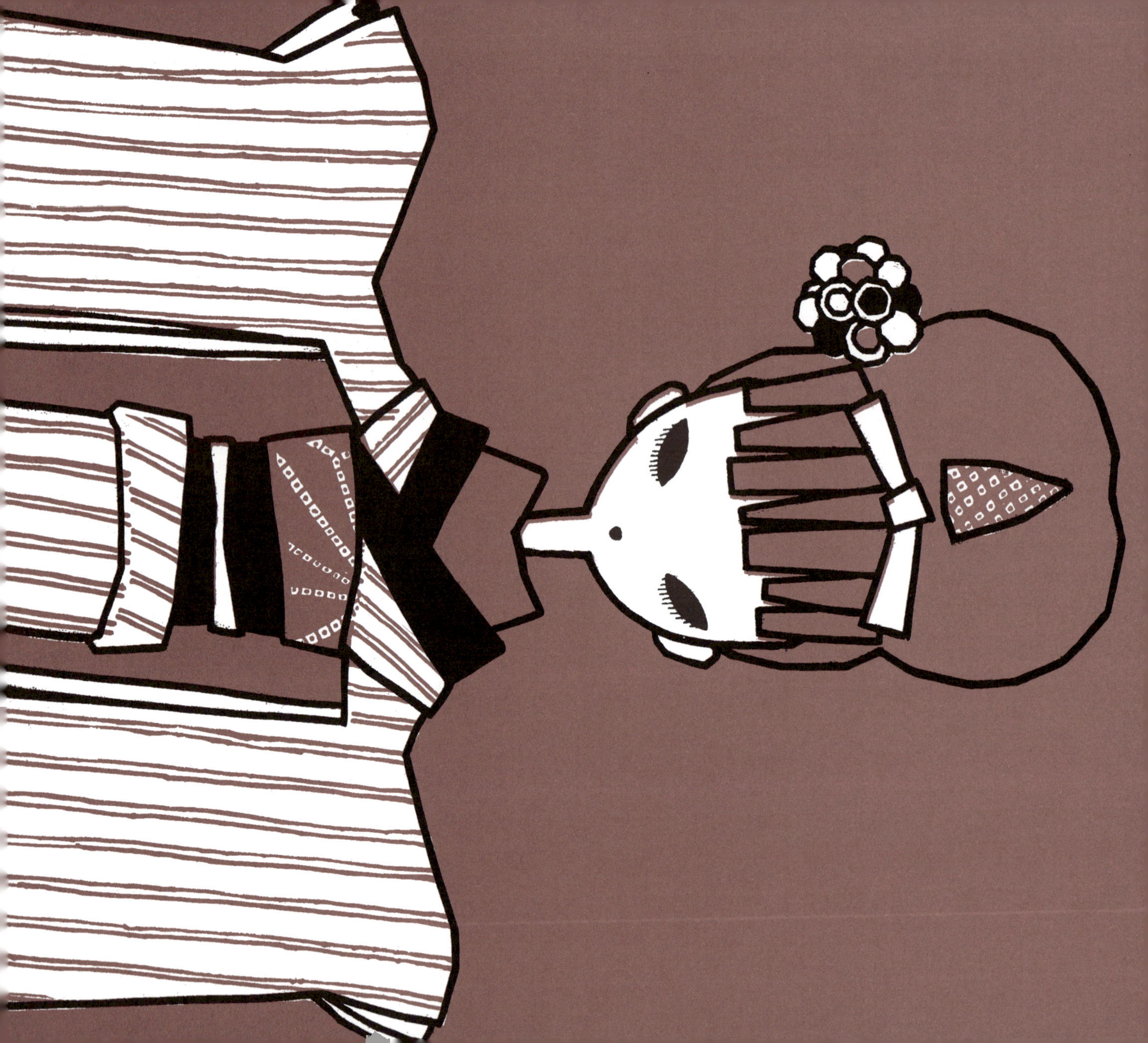

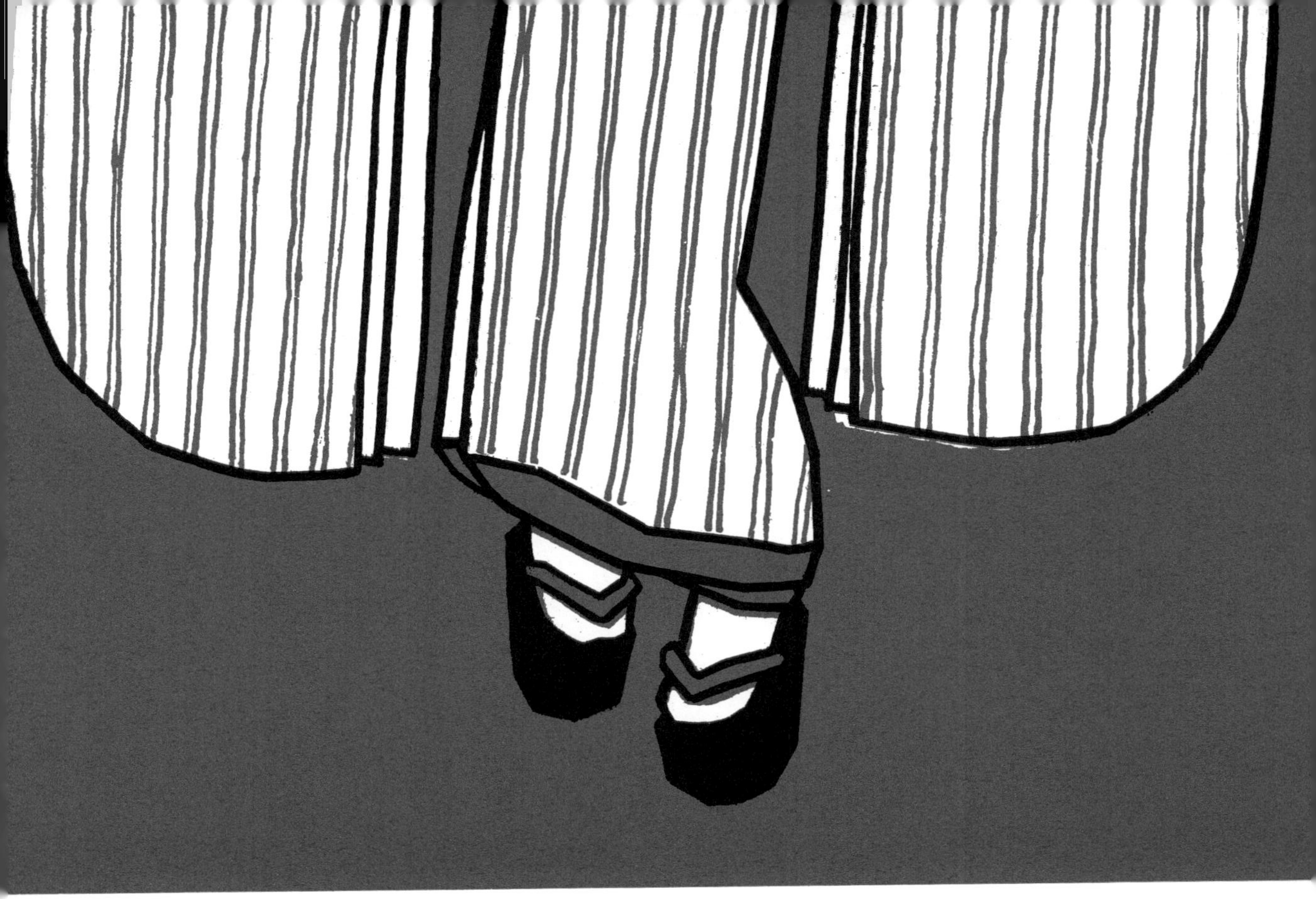

口絵36頁の

美登利と信如　中原淳一

これは"たけくらべ"の"美登利と信如"をアップリケしてみた日本調のクッションだが、洋間に置いてみても面白いし、又、日本の部屋を洋風に使っている場合などにどうだろう。

これには、昔からの日本の布——縮緬とか鹿の子絞り、繻子等——ばかりを使ってみても美しいが、ここでは、木綿の洋服生地の残り布の中から日本調を感じさせる様なものを選んでみたら却って面白い味わいのものになった。

又、この図案は、クッションばかりでなく、のれんや鏡台掛け等に応用してもたのしいだろう。

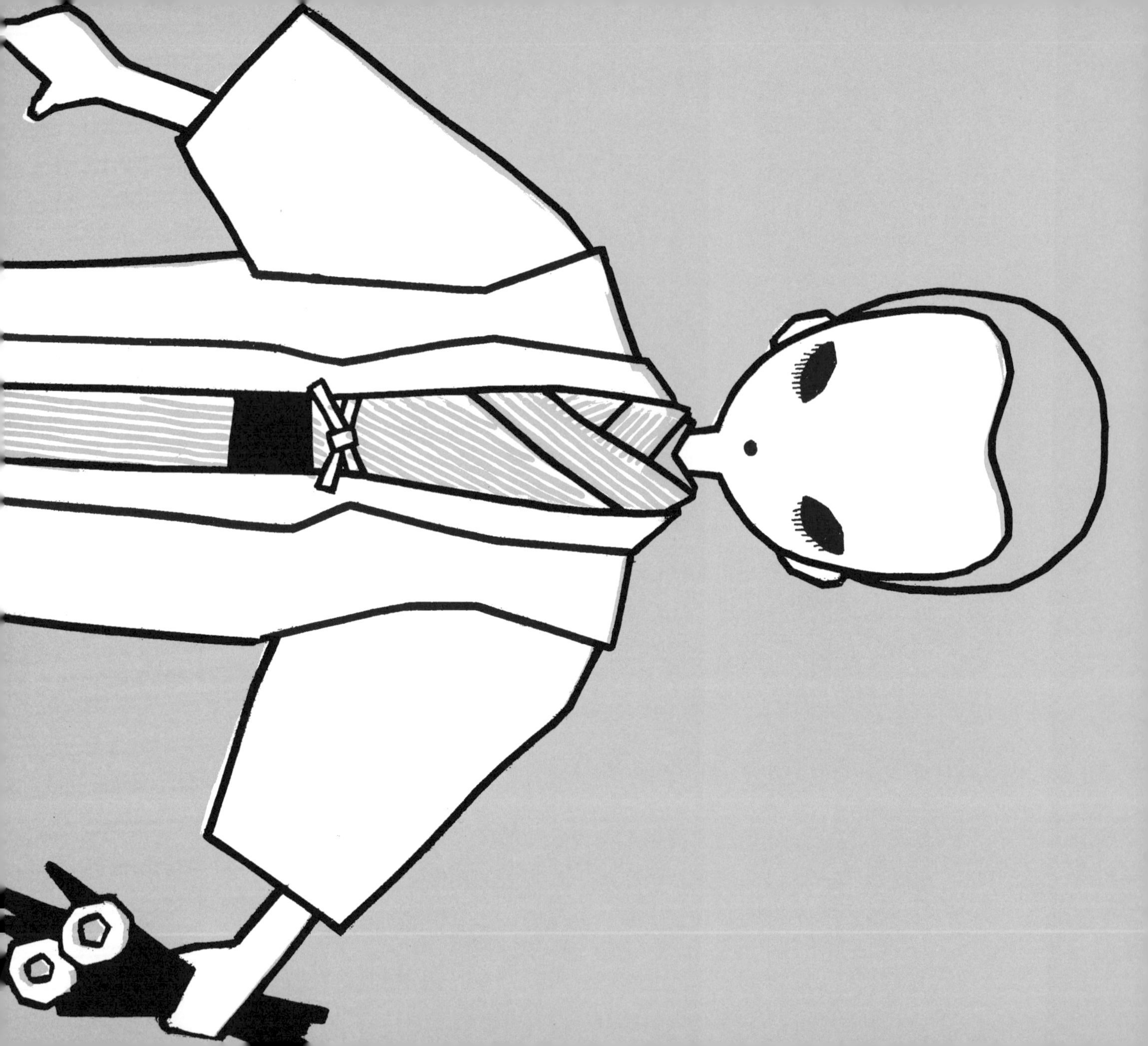

クッションの作り方

1. 先ずこの図案を薄い紙で写して型紙をつくり、
2. 囲りに四～五ミリの折り代をつけて、それぞれ選んだ布に当てて布を裁つ。
3. その折り代をきちんと折って、重なって下になる部分（例えば帯の下に入る所等）は折りまげないで、絵ように重ね、薄糊か、躾等で、動かない様に押えておき、
4. 濃色の部分は黒、薄色のところは白のカタン糸でかがってゆく。
この時、糸を余り引き過ぎるとつれるし、又ひき方が弱くても動いて来て形がくずれるので、きちんと手際よくする事
5. この糸は、布と共色のものを選んでもよいが、黒と白と位に分けて、糸目が見えるのも又面白い味が出る。

ペギー・葉山さんの和服姿拝見

海の彼方のアメリカで日本の歌をうたう

スチージに放送に、又映画にまで、最近めき〳〵と巾の広い進境を見せているジヤス歌手のペギー・葉山さんは、今度、長い間の憧れてあつたアメリカ行が定つて愈々近く海を渡る事になりました。

長年の念願が叶つて喜びに溢れるペギーさんは「何よりも先ずハリウツドを訪ねて尊敬するドリス・デイさんに会いたい。そして本場のシンガー達の歌をじかにきき、又その国のジヤズのあり方等をじかに見て勉強して来たい」と語つて居られましたが、それだけではなく、ホノルルを始め各地で一流のナイトクラブ等に、日本の女性歌手として最初の出演も約束されているという事です。

そして、そうしたアメリカの舞台では、日本娘としてすべて日本の着物で通す事に定めに、渡米の支度に御多忙なペギーさんをお訪ねしてみました。

数々の美しいきものを用意されました。そこで、それらの〝きもの〟を拝見させて頂くため

お宅には、振袖を初め色とり〳〵の美しいきものや、様々の附属品の類が、パッと咲いた花園のように座敷いつぱいにひろげられていましたが、その中からこの七枚のきものを着てみせて頂きました。

最初の頁のきものは、本誌中原淳一氏がアメリカで歌うペギーさんの為に贈られたと云う、紋織りタフタの藤色と淡いピンクの二枚重ねの振袖です。帯も草履も、手に持つた扇

右のきものは、淡い水色の地に、朱・白・金・ピンクの濃淡等で色とり〴〵に染め分けた菊の花を、手に染まりそうに鮮やかな朱や紫・白・金色等々の丸い輪で囲んだ玉模様が、パッと明るく華やかに染め出された、如何にも日本の初春の初々しい娘姿を思わせるような一越の単衣。

濃い緑と銀の市松模様の帯が一そう美しい色彩りを添えて、銀の草履を揃えた、ペギーさんの春姿。

左のきものは、深い臙脂の地に、金、銀でふちとりをした白い條《すじ》が、上前から肩、袖、後身頃へと着物全体に、丁度明るい光の波が

も銀、ピンクの地に白く桜の花を染め抜いた日傘と、それに映えるかんざしの髪、といった可憐に艶やかな日本娘の装いでした。

贈り主の中原氏は、「アメリカの舞台で日本の歌を歌うのに、何か従来の着物とは違つた新しい感じのものとを思い、丁度この生地が色も光沢も大変綺麗だつたので、これで作つてみた」と語られましたが、この装いで〝さくら・さくら〟と歌つて踊ると云うペギ！さんの姿を日本で拝見出来ないのは大変に残念な程美しくお似合いでした。

ひろがつて続いた様な感じに染め出された一越のきもの。

銀の帯と銀の草履が、飛び散る光の波をぎゆつと引しめたよう。若々しさとモダンな味をたゞよわせた美しい装い。

右は、美しいピンクの訪問着。
身頃と両袖の裾を黒地に染め分け、その黒地のところには、白や金でふち取りをした美しいバラ色の濃淡の菊の花びらをくつきりと染め出した、これは、若々しさの中にもぐつと粋なあでやかさ。
黒繻子の無地の帯にピンクの濃淡の帯〆め、草履は、裾の模様の金色に揃えた装い。

左は、思い切つて豪華な濃い紫地の一越の振袖。
菊花を形どつた模様が全体に白く絞り染めになつて、菊や橘・梅桜等の花々が、上前と胸、袖の部分などに、金・銀・朱・緑・ピン

ク・黄・白・水色等々の様々の美しい色どりで刺繍された、爛漫と咲き乱れた花園を思わせるあでやかなきもの。
ピンクと銀で模様を織り出した帯が、このきものの紫に美しく映えている。

右は、どつしりとした一越の黒地て、裾と肩の辺りにさびた朱と銀色で木目の模様を染め出した訪問着。上前の裾の木目の中心には、その銀色のかたまりがあつて、全体の渋い色調にモダンな味を添えている。

帯と草履は金色で揃え、全体の落着いた色調から華やかな若々しさを引き出している。

これは、ぐつとろうたけた、日本娘のゆかしさを匂わせるような装い。

左は、どつしりと厚い白地綸子の振袖。
松・竹・梅を始め、菊・橘・もみじ等々の日本的な花々を、御所車や薬玉などにあしらつて、それ〴〵が様々な美しい色どりで染め出され、又刺繍をほどこした豪華なもの。
帯は〟朱の繻子地に金で桐の模様を織り出したもの。
これは、日本娘の伝統の優しさを匂わせるような、ペギーさんの晴れ姿。

彼はたれ？

「無冠の帝王」と呼ばれる新聞記者が彼の職業である。その名を全国に知られた産業経済新聞社記者として一年余、そして現在はそのグラフ誌を活躍の舞台として、今や東京狭しと駆け廻る彼である

昭和三年五月五日生れ、若冠二十六才の彼は、慶応大学・仏文学部卒業後、同大学院に一年在籍して、産経入社は二十八年一月の事貿易商の一人息子として、嘗ては掌中の珠扱いにされた彼が、現在、社会の荒波に真正面にぶつかつて、倘挫けないほどの転身ぶりを見せたのは、終戦による社会の変動、或いは又、父親の死等の環境の急変が、彼に与えた試練をより強く乗り越えた結果だつた。

母一人、子一人の生活で、母が彼に教壇生活を望んだ結果、せめてもの親孝行と大学院に暫らく籍を置いたのも意味ある事だが、遂には、若い彼の情熱が、男らしい仕事として誰しも魅力を抱くこの職場に、狭き門をくゞぐる冒険を敢てして、現在の記者生活に飛び込ませたのである。

磨ぎすまされたシャープな感覚、現代的な理智のひらめき、併せて、エネルギッシュな行動性は、彼をして新聞記者たらしめる適性の最大のものであろう。

彼の唯一の理解者であり、先輩でもある、編集長鈴木康之氏は「金の鎚を穿いても探り当てられない人物」と彼の才能を買い、「我が社のホープさんとは夙くも云つた」と、彼に対する期待はなか〳〵大きいようだ。そして彼自身も又、氏の言を裏切るまじく、我と我が身を酷使して連日連夜奮斗を続けている。

新聞記者特有のあの風貌で、両手をオーバーに突つ込み、ハンチングを横つちよに冠つて凛々たる外見ながら、裡には、燃える様な情熱を抱いて、連日仕事に気を吐いている彼である。

以下、多忙極まりない彼の生活を写真で追つてみよう。

文筆の冴え——記者生活の底流をなすものは、矢張り文筆活動である。社会のニュースをものし、流行を分析し、俳優と接渉する外部活動も、それが彼の筆にならない限り一顧の価値も無くなるのである。彼の文才はそれが為に愈々冴え、花形記者の名に背かないものがある。

多忙——それは彼の生活の凡てである。眼の廻るような慌しさ。見渡したところ、新聞社内の風景が正しくそれを代言しているようでもある。棚と云う棚、壁と云う壁、山積した原稿の中に埋もれつゝ、彼の明晢な頭悩はよくそれを、テキパキと処理して行くのである。

撮影——彼の仕事の中で撮影は重大な要素である。カメラマンを従えて目的地へ。先ず打合わせ。彼の頭にはかのグラフ三十頁の割振りが常に去来する。より新しいニュースを、より効果的に……慎重な彼の意図に、カメラマンも真剣な表情で、彼と一体になつて働いてくれる。

交渉——大映多摩川の撮影所で、今日は若尾文子にモデル交渉である。丁度、所内のセットに入つている待時間を摑えて……。「どうですか、此の企画」彼の交渉は堂に入つたもの。相手の気を外らせない。多忙なる俳優相手に、口説き落すのにも、なかなか骨が折れるようだ。

編集会議——全国書店に罷り通る「サンケイグラフ」の名企画は、実に此の場の、此等の面々の意気投合した雰囲気から生れ出る。鈴木編集長（右手前）の下、選ばれたる才子諸氏の議論は百出して尽きる所を知らない。彼のグラフに寄せる迸る様な情熱も伺えそうな気がする。

完成！　粒々辛苦の彼の努力は此の瞬間に遂に決つた。幾日も経ずして店頭に光彩を放つであろうグラフ誌を手にして、彼の表情は全く輝いている。「出来上つた！」感激と安堵の入り混つた複雑なつぶやきが……。彼の脳裏にこの時各頁にこめられた色々の思い出が湧いてくる。

校正——大日本印刷所の二階、第二校正室の奥まつた一室で、校正は深更二時、週に一冊の割りで、七日間勝負の彼の仕事は、正しく戦争のような忙しさだ。ゲラ刷りを前にして文字の誤り、写真の鮮明さなどを校正して、全神経を集中した徹夜勤めは、普通に想像出来ないもの。

写真ネガ選び——撮影は首尾よく終つた。斯くして三十頁の写真を揃え、ネガを選んで印刷所へ……。時刻は既に夜半過ぎ。カメラ君の腕は確かかな。　彼自身写真技術は確かなのだから批判は辛辣だ。慎重な打合せが、ここに素晴らしい効果を挙げ得たか、どうか？……

駅頭で——可なり遅い出勤の駅頭、彼は果して何を考える？。今日の仕事のあれこれを、早くも順を追つて予定を立てる彼である。社で待つものは山積した仕事ばかり中には困難なものもあろう。スムースなものもあろう。それを処理する腹案は既に此の瞬間に出来ているのだ。

帰宅——重役は車で御帰館……と云えばとんでもない云い草。早くも始発電車があろうと云う時刻に仕事を切り上げた彼に、一日の労苦を労つて会社が出してくれる車なのだ。強靱な意志力を以てしても、その労苦には身体が先ず参る。明け方の帰宅はもう毎日の習慣なのだ。

静寂の一刻——ガラン洞の編集室に只一人ポツネンと坐る彼。一日の仕事を終つて、始めて自分に還る開放の一刻と云うべきか。仕事、仕事と自分を酷使して、後に残る虚脱感。いやいや明日への希望をジッと噛みしめている姿なのだろう。此の間にも深々と夜は更けて行く。

人ごこち——夕食後の一人歩き。都心に居ながら幾久しく銀座にも足ぶみしなかつたことか。今宵街の巷に常人を粧つて出てはみたが……やはり銀座はきれいだね。ショウウンドの前にフト魅せられて足をとめる。だがギンブラはギンブラらしく眺めやつて一人歩きの宵としたい。

憩い——「ねえ、青ちやん、あの話しどうなつた？」と、青ちやんこと青野治衛氏に問いかける彼の表情には、何か楽しそうなものが見受けられる。何れ仕事の上の滑稽譚に花を咲かせているのだろうが、ここアートコーヒー店は彼等の溜り場であり、息抜きの場所でもある。

さゝやかな小宴——仕事も終つて偶にはゆつくりしようじやないか。飲める彼ではないが、何日ぶりであろう、此の開放感をジックリ味わえるのは。仕事を離れて腹の底からしみじみと、自分をいとおしむ今宵。御馳走も何も要らない。お得意の三味線もついには出そうなものだ。

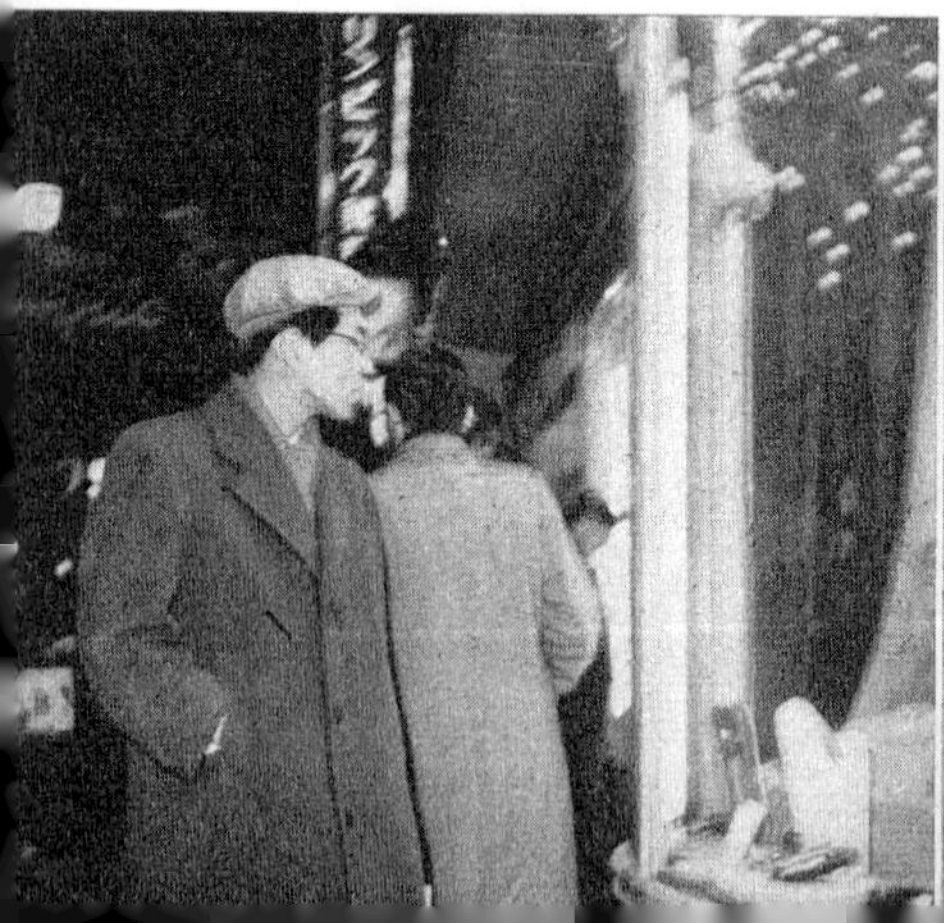

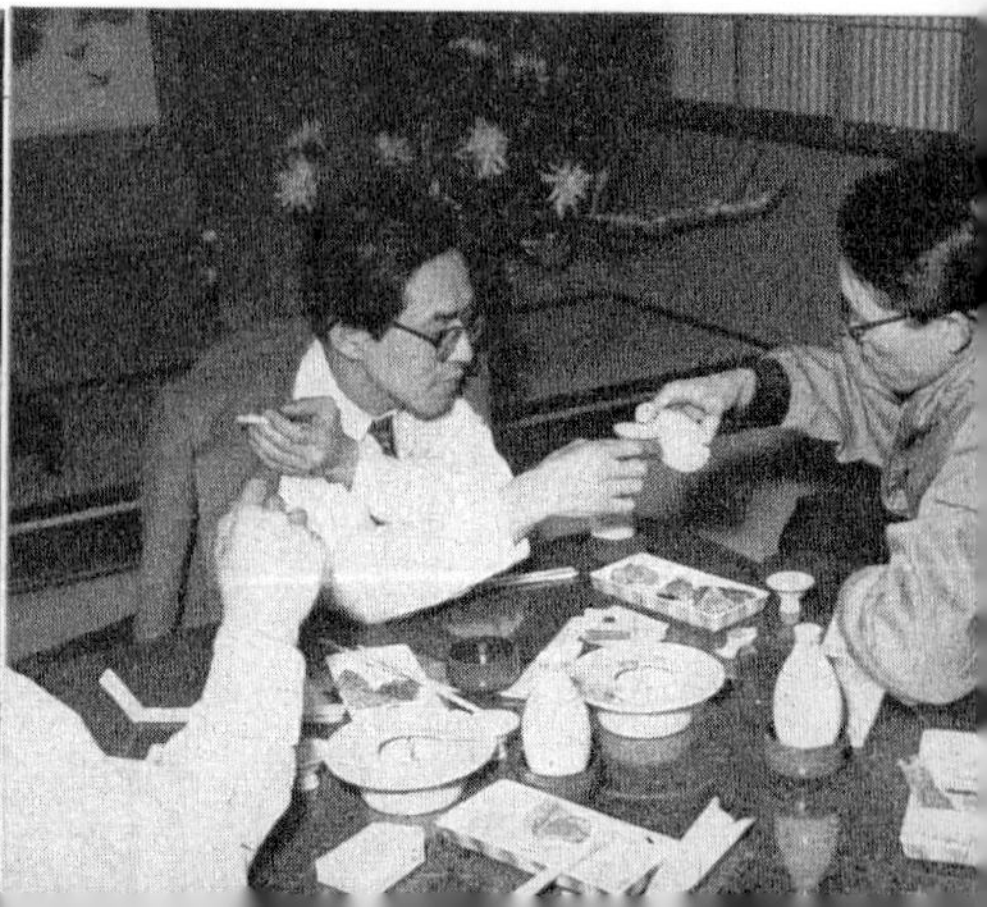

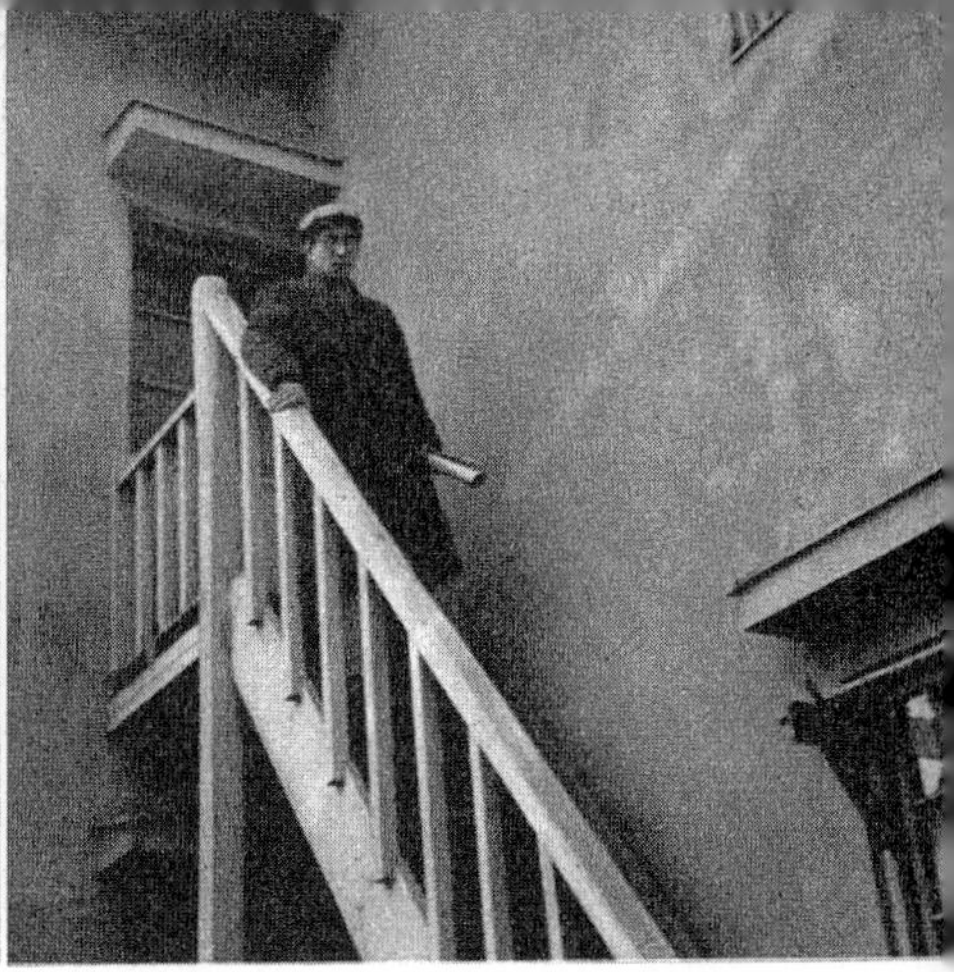

猫を相手に——偶に得た憩の時は、陽あたりの良い窓際に猫を相手に遊ぶ。勿論、此の様な時間がそうある訳ではない。時偶、抱かれた猫こそ不審な面持ちで他人行儀を装つて馴ついて来ないとは……やはり、これも忙しい彼が家庭での生活の時間が少いための結果なのだ。

メロディーを——朝食後の一刻、出かけようとする彼の耳に、フト静かなメロディーが……彼はダイヤルをちよいと廻して聞き入つてしまう。あわたゞしい生活に明け暮れる中に折をみて機にふれ、音楽だけは彼の生活から抹殺する事は出来ない。ピアノをも引きこなす彼なのだ。

出勤——生活は簡便なアパートで。殆ど、家に席の温たまらない彼は、明け方の三時か四時頃帰つては、又朝張切つて飛び出して行くあわたゞしさだ。睡眠時間は勿論不足。でも彼を支えるのに激しい仕事への情熱があり、不屈の斗志を彼にかき立てるのである。不死身の彼だ。

前途有望なる新聞記者の生活の身辺は、此等の限られた写真を以てしては写し出せない程の多忙さで、余りにも広範な活躍の分野を持つている。「書いた、のつた、忘れた」誰かゞ云つた新聞記者の索漠たる生活の中で、毎日彼はニュースを追つかけて身を削る。だが、それらのニュースも夫婦になれない心中やら、生活苦やら、相も変らぬ孛然たる人生の黄昏ばかり、そして、そのニュースの一つ一つに浮び出て来る人々に対して、個人的な関心なり、シンパシテイ（同情）すら抱けない新聞記者の悲しい習癖なのだ。その職業病とも云えるものにともすれば懐疑的なものをすら覚えつゝ、彼の生活の蔭には貴重な人生体験と言う深い年輪の数が増して行つたようである。だが、それでいて、彼の生活には荒んだ暗い蔭は微塵もない。明るい雰囲気は何時も彼の身辺を包み、その肌合いにある人間味を知らされるようだ。かの鈴木編集長は、彼についてこうも云う。

「彼はその生活の中でも意志強固、正義感の強い事では他の追随を許さぬ人間で、血もあれば涙もある。行くべきは行き、退くべきは退く、社会悪への開眼は彼の為めに大きな収獲となろう」と。好漢彼の前途は洋々たるものがある。その名は前島俊一郎。銘記してその前途を祝したい。

読書——彼の読書癖は大学時代から、特に西洋文学を専攻して並々ならぬ学識を持つている。大学院へ進んだのも彼の活動性の反面、ジツクリ取組む学究肌のところもある様に思う。サンケイグラフの圧巻、フォートストーリーも彼の手になるもので、彼の学識の深さの証明だ。

朝食——母一人、子一人の彼の家庭だが母子揃つて食べる食事は僅かに朝の此の時ばかり。味けない母子よ、不孝者よと口漏らす彼ではあるが、母上こそ不規則な彼の為に、生活を合わせる苦労は一通りではあるまい。この母に見守られて、心置きなく活動出来る彼は幸福な身上。

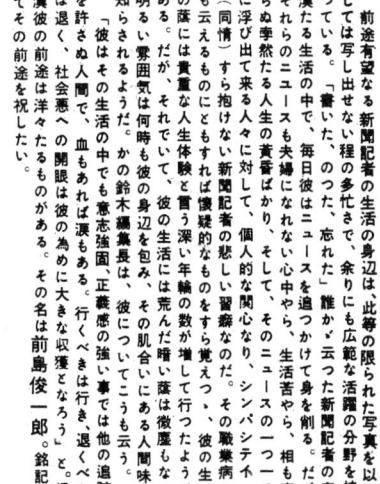

彼はたれ？

彼はエンジニアである。彼は、父君が経営されるタイプライター事務用品工場の技術面を擔当している。

昭和廿七年慶応大学を卒業後すぐ父君の会社に入られたのだ。

大学時代は文学部心理学科に籍をおいておられた。

エンジニアとして立たれたのは卒業後の事である。

実務にたずさわり、先輩の教えを受け、たゆまぬ日頃の努力で、此三年間にすっかり技術方面の仕事をマスターされたのは、真剣な努力のたまものだろう。

大学時代心理学を専攻されたと云うのは、一寸考えると専門違いのようだが、将来父上の会社を継がれた時に、経営者として、経営心理とか、上に立つ身として知っておくべき事が多く、深慮遠望のたまものだつたかも知れない。

昭和五年九月十三日生れの彼は二四才。少年の様に気軽でたくまない身のこなしの中に、技術者らしい鋭い神経のひらめきが感じられる。

写真上は御両親祖母、弟、妹に囲まれてくつろぐ彼（中央）三匹の素適な愛犬達が、すつかり家族の一員になりすました春の日の愉しい団欒の一駒だつた。

広い畠に囲まれた立派な蒲田の工場に続いて、従業員の社宅がある。

社長宅も、一般の従業員の社宅とおなじ家に住んでいられるのも奥床しい。

自由平等をモットーとされるこの工場のシステムから、よくあり勝な社長一家といつた贅沢さなどはみじんも感じられない。

彼の第一印象である明るさは、清楚で健全なその生活から来ているのだろう。

そんな彼の生活を、写真で紹介する事にしよう

毎朝八時から仕事時間に入る。広い工場は一勢に活動し始め、父、今日一日彼の多忙な、しかし、張りのある生活がスタートするわけだ。作業服に着かえ、最近出来上つた最新の電信機の験査をする彼の真剣な眼差しは、電信機改造に取組む素晴らしい野心と希望がうかがえる。

工場と営業との打合せは一週間に一回おこなわれる。今日が丁度その打合せ日に当つて居り、係員の説明にいちいち熱心に合槌を打つ彼の表情は鋭い程真剣だ。製品の価値評価がこの会議から打ち出されるように、彼の将来、即ち彼の工場の将来もこの会議にかゝつている。

初めて、我国にタイプの工場を建設された祖父の代から務めている老練な技術者が、此の工場には何人もいる。実際のものを見、こうした先輩の人達から細々とした説明を聞き、研究されるわけであるから、彼のエンジニアとしての向上心はいよいよ昂まるわけである。

工場の横には広く清潔な倉庫があり、おびたゞしい数の機械類が何千となく並んでいる。機械は組立てに一つの針の違いでもくるいがくる。こうして、自分自身の手で機械を揃えればこそ、出来上つた機械のくるいが一目でわかるし、機械の改造も容易に出来るわけである。

戦火をまぬがれたこの工場には、戦前からの優秀なドイツ製アメリカ製の機械が並んでいるので、小人数の熟練工が要所々々に配置されているだけで面白いように能率が上る。未来の工場主である彼も、こゝでは一介の工員と変りなく実務を習得する為に要所につくのである。

仕事の昼休みの一時。工場の人達とスポーツを愉しまれる。大学時代・テニス・ピンポンは選手程の腕前で活躍されていた。スキー・スケートとスポーツはなんでもすらつと伸びたその姿や明朗な彼の考え方はスポーツマンシップからくる所なのだろう。

器用で熱心家の彼は、自動車工にも早変りする。会社の車の修理は彼の一手販売と云つた処。彼の趣味の中には自動車も入つている様だ。「少し金持ちになつたら、モーリスを買いたいですね。」と笑う彼、無論車の運転もされるし、たまには、社の運転手に刈り出される。

精密な部分品や図面は厳密な復写機で復写される。この仕事は彼の大切な持場である。復写されたものから、改訂され、研究され、新しい機械を生み出す。この物を生み出す事は彼の技術者としての生活に一番の幸福感を感じさせる事だろう。研究のみの此の工場の中で彼はたくましく生活している。

銀ぶら、しかしぶらぶらと歩くひまは、今の所彼にはない。めまぐるしい都会の活動の中で彼の毎日もめまぐるしく暮れて行く。得意先廻りのついでに銀座を歩く時、魅力あるウイドウの飾りつけからが、或は青い柳の芽で季節を知つたりする彼であるか。

工場の庭の鉄柱には、我国のあらゆる電信電話を利用するための無数の鉄線が引かれている。この修理と云う事も彼等の大変大切な仕事である。工場のお休みの時など、高い鉄柱に登り彼が修理する。大空の元ではるか下界を見下す様な広々とした場所の彼は、洋々たる将来を意味する様に力強く見える。

毎年一回工場祭が行われる。日頃世話になつている鉄や木や塗料を祭るわけである。そうした物の残り物を取つて置き、その日に、自分達の手で御輿を作り工場内をかつぎ廻る。見事な細工で出来上つた御輿をかつぐ彼は、まつたく理屈もなく少年の様に愉しそうだ。

和服の胸をくずされた事のない母上の為に、彼のきまつたプレゼントの中に足袋がある。銀座のやまとやで足袋を買う。彼の姿には、たゞ親孝行というよりも、未来の家庭人としての素質が仄見えていて、見るからに微笑ましい、やさしい心情が溢れている。

写真は、彼の数多い趣味のうちの忘れる事の出来ない腕前は確かなもの。仕事の宣伝写真などもほとんど彼の作品だという。晴天の休日など御両親妹さん弟さん愛犬達は彼の写真のモデルにされる。こんな休日の彼は、良き平和な家庭のリーダーとして皆から愛されている。

銀座通りに面した営業部のビルに彼は毎週一回出掛けていく、得意先廻り、新器械の説明など、工場側を代表して表われるわけである。技術者としての誇りを持つ彼が、てきぱきとスピーディーに仕事を整理する様子は掛値なしに清々しい魅力があると云つても良いだろう。

残業も終り帰宅する頃はもう燈のともるころだ。目と鼻の先の住いなので、ギリギリまで仂かれる。食事の後のなごやかな一時。学生時代から親しまれていたギターも、今は相当な腕である。
静かに流れるギターの調べが柔かく、若人のメランコリックな胸にしみる。

たくまない身のこなしの中に、洒落た味を持つた彼のみじまいを整えるのは、彼が少年の頃より作りつけている麻布にある石川さんのお店である。「お坊ちゃんは大変渋いものがお好きなんですが、多分落着いた御気性だからでしようネ。」と云う言葉の通り、いや味の少しもないスマートないで立ちだ。

銀座で毎週水曜日六時から、マドリガルグループの合唱の集りがある。父上がケンブリッヂ時代から初めて居られたグループで彼もその一員であり、父、父上の良きアシスタントとして会の為盡くされている。二十人余のこの会は本当に気持の良い集いだ。ワグネル時代からのバスが気持良くひびいてきた。

ここに紹介した本当の意味で都会の青年と云える彼は誰だろうか。

銀座六丁目にある我国電信機の創始者と云われる黒沢商店の後継者であり、その方面で将来を嘱望されているエンジニアである。

彼の素直な心はこの名誉を笠に着る事なく、着実に仕事にはげまれている。

「アメリカで実際の勉強をしたい。僕のモットーは学ぶと云う事」とその抱負を語つた。

結婚感。自分自身がある程度まで出来上るまでは……。と言葉をにごされていたが、現在の彼は立派に一個の技術者として独立して進んで居られるようだ。そんな謙譲な彼の心にも若人の夢はあるらしく――、

「僕が尊敬出来る所を持つた人。それは一ケ所だけでいゝのです。素適だと思える人、そんな女性が表われたら」と、明るく微笑された。希望を持ち、野心を持ち、そして健康な身体の持主である。

彼の名をここに名記しよう。

黒沢宏　彼の将来を祝して止まない。

週に一回夕方から、彼の家で愉しい音楽会が開かれる。父上が外遊中買い求められたチエンバロやレコーダーで、十五世期を彷彿とさせる麗わしい音楽が演奏される。宮廷舞曲など浪慢派時代の音楽にも彼は大変造詣が深い。レコーダーは父上に習われ素晴しい腕前である。

銀座裏通りのピルゼン。彼は煙草は喫わないがビールならたしなむ。一日の仕事の後、大学時代の友人とふらつと現われるのはこの店である。こんな時には、陽気な彼の性質が現われ友人間で活潑な意見が交換される。
気持の良い友人の多いのも彼の素直な性質の現われであろうか。

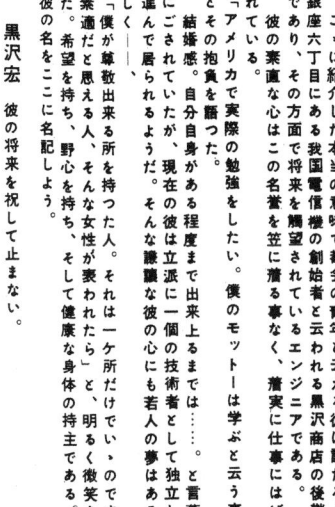

小さいいたずらつ子たち

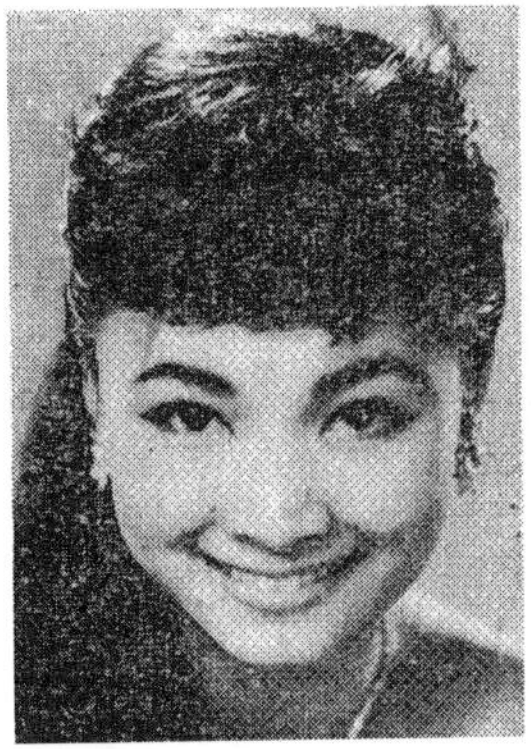

雪村いづみ

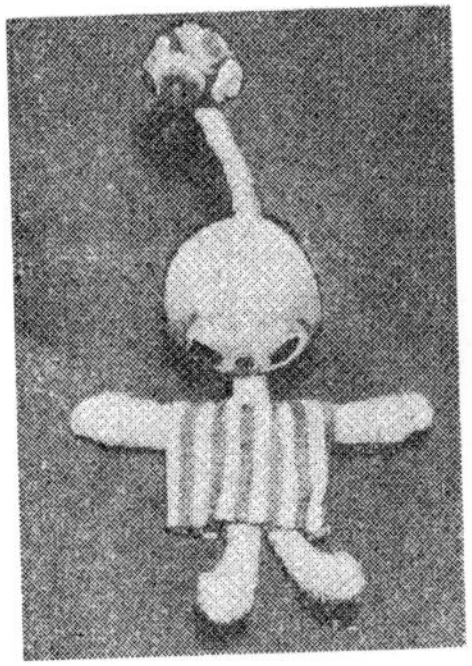

「ムーン・ライト・チヤペル」を唄ういづみちやんの歌声は、いよいよ女性らしさを加えて、あのローレライのような長い髪と共に、私たちの心をひきつけずにはおかないものです。

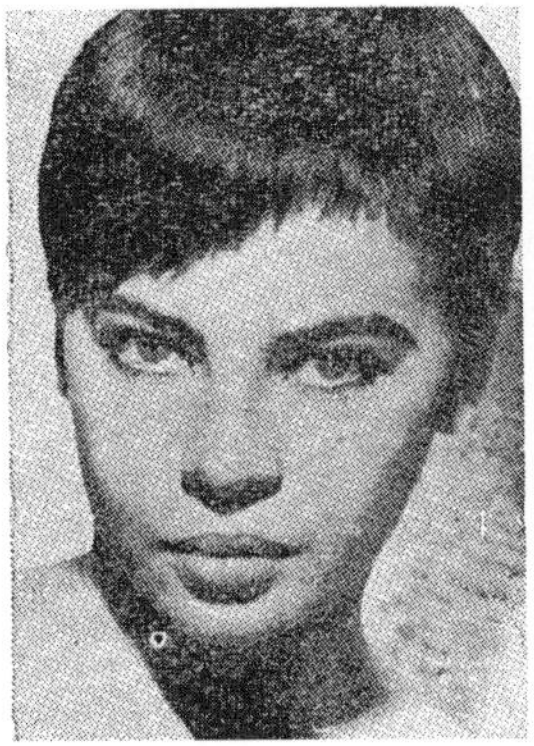

レスリー・キヤロン

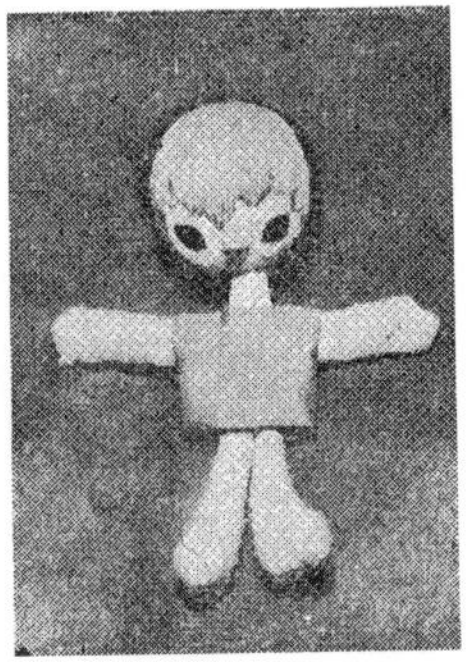

「リリー」で素晴らしい個性を見せたバレリーナ。妖精のキヤロンはいつも髪を変化させています。上の写真は一番新しい髪、最新作「ガラスのスリッパー」のレインボーヘアー。

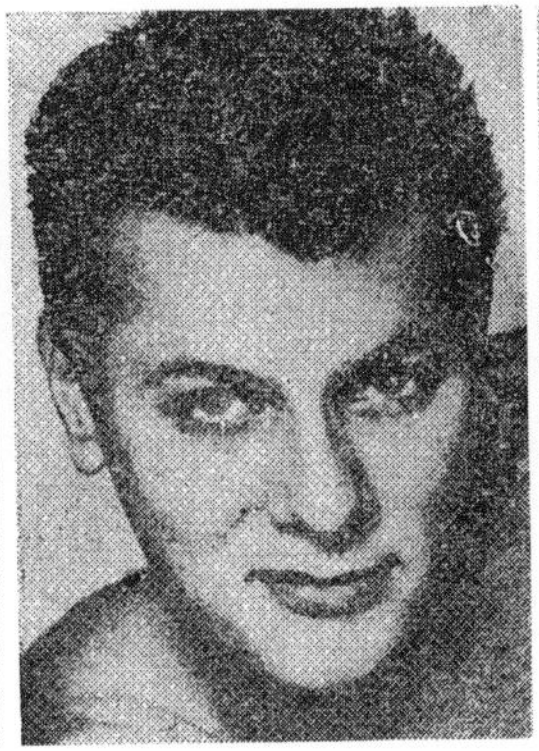

トニイ・カーチス

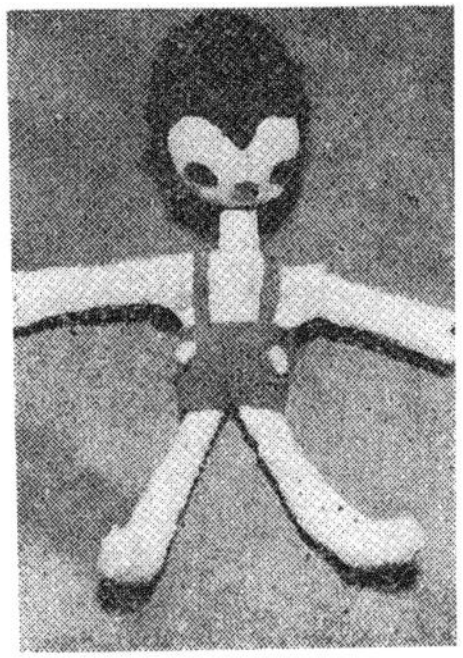

赤と黒の大きなチエックのシャツを着て、いつもブルージーンのパンツをはいて、うるんだ様な瞳と叱られた時の少年の様な声を持つてるハリウッドのプリンス・チャーミーング。

マギイ・マクナマラ

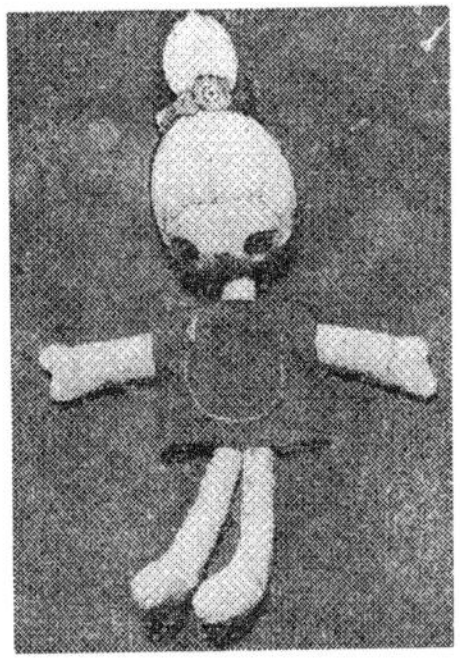

「月蒼くして」で、ポニイテイルしていたマクナマラは、ビルの谷間のフエアリ。

バンビみたいにキヨトンとした瞳はなんにも知らないみたいで、オール知つてる、ちやつかりやさん。

マリリン・モンロー

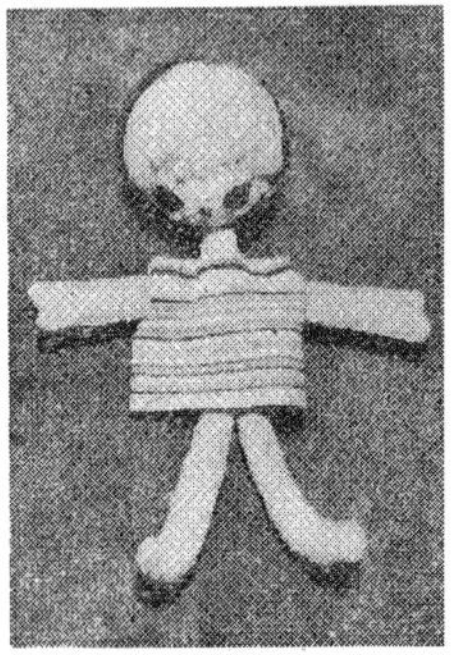

「百万長者と結婚する方法」で、今までと違う、コミックな味を持つて現われた時は、まさに驚きと喜びでした。ねむそうな目と形の良い唇が、印象的なピンクの女性

肌の布は兄さんや弟達がき古たした夏の白いズボン布地や地厚い木綿、パパの冬の毛の下着などがかえつて面白味を出します。

下のパターンは実物大ですが、全体に小さくしたり大きくしたりして、五人のスターにとらわれずに作つてみて下さい。

★

ミシンをかける時、布の上に切抜いたパターンを軽く糊附けしておいて、その脇をミシンがけすると形良く縫えます。

作り方

1　顔の布のふちを木綿糸二本取りで縫います。
2　綿をまるくかためて布につめ、縫いしめ、綿がはみ出ないようにしまつします。
3　ボディの布を抜い、裏返し、綿をつめてからまつる。
4　ボディに顔をぐら〱しない様、糸目を見せない様しつかりとめつけます。
5　足と手もボディと同じ。
6　ボディに手と足をしつかり縫いとめます。
7　パンツ布の裾を縫つて身体にまき、後で縫い、とめつけます。
8　服は丈6糎巾5糎くらいの布の裾をまつるか又はミシンがけして肩の部分を2糎のこして両わきを縫つて裏返し肩をまつります。

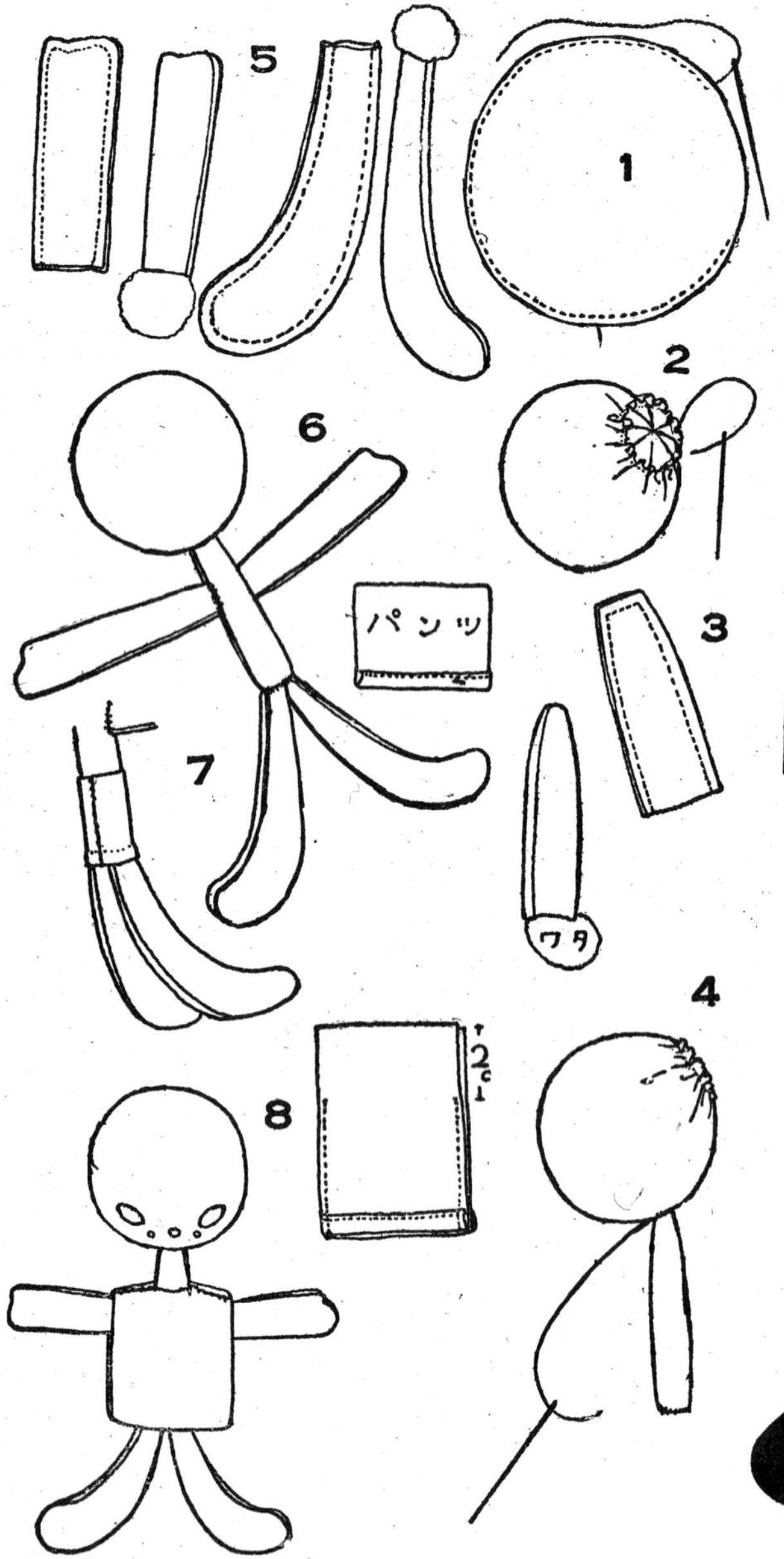

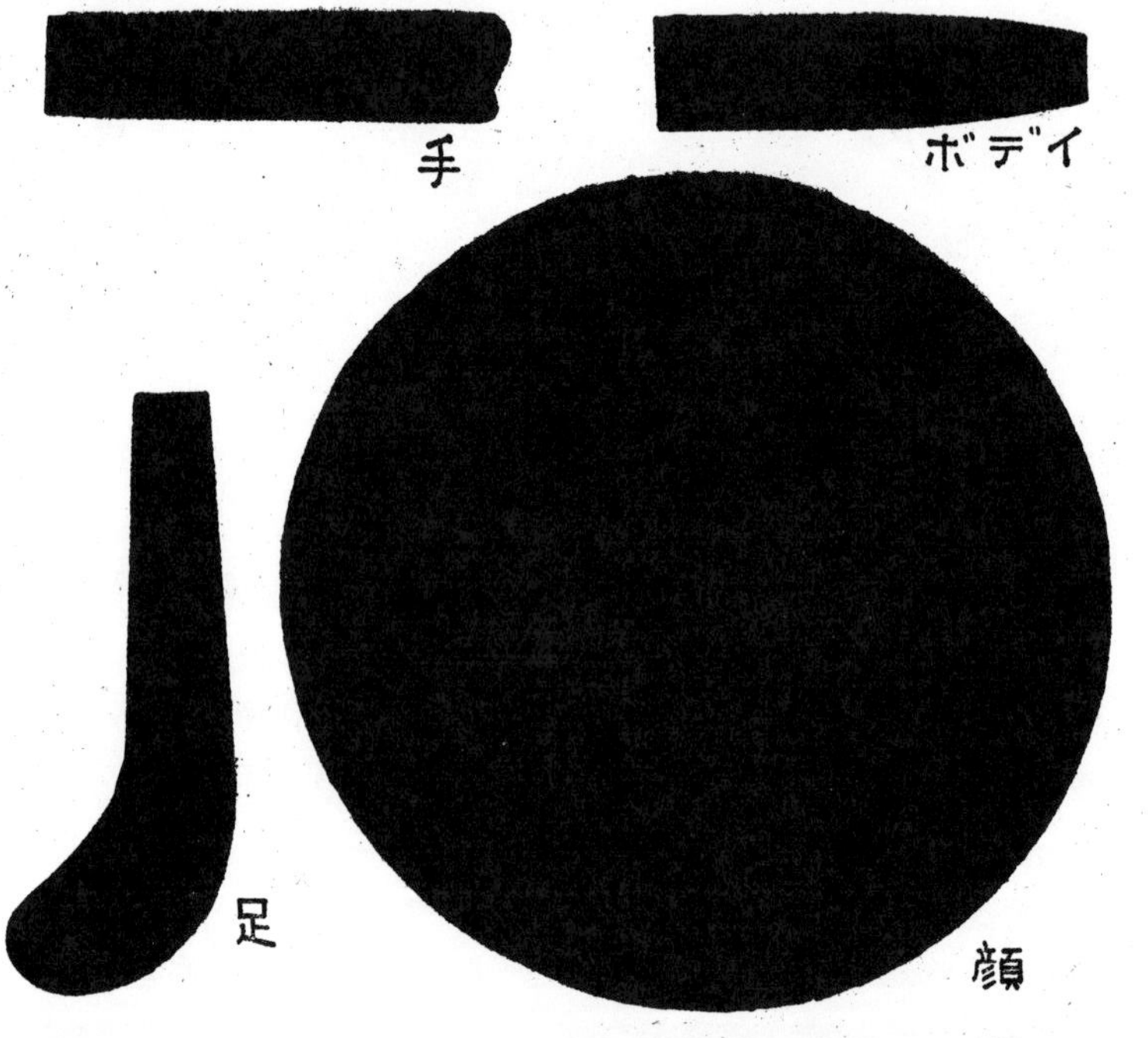

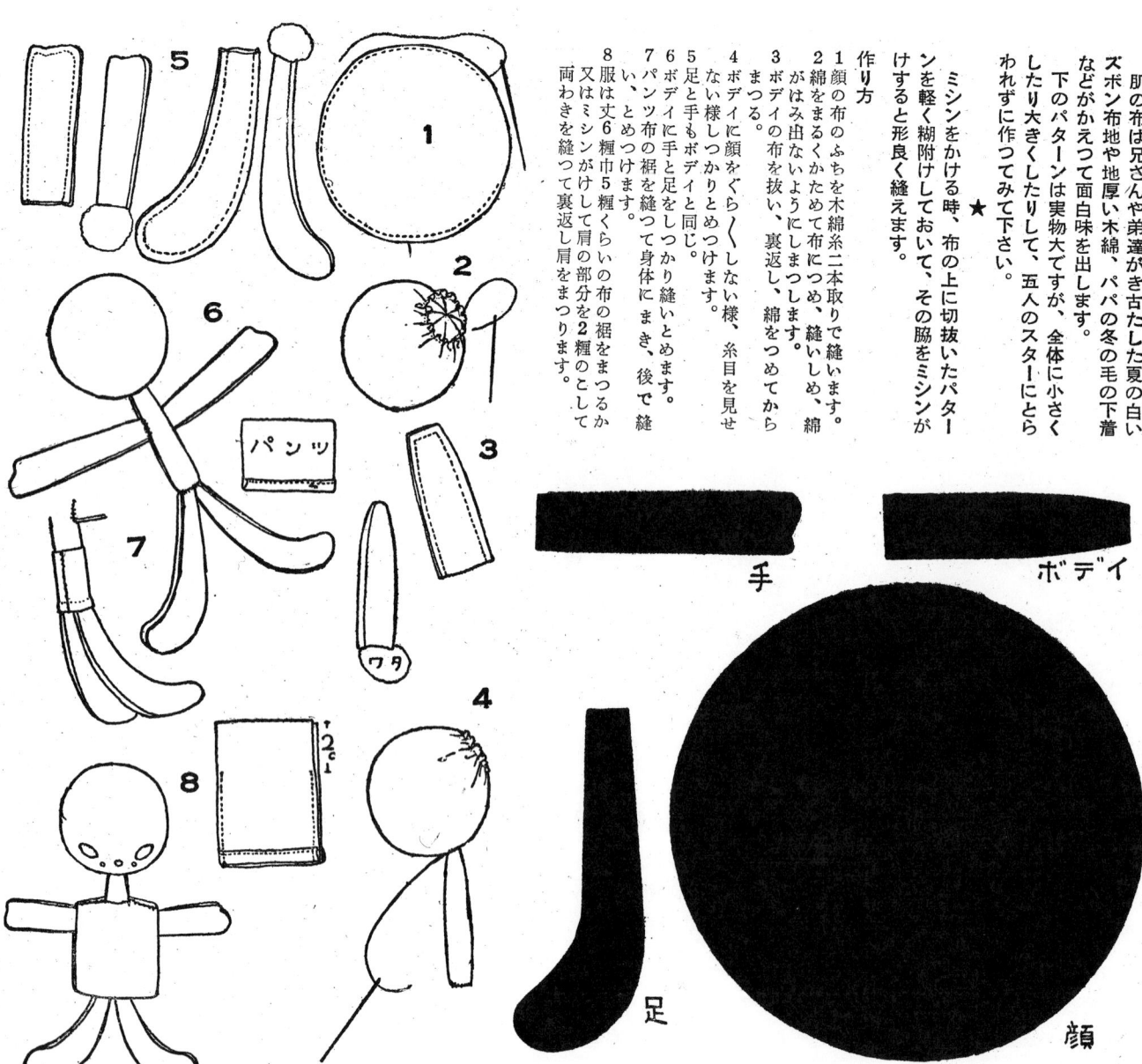

1〜2キャロン・3〜4マクナマラ・567いづみちゃんの髪の毛のはえぎわをきめて頭中心に毛糸二本取りにしてとめつけて行くまでは同じですが、マクナマラは土台ができてから、ポニイテールの部分の毛を四方から6・7回上にすくい上げて頭中心で形良く、配色のよい毛糸で花の中心をとめつけます。

いづみちゃんの場合も大体同じですが毛を長くしてしつかりととめつけておいてから、編んで一番上に花をとめつけます。

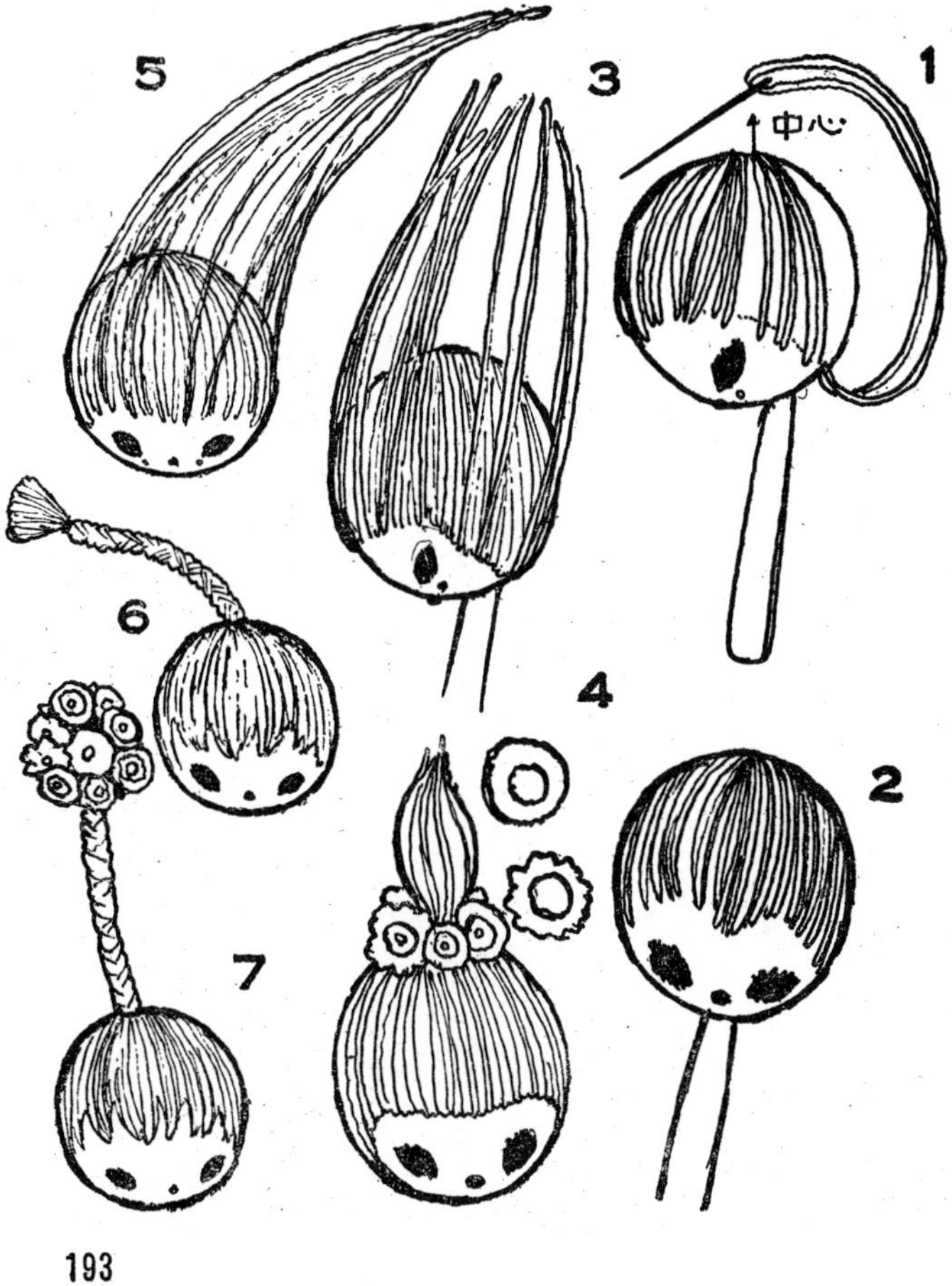

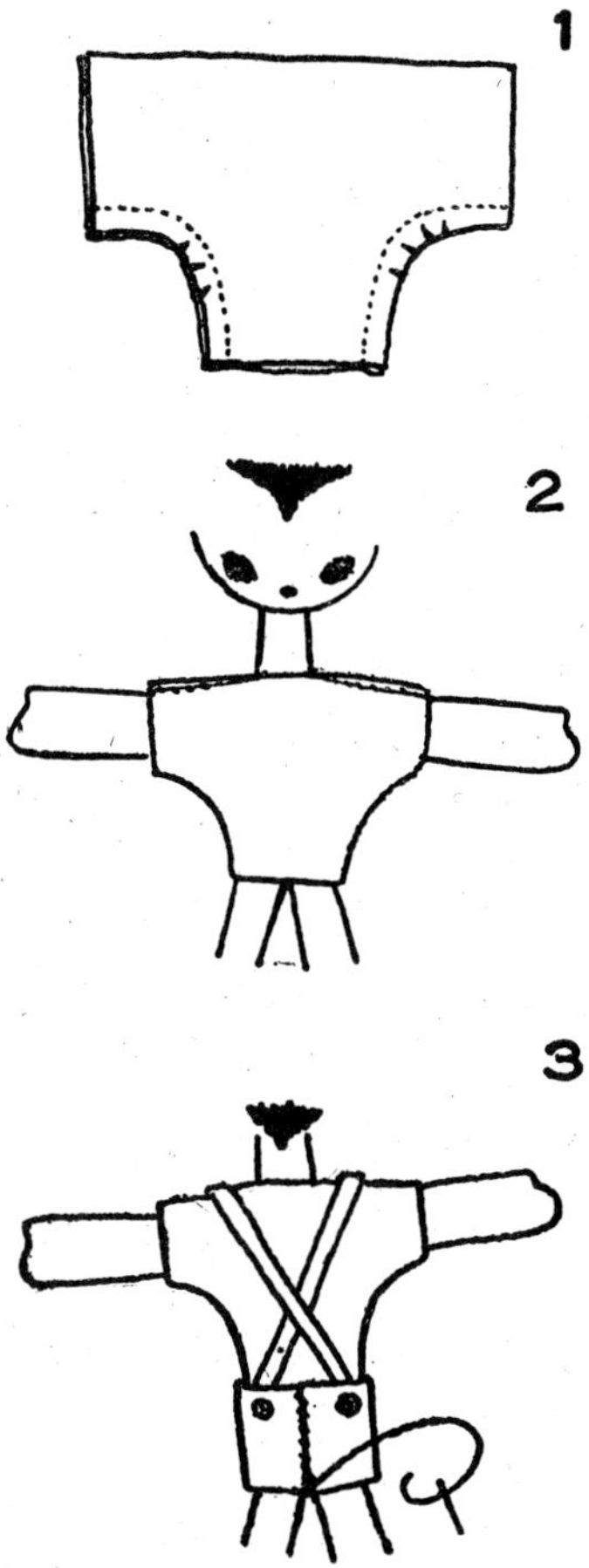

トニイのシャツとパンツ

1 シャツは裏返して脇を縫う。

2 ボディに着せて袖口を内側に折り込んで肩をまつりとめます

3 パンツはフェルトかウールでシャツの上から巻き後でとめつけ股下中心を前後とめつけます。サスペンダーはパンツと同色で後で交互させて毛糸でフレンチナッツしてとめつけます。

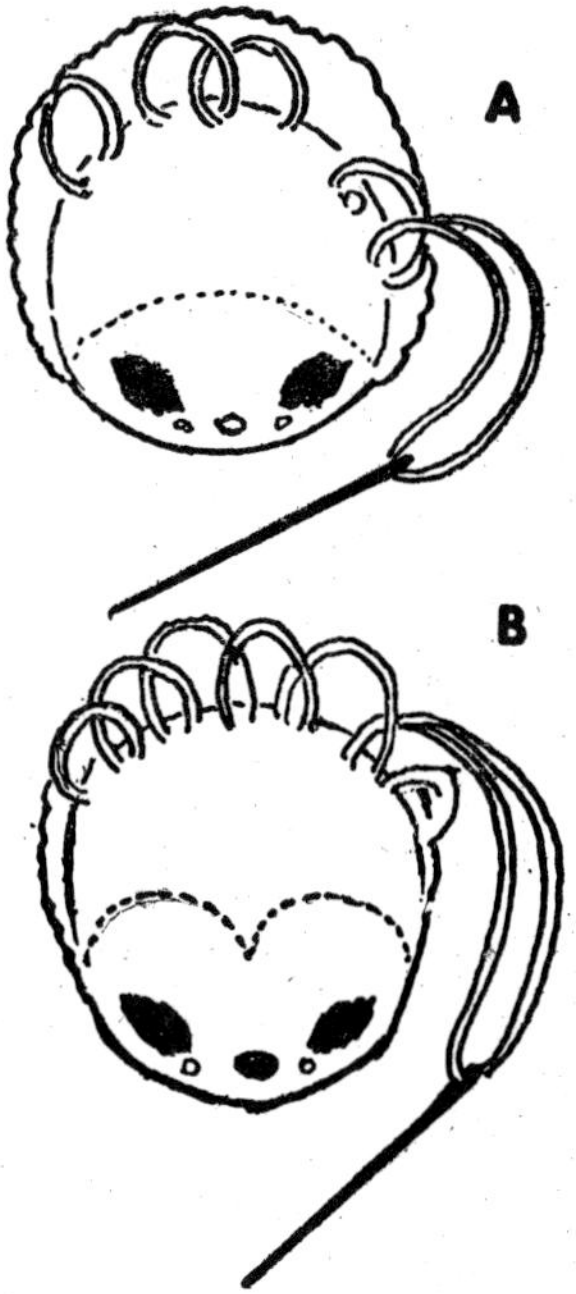

Aモンロウ　Bトニイは、はえぎわをきめてすくいあげた毛糸を、プードルのようにふわふわの感じを出すために、1糎ぐらい浮かせてとめつけて行きます。

目と唇は毛糸でステッチします。ホホの部分に、ピンクの毛糸でステッチします。

服はチエックや縞のハンケチ・グログランのリボン・スカーフなどの布地で作るのも可愛らしい。

美容べからず帖

― 牛山喜久子 ―

ショートヘヤのえりあしは剃らないこと

ショートヘヤは女性の男性化を意味してはいません。えりあしの美しさはアメリカでも「キッシヤブル」な線を、といわれているほど、キッスしたくなる女らしさが欲しいのです。えりあしのむ駄毛を、やたらに剃刀でそつてしまわず、毛の流れにそつてピンカールの時止めつけておいて下さい。毛の流れが髪型にとつては大切です。美しいものです。

洗顔には中性石けんを使わないこと

近ごろ、アルカリ性でない石けん、つまり中性石けんが多くなつて、繊維類の洗濯には好都合ですし、髪を洗うにも、パーマのあとによいし、平素も髪を赤くするおそれがなくよく落ちるのでよいのですが、洗顔だけはやめて下さい。

余りにも脂がとれすぎて、顔の肌のようなデリケートなところには向きません。

あどけない顔立には鋭いポアンをつけないこと

額ぎわや耳の辺りに、剱の先きのようなポアンをつける髪がはやつていますが、日本人特有の、ぽちやりとした丸顔のお嬢さんには、余り鋭い感じのポアンはやめましよう。柔らかな感じで量を少くしたポアンなら結構ですが、筆の先きのように尖らせた太いポアンをしかも数多くつけるべからずです。桃太郎さんが力みかえつているようですね。

就寝前にはアストリンゼントをつけないこと

脂性の肌の方が、就寝前、クレンジングのベタつく感じをきらつて、アストリンゼントを使いたがることはやめましょう。又、ねる時、必ずもう一と石けん洗顔をじてさつぱりしないと寝られぬ習慣の方もありましよう。石けん洗顔、結構ですから、アストで肌をととのえないで、乳液とかその他の、スキントニックにして、肌を自由にやすめることです。

オリーブ油を塗つただけで歩かないこと

素肌の美しい人が白粉を忘れて外出されるのはなか〱スマートなものです。口紅もつけて一度拭いてわずか赤みを残すなど、若い人のみに楽しい試みですが、肌を保護する意味でオリーブ油だけ薄く塗つて日光に当りますと、油やけします。オリーブ油は塗つてよいから、必ずその上に白粉を少しでもたゝくこと、乳液を使えば白粉なしでも大丈夫です。

若い人はほゝ紅を使わないこと

七五三の子供のお化粧なら別のこと、青春を誇る年ごろの方は、ほゝ紅など忘れておしまいなさい。不健康な、顔色の悪い方の場合でも、このごろのように、ピンク系のオークルでお化粧をして顔色の悪くなる人はありません。ほゝ紅をさすと若造りをしたがる中年婦人みたいです。むしろなるべく赤みを隠す方が、如何にも思慮深い理智が匂います。

大きな髪型にしないこと

八頭身は望めなくとも、七頭身は是非欲しいもの。頭を出来るだけ小さくすることで、かなり近づけることが出来るのです。フランスでは「プチテート」といつて、小さな頭にすることを提唱しています。背が高くて頭が小さくてさえそうなのです。長さよりまず髪を少なくそぐことを考えましよう。そして小さく、小さくまとめるということを。

流行の髪型を鵜呑みにしないこと

日本くらい、ヘップバーンスタイルやイタリアンボーイそのものズバリともいえる髪型が、三々五々街頭を歩いている国はないそうです。流行の髪というと、無批判にそのまゝ呑みこむ傾向があるようです。

　殊に近頃の流行の髪型には、充分個性を生かせる融通性があつて、十人が十人、皆同じに見えないところがミソなのですが。

目張りは下瞼にしないこと

眉鉛筆を細くして、上瞼に目張りを描き、目尻をちよつと上げ加減にして、鏡の中の自分の目がぱつちりしたことに驚き、ついでに下瞼にも細くかいて、得意でいる方があります。これは如何に上手にかいても、下品な目もとになりますからやめましよう。

　たゞし、カラーフイルムで撮影する時のお化粧だけは、これで効果があがるのです。

上唇の技巧はし過ぎないこと

美しいハート形で真紅に口紅をさしているお嬢さん方、余り個性がなさ過ぎます。

　自分の唇から余りかけ離れた丸みは、むしろ噴飯ものです。

　それより一そ、下唇の方にあらゆる技巧は効果的なのです。

　鏡にうつして唇の表情を見て御覧下さい。下唇の方が表情に富んでいます。丸みや窪みが、実に物をいうものです。

眉は長くひき過ぎないこと

眉をつくる時、小鼻から目尻へ直線を引いたと仮定して、その沿線に眉尻をきめる、というお化粧の定義のようなものがあります。それよりは決して長くしてはいけないという、デッドラインだとおぼえて下さい。むしろ眉は短かい方が、目を大きく、しかも魅力的に見せるものです。眉が目を包んでいるような描き方が、一番損なのですから。

螢光灯下では素肌を誇らないこと

若い健康な人の素肌は化粧美にまさるといわれます。事実、若さを誇れる美しさなのですが、よほど色白で、ピンク系の肌をしていない限り、螢光灯の下ではせつかくの美しさもどこへやら、黄色人類である日本人は、残念乍ら、その黄色が黒ずみ、青ずんで、非常に肌を汚なく見せます。必ずピンク系のオークルで立体化粧をすることを忘れずに。

髪の手入れを忘れないこと

ずいぶん当り前な「べからず」ですが、とかく忘れがちなのです。

　朝晩二回のブラッシングを必ずしているでしようか。洗髪の前にブラッシングしているでしようか。オイルシャンプーを月一回はしているでしようか。洗髪のあと、レモンリンスをしているでしようか。

　十人の中、五人が「イエス」と答えられるかどうか？

熱すぎる入浴をしないこと

江戸つ子は熱いお風呂を好むなどゝよくいわれますが、美容上、熱いお湯はいけません。

　勿論、健康上からも感心は出来ないでしようが。丁度四〇度（摂氏）くらいがよいので、それを少しぬるいと感じる方は、今までよりゆつくりお召し下さい。概して熱好きは烏の行水です。ぬるいお湯にゆつくり浸つた方が汚れもよくとれて垢抜けするわけです。

おしやれは長時間でしないこと

頭のよいおしやれは、実に新鮮なものです。あゝでもない、こうでもないと、お化粧に時間をかけ、髪の形にも時間をかけて、さてお召し更えということになると、決してフレッシュには仕上りません。

　眉の描き方、口紅の塗り方等、手ぎわよく短時間で仕上げたものが美しいということをよく〳〵工夫して知ることが出来ます。

台所のメモ

てんぷらの揚げ方

からつとした美味しい揚げものをつくるには先ず油の熱加減に注意する事。鍋一面の泡が消えて煙が出て来た時が煮立ち加減ですが尚塩一つまみを入れてジューッと音を立てれば頃合いです。一度に沢山入れず、材料が油の中で泳ぐ程度にします。

一度に沢山入れると油の温度が急に下つてしまうのでからつと揚がりません。

てんぷらの衣

卵一個にだし汁一合を丼に入れて混ぜ合せ、その中にメリケン粉一合半を、始めに半分入れてあつさりと混ぜ、あとは徐々に粉を加えたらねばりの出ない様に軽くかき混ぜます。白い粉がぶつ〳〵している位が良く、余りかきまぜないのがコツです。

尚精進揚げの衣は、だし汁一合に小麦粉二十匁位を良くまぜて作ります。

美味しい天つゆ

揚げもののつけ汁は、だし一合に上等の醤油三勺、宝味淋三勺(味淋のない時は、醤油五に砂糖三、酒三の割)の割で煮立てると、美味しい天つゆが出来ます。

たゞのお醤油に味の素を加えたりして手をはぶかずに、折角の天ぷらを美味しくたのしく味わつて下さい。この天つゆに大根おろし等を添えて頂きます。

つかれた油

沢山揚げ物をしていると、油が濁つて来てからつと揚らなくなります。そんな時は度々火から下して新しい油を足して使うこと。

又揚物に使つたラード等も別の器にとつておき、次に使う時は、新しいラードを半分位混ぜて使うと、平均に新しい油のように使えます。つかれた油は必ず新しいのを混ぜて使うとつかれを防ぎます。

美味しいおひたし①

菠薐草や小松菜などあくの少い青菜類を茹でる時は、煮たつたお湯に一%位の塩を加え、材料を入れて、蓋をしないで強火でさつと茹でます。そして水に冷さないでなるべくそのまゝ笊にあげて冷ます様にすると、ビタミン分も、味も失わずに美味しいおひたしが頂けます。たゞし、美しい緑色の色彩りが欲しい時は水に冷やさなければなりませんが。

美味しいおひたし②

青菜類は茹でて笊でお湯を切つただけでは茹汁がとれないので更に手で絞る様にしますが、この時俎板の上に並べたら茹汁を絞る前に、適当に庖丁を入れて、次にお醤油をところ〴〵に軽くふりかけてから、多すぎる茹汁と一緒に軽く握つて絞る様にし、食卓に出す前に粉がつを等の調味料をふりかけますとまんべんなくお醤油の味が泌みて大変美味しく頂けます。

お料理用語①

霜降《しもふ》り(魚や鶏肉などに、表面の色が変る程度に熱湯をかける事
たて塩(海水位のからさの塩水のこと)
化粧塩(塩焼きの魚を、見た目をきれいにするために、食べない頭やひれ、尾などに塩を厚くかためてふる。
焼き上つて器に盛りつけた時にそこに固まつた塩がうつすらと白く化粧されたよう)

お料理用語②

骨《ほね》ぬき（小骨の多い魚を食べやすくするために、庖丁目を入れる事）

煮《に》きり（味淋を煮立てて、その中のアルコール分をとり去つたもののこと）

わり下（醤油一、味淋一、だし汁三の割に混ぜて煮たたせたものスキヤキなどの時に、器に入れて添えてあるもの等もこれで、総合されただ調味料の役を果すもの）

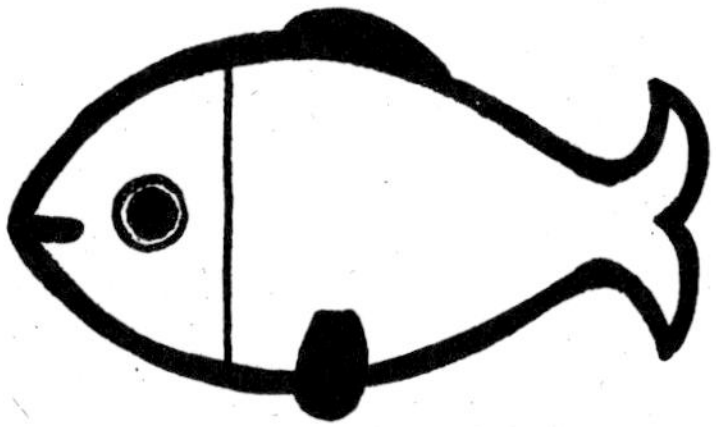

だしのとり方②

煮立つ前に引き上げた昆布や布巾で漉した鰹節は捨ててしまわないで、同じ様にして二番だしを取り煮物などに使います。鰹節も昆布も長く煮ると鰹節くさくなつたり昆布くさくなつたりして本当の美味しいだしはとれません。又煮ないでもそのまゝお湯の中につけつぱなしにして置くと同じ様な結果になりますから、すぐ布巾で漉すか他の器にあけて置く事。

お料理用語③

落《おと》し蓋《ぶた》

野菜その他時間のかゝるものを煮る時、鍋より小さい蓋を落して煮ること。

味がよく泌み、少い煮汁で早く美味しく煮える。

湯煎《ゆせん》

調味料でととのえた材料の入つた小さな鍋や器を、器ごとお湯の入つている鍋に入れて煮る事。お酒の燗もこの方法。

美味しい味噌汁②

家中のものに、丁度今煮立つたばかりの美味しい味噌汁を、と思つても、燃料の都合や食事時の忙しさなどでそううまくは行かないものです。そんな時の為に、都合のよい時にこれであと味噌を入れて味つけをするだけという所まで作つておき、必要な食事の用意が出来てから、お茶のお湯を沸かす様なつもりで味噌を入れて煮立たせる様にしてはどうでしょう。

おいしい清汁

おいしい清汁をつくる一番のコツは、先ずおいしいだし汁をとることですが、味つけをする時には始めに薄く塩味をつけ、煮立つてから下しぎわにお醤油で仕上げをします。

味噌汁の場合と同様に、お醤油を入れてから煮すぎない事がコツで、ぐず〳〵煮すぎると、やはり風味を損ねます。

美味しい味噌汁①

味噌汁を美味しく作る一番のコツは、味噌を入れてから始めにワツと煮立つたところを火から降して頂くこと。こうすればだし等も不要な程です。

それには、味噌を入れてからぐず〳〵煮込まない様に最後に味噌を入れること。

又、一度さましたものを煮返したりしても同様、折角の風味を損ねて了います。

だしのとり方①

お清汁《すまし》などのだしをとるのに昆布を使う場合、昆布は特に汚れが気にならない限りなるべく洗わないで、そのまゝ水に入れて火にかけ、煮立つ直前に引き上げることです。

そして煮立つた所へ鰹節を入れ、そのまゝ少し煮立たせせてから火を止め、また少しおいてから布巾で漉します。

昆布の見分け方

昆布の見分け方は、日にすかして見て黒味があり、青味を帯びていて弾力のある厚いものに限ります。そしてよい香りのするものが良く、うすく茶色がかつていて、二つに折るとポキンと折れる様なのは美味しくありません。

又、かびを生じたものは美味しいだしはとれませんから、風通しのよい日陰に吊してかびを生じさせない事。

飯櫃の手入れ①

御飯を入れるおひつには、塗物や陶器のもの等もありますが、これらは水気が吸収されないために御飯が水つぽくなり、又塗物の臭いが移つたりするので、白木のものが一番よいようです。

又買いたての新しい白木のお櫃は、煮立てた熱いお酢を内面に塗つて、そのまゝ数時間置いておくと臭いが抜けます。

うどんの茹で方①

麺類を茹でる時、一%位の塩を入れて煮立たせた中に、主食用のものは長いまゝを、又料理用に使う時は三糎位に切つて入れます。中火でマカロニは十七分、スパゲッテイは十五分位が頃合でしょう。麺類の美味しさは程よい軟かさが必要ですから気をつける事。時々菜箸で混ぜないと鍋底にくつつきます。笊にとつて水に手早くさらして水を切ります。

茶碗蒸しの蒸し加減

卵豆腐や茶碗蒸などの様に、材料を器に入れ、それを蒸器に入れて蒸すものは、蒸し加減が判りにくいものですが、これは、器の蓋を取つて、細い箸（金櫛でも可）をつき刺してみて、そこから澄んだ汁（清汁）が浮き出して来れば良いのです。まだ材料に火が通つていないと、箸にくずがついて来る上に、その穴からにごつた汁が出て来ます。

飯櫃の手入れ②

おひつを使つたら、全体をよく磨粉で洗い、たがもさびない様によく磨いて日光に当てて乾かします。但し余り乾し過ぎると破れやすくなります。

もし万一その中の御飯が腐つたりした時は、たゞ洗つただけでは臭いがとり切れないで、又腐り易くなりますから、洗つた後、熱湯を通して消毒し、よく乾燥させることです。

ガスの使い方①

まず、先にマッチを擦つてからガスのねじを開いて火をつけること。この時ゴーッと云う音がしたら、反対にガス口から空気が入つて火が吸い込まれているのですから一度消してつけ直す事。又ガスの焔はいつも青紫色にして使うよう。焔が赤い時はよく燃えていないしるしですから、ねじの所の空気穴を調節して焔を青くして使うこと。

裏漉しの手入れ

毛製の裏漉しを洗う時、たわしでこすると網目が寄つて穴が明くので、水を流しながら（水口の下で）布巾でそつと洗う事。又、魚肉類を使つた時は、塩をふりかけて手で丸くこすると取れ易い。

よく洗つたら必ず乾燥させておく事。

たゞし使う時はちよつと水にしめらせると使いよくなります。

うどんの茹で方②

うどん類を茹でる時は、少量の塩を加えると、味が良くなるばかりではなく、うどんがしまつて茹でくずれるような事がありません。

これは、食塩の中に、にがりと呼ばれる塩化マグネシウムが含まれていて、そのマグネシウムイオンは組織を固める作用があるからです。

ガスの使い方②

ガスの火力はその先端（外焔）が一番強いので、鍋や湯沸しの底が丁度火の外側に当るようにねじを調節すること。

ボウ〳〵と焔ばかり大きくして小さなお鍋がその焔の中にかこまれて置かれてあるような使い方はメートル代ばかり上つても効果がなく、大へん不経済なことになります。

ガスの使い方③

お鍋などの底が濡れたまま火にかけると、その水気を乾かす為によけいな熱を使いますからよく拭いて火にかける事。

又、ガス管が破損して、ガスが洩れるのに、その破損の個所が判らない時は、疑問に思う所に石鹸液を塗つて見ると泡が立つので判ります。応急の措置としてはゴム絆創膏かゴムテープを固く巻いておく。

経済的なお鍋の大きさ

少しばかりの煮物をするのに大きな鍋を使うと、その鍋をあたゝめるだけにも無駄な熱量を使うことになります。

又、火口よりも小さい鍋をつかうことも、鍋のまわりから、無駄なガス火が燃えて逃げてゆくわけですから、不経済なことです。又同様な理由で鍋の底は丸いものより平に近い形の方が経済的でしよう。

ガスコンロの手入れ

煮物をする時はよく注意して煮こぼれない様にする事。もしガスコンロに煮こぼれた時はすぐ洗つて取り去るように。そのまゝ置くと器具が腐蝕してしまいます。そして金属製のものは油布で拭いておきます。

煮こぼれてふさがつた火穴は、錐等であけ、いつも最もよい条件で、ガス火を利用するようにしましよう。

ビフテキの焼き方①

ビフテキにする肉はなるべく叩かず（叩くと肉の組織が破れて折角の旨い味が流れ出て了う）片面に色がついたら裏返して少し火を弱めます。（良い肉は五・六分で焼ける）切つてうつすらと血の滲む程度が美味しいとされていますがこれは牛肉の場合だけ。焼き上つた所に塩胡椒をして熱いところを進めます。時間が経つと水分が流れ出てまずくなります。

フライパンで炒めるとき

フライパンでものを炒める時はなるべく底の厚いものを使う事。

底が薄いと、火力が近すぎて、周囲ばかり焼けて中まで火が通らなかつたりします。

又、余り火が強過ぎても、同じ様に中まで火が通らない中にまわりが焦げますから、初めだけ強くあとは適当に弱めて、青い煙が立つか立たないかの程度で炒めます。

ビフテキの焼き方②

ビフテキに限らず、肉を焼く場合に時間をかけすぎると固くなります。

又、なるべく脂身の少いものが良く、焼いていて多量の脂が流れ出すと、温度が高くなつて外側ばかりが早く焼けて固くなりますから、あまり脂が流れ出るときは、溶けた脂を別の器に移して焼くようにすること。

目玉焼きの卵

目玉焼にする卵は新しいほどこんもりと形良く出来ます。

古いものは形がくずれて中々うまく出来ません。

又、下の方が焦げても、上側の白味がなか〳〵固まらない時は、手早く、少量の熱湯をふりかけて蓋をすると、すぐ固まつてよくやき上ります。

美しくつくるコツ

—洋裁メモ・3—

角をきれいにつくる

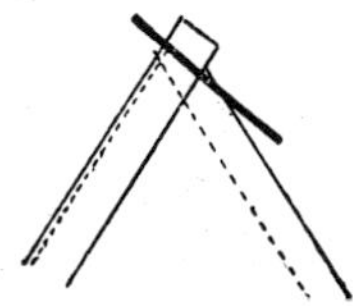

衿先の角をきちんときれいに作る方法を一つ。

上図の様に一方をまず端までミシンをかけ、今縫つた一方だけをアイロンできちんと折つてしまいもう一方は、その折つた縫代も一緒にその上からミシンをかけ、縫代をきわまで裁ち落して、きちんと折つて表へ返すと、絶対、といつてもよい位にあとからほつれて出て来る様な事がなく、きれいに角が出来ます。

ウエストをぴつたりと

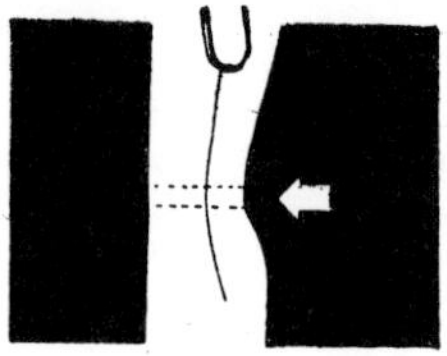

プリンセスラインのワンピースやスーツの上衣などぴつたりと細いウエストを作る時、ウエスト線の上下の両脇の布を上下に思い切つてのばして脇縫をすること。そして、前中心と脇縫との間に、裏側から一糎位のテープをはつてかがつて置くこと。

こうすると生地のゆるみもおさえ、いつ迄も細い美しいウエスト線を保つことが出来ます。

アイロンのうらのさび

アイロンの裏にさびや汚れがついて、よくすべらないとどうしても綺麗にかからないものです。

そんな時は、アイロンの熱いままを表に持つて出て、砂の上でこすると、さびも汚れも綺麗にとれます。

これは一番簡単な方法で、しかも驚く程綺麗になります。

アイロンの裏をいつもきれいにして置く事は、垢抜けた仕立てをする上に大切なことです。

ハイネックの丸い衿

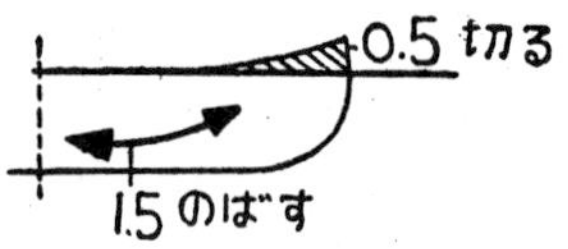

ハイネックになつて、首にぴつたりとそつた丸い衿を形よくつけるコツ。

その丸衿の外側を充分に（一・五糎位）のばして縫い、反対に、内側の衿先は、しるしより五ミリ位かいてつける様にすると、ぴつたりと首にそつて形よく衿がかえります。

胸ぐせのダーツは

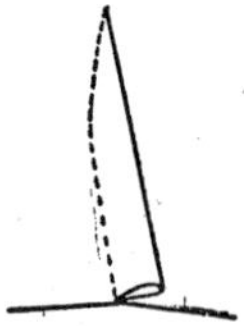

胸ぐせのダーツは、製図の上では三角形の直線になつていますがこれを縫う時は、ウエストからダーツの高さの半分位までを殆ど同じ巾に真直に縫い、そこから頂点に向つて曲線で縫い消す方がウエストがぴつたりとして胸のシルエットが美しく出ます。この時、一方の寸法が伸びて来ますが、その分をずらさず、ゆるい分は縮めて縫い、縫つてからアイロンで伸すこと。

ダーツをきれいにつくる

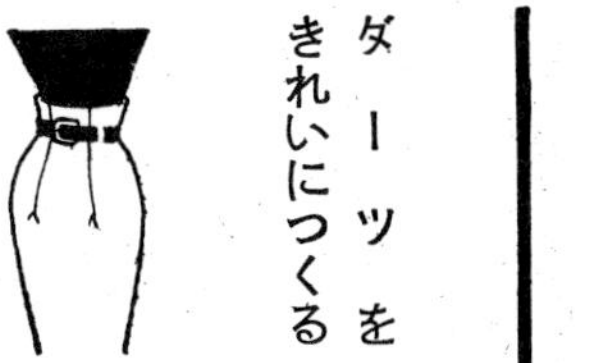

ダーツをきれいに縫う為には必ず広い方から尖つた方へ（スカートの場合は上から下へ）ミシンをかけ、その先端を縫い消す様にします。ここでミシンの針は決してバックさせない事。又その糸端は必ずきちんと止める事。針をバックさせるときれいな切先が出来ず表に変な皺が出ます。又、プリンセスラインの様にダーツが両方へ尖つている場合はどちらか先の細い方へ向つて縫い消すこと。

思い切つて前肩をのばす

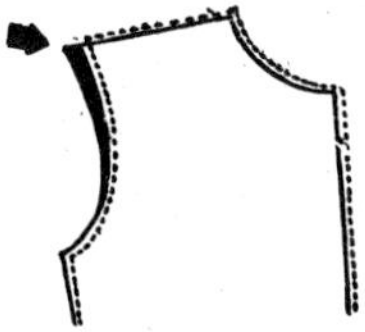

前後の肩を縫い合わすとき、前肩の布をのばして縫い合わせる事は御承知の通りですが、この時、しるしにこだわらず、前肩の生地は充分にのばす方が綺麗に出来ます。生地をのばすと、後よりせまかつたその切りびつけが反対にずつと外側にずれるので、馴れないと不安な気がしますが、思い切つてその印しを無視して、生地を充分にのばし、後のしるしに合せて前の袖附線をけずります。

共バツクルのつくり方

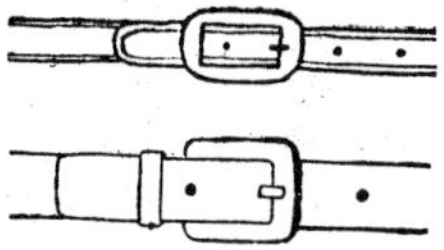

先号の洋裁メモで共ベルトの作り方を御紹介しましたが、ここでは共のバックルのくるみ方を御紹介しましよう。

金属製のバックルは、一本の丸い棒をぐるつと曲げて作つたものですから、輪（又は角）になつたその一ケ所でつき合せになつていますが、その切れ目をねじつて口を開け、縫つておいた共布のループをそこから輪にはめ、そのねじり目をきちんと元に戻します。

ウールはアイロンを強く

ふつうのウールのものを仕立てる時は、まんじゆう等の台の上で出来るだけ力を入れてアイロンをかけること。力を入れないで軽くかけただけでは、すぐ戻つて了つてすつきりとした出来栄えにはなりません。

縫目を更に割るようにして、しつかりとかけることです。

熱いアイロンで、しめりが必要な事も云うまでもありません。

ボタンホールのあけ方

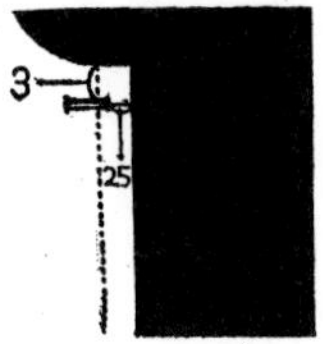

前の打合わせに釦穴を開ける時その一番上端の釦ホールの位置は上端から三糎下つた所にあける場合は前端からはそれより五ミリ少く二・五糎入つた所からにすると丁度両方から三糎ずつ入つた真中の位置に釦が出る様になつて形がよいものです。

これは、釦ホールの端より少しずれた位置に釦の中心が出る様になるためです。コート類などの様に厚地の場合は特に注意すること

チヤツクをつけるとき

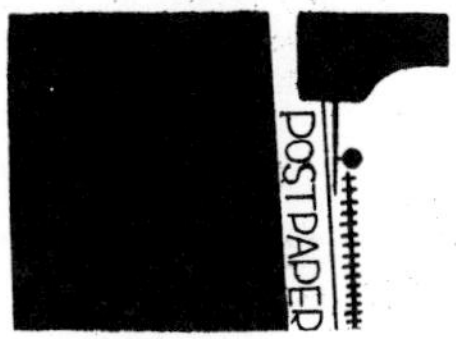

チャックをつける時、只ふつうにミシンをかけるとどうしても綺麗にかゝらないものです。又このチャックがきたなくついているのは大変見難いものです。この時、葉書を四つ折にした位のものをチャックと反対側に置いてミシンをかけると真直に綺麗にかゝります又、パイピングに落しミシンをかける時なども、すべて真直にかけたい場合はこうすると綺麗にかゝります。

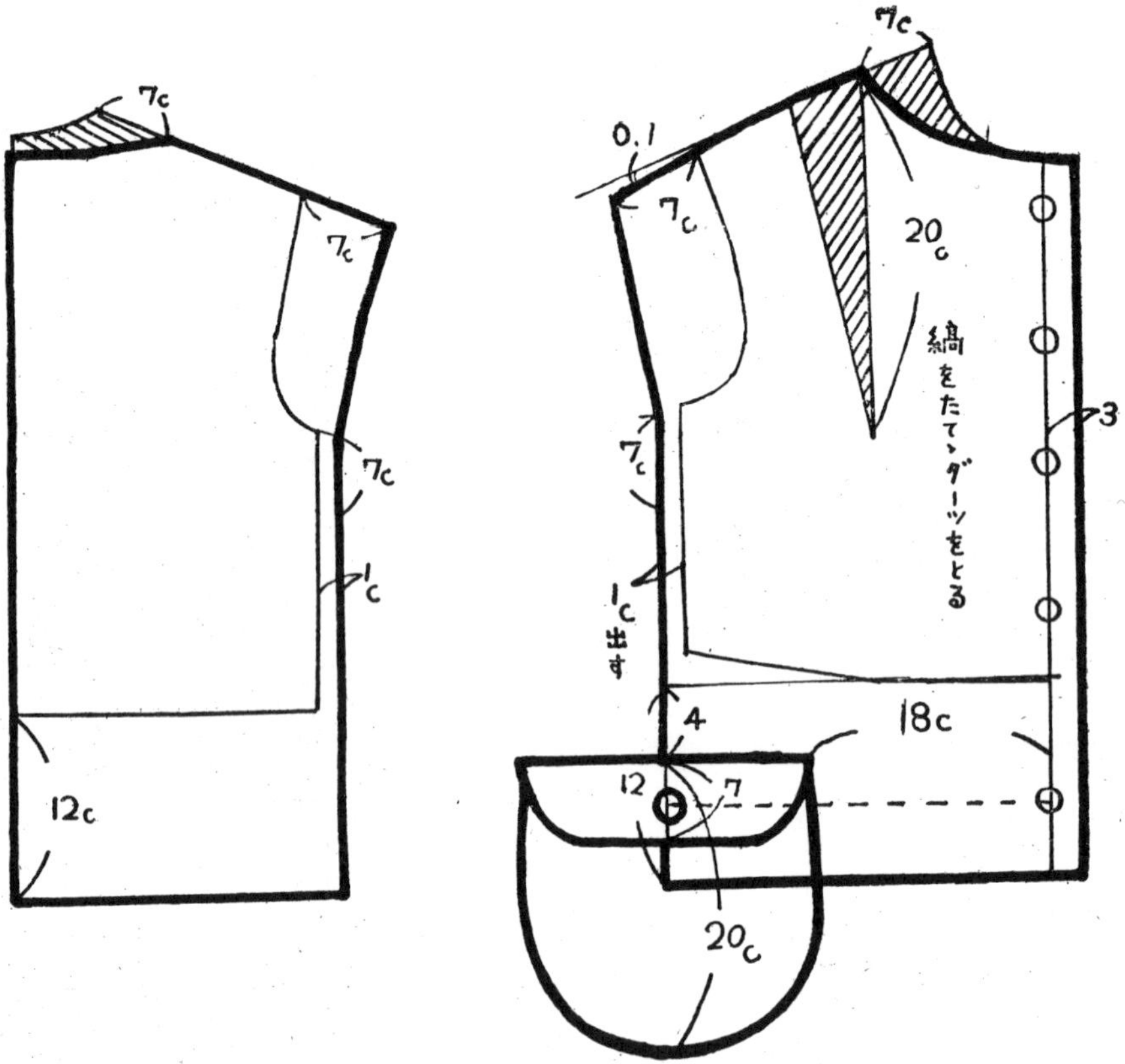

口絵38頁

くつろいだ
部屋着
作り方

これは製図も作り方も大変簡単で、どなたにも易しく出来ます。外出用のドレスを洋装店に頼んだとしても、せめてこうしたくつろいだきものは、それを羽織るような気軽さで貴女の手で作つてみましよう。

【女もの】

用布量はW巾6分位、上着の丈分だけで出来ます。

まず原型を写して上図の様に製図します。

ウエストの胸ぐせのダーツは肩で開けます。

この時中央寄りの縞目を真すぐに立てる様にする事

ポケットの釦の位置は、前の打合せの一番下のボタンから水平の線をひいた位置につけます。

ポケットの縫方

両脇に張り出したポケットは最後につけますが、先ず蓋だけを、裏表二枚の布を縫い返して、その蓋の表一枚だけを、中表にして身頃に縫いつけ、きちんと下に向けてアイロンで割り、その縫代を中にくるむ様にして裏側の布を折つてまつります。ポケットの袋は、中に縫代がほつれて出ない様に袋縫にしてつけます。

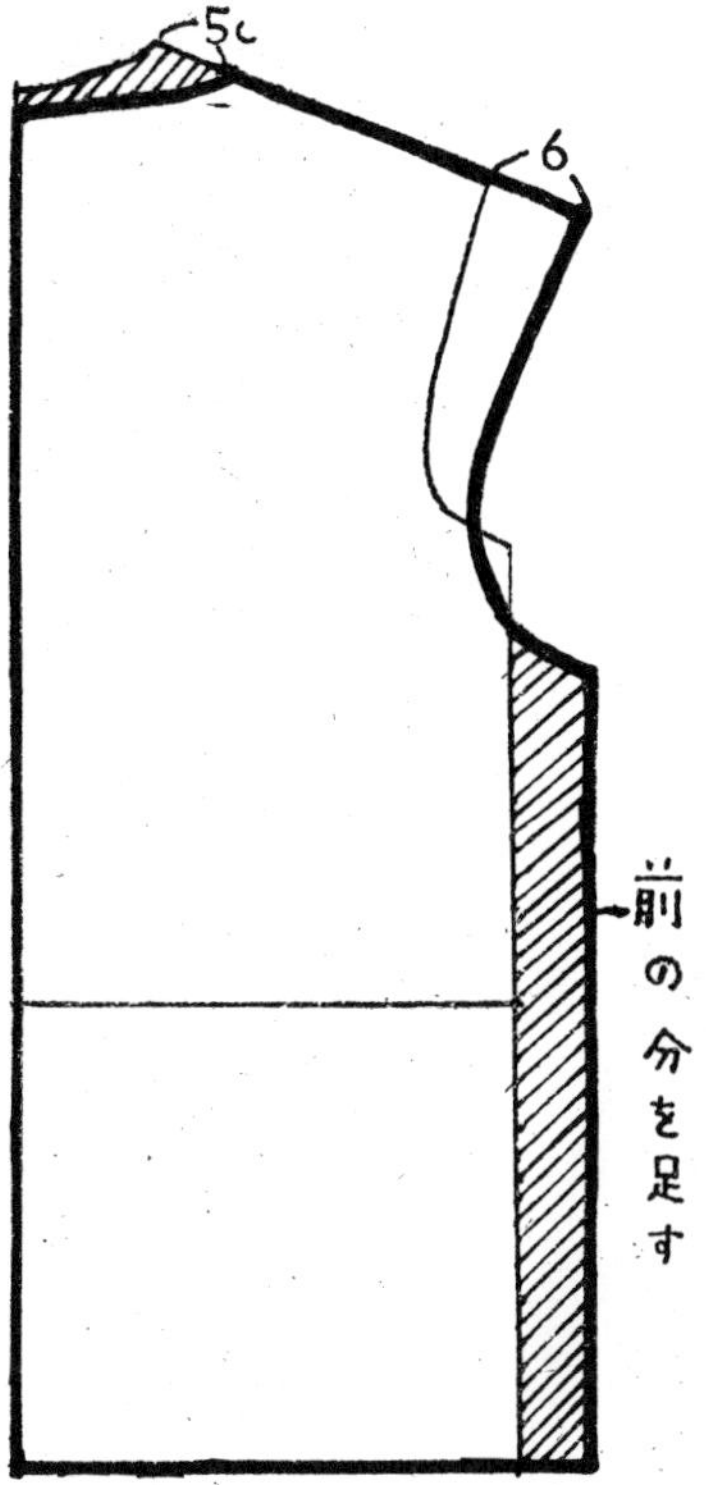

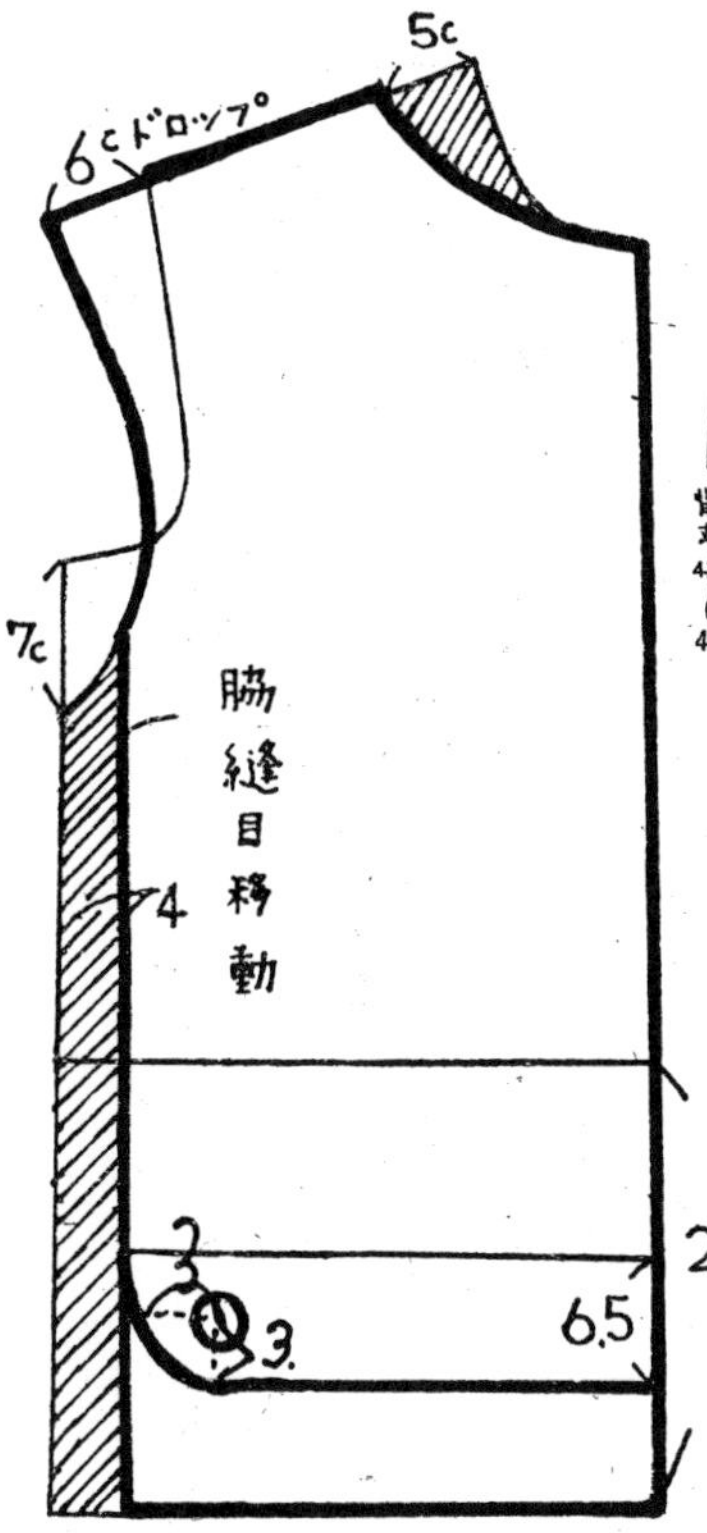

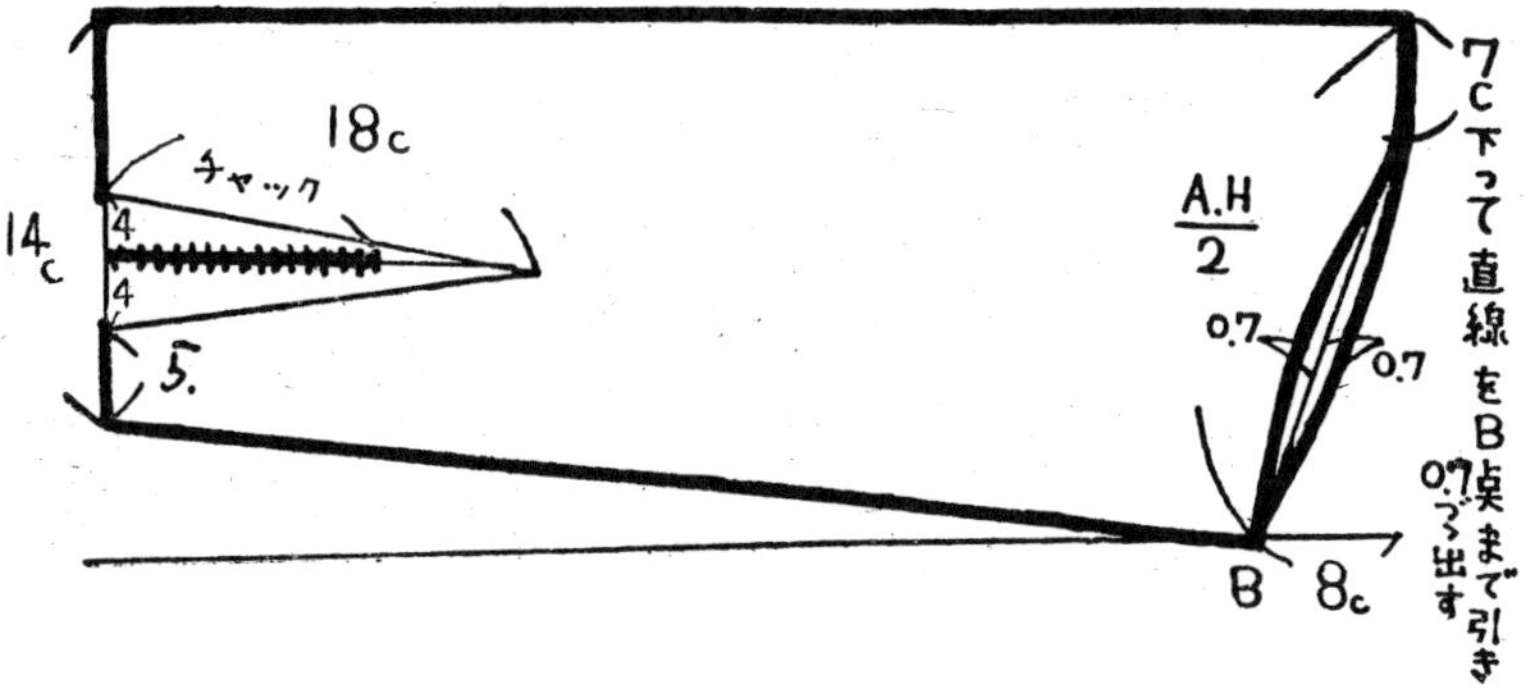

〔男ものの原型のとり方〕

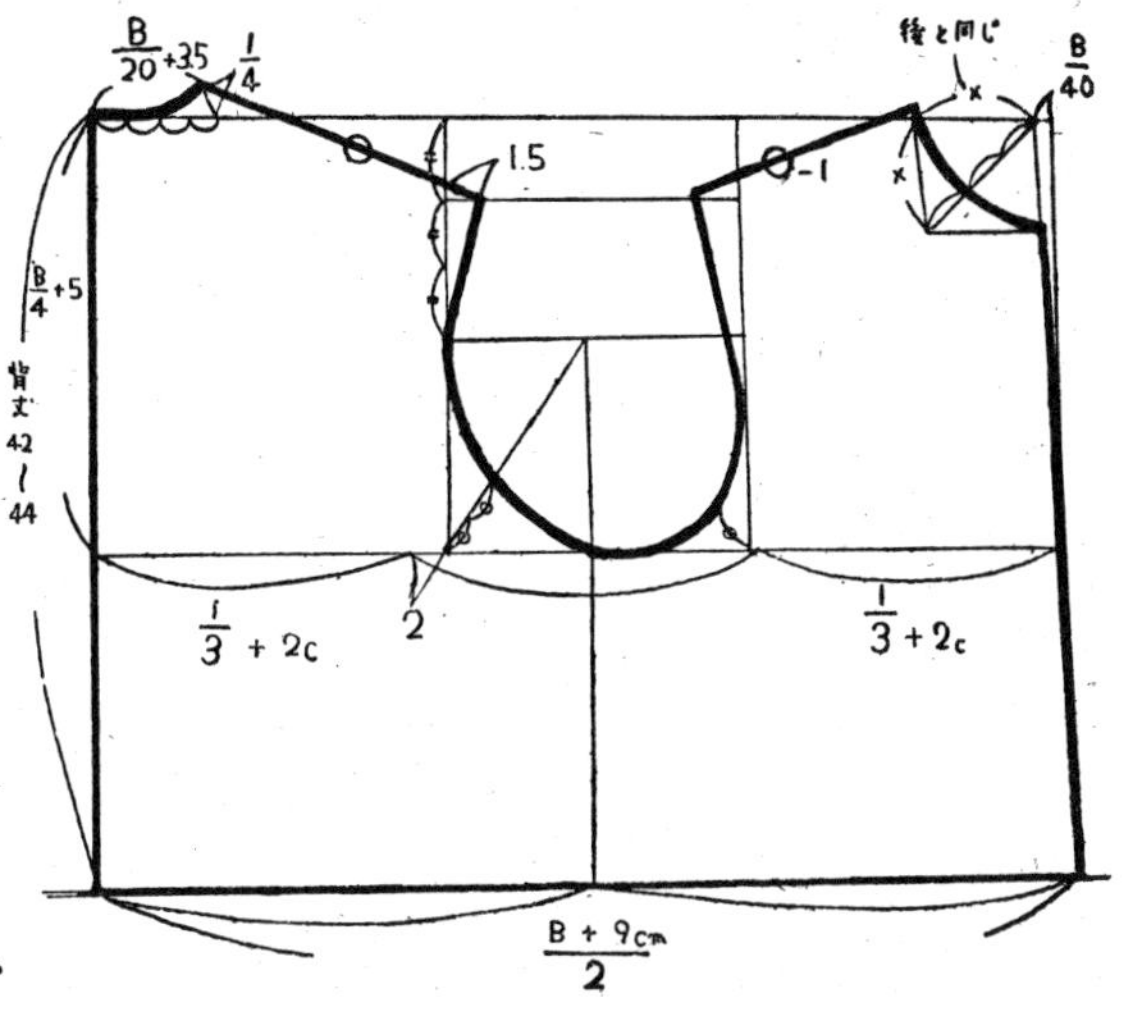

【男もの】

W巾一ヤール四分位で出来ます。

上図は男もの原型のとり方ですが、先ずこの原型を写して、左図の様に型紙をとります。

前身頃の裾に、巾いつぱいに大きくつけたポケットの蓋は身頃から続けて裁ち出したもので、この、蓋から下の部分は別布になつています。この為に、蓋の両端のところに脇の縫目を移動します。この縫目は判らない様に縞目を合わせて接ぎ合わせると、全体がすつぽり丸い筒の様な感じになります。

尚、前明がないので、一方の肩に5吋のチャックをつけて脱ぎ着に楽な様にします。

外袖には18糎のダーツをとり、5吋のチャックをつけます。チャックは表と裏の間にはさむ様にし、表だけにミシンで縫いつけたら裏側は折つて細かくまつりつけます。

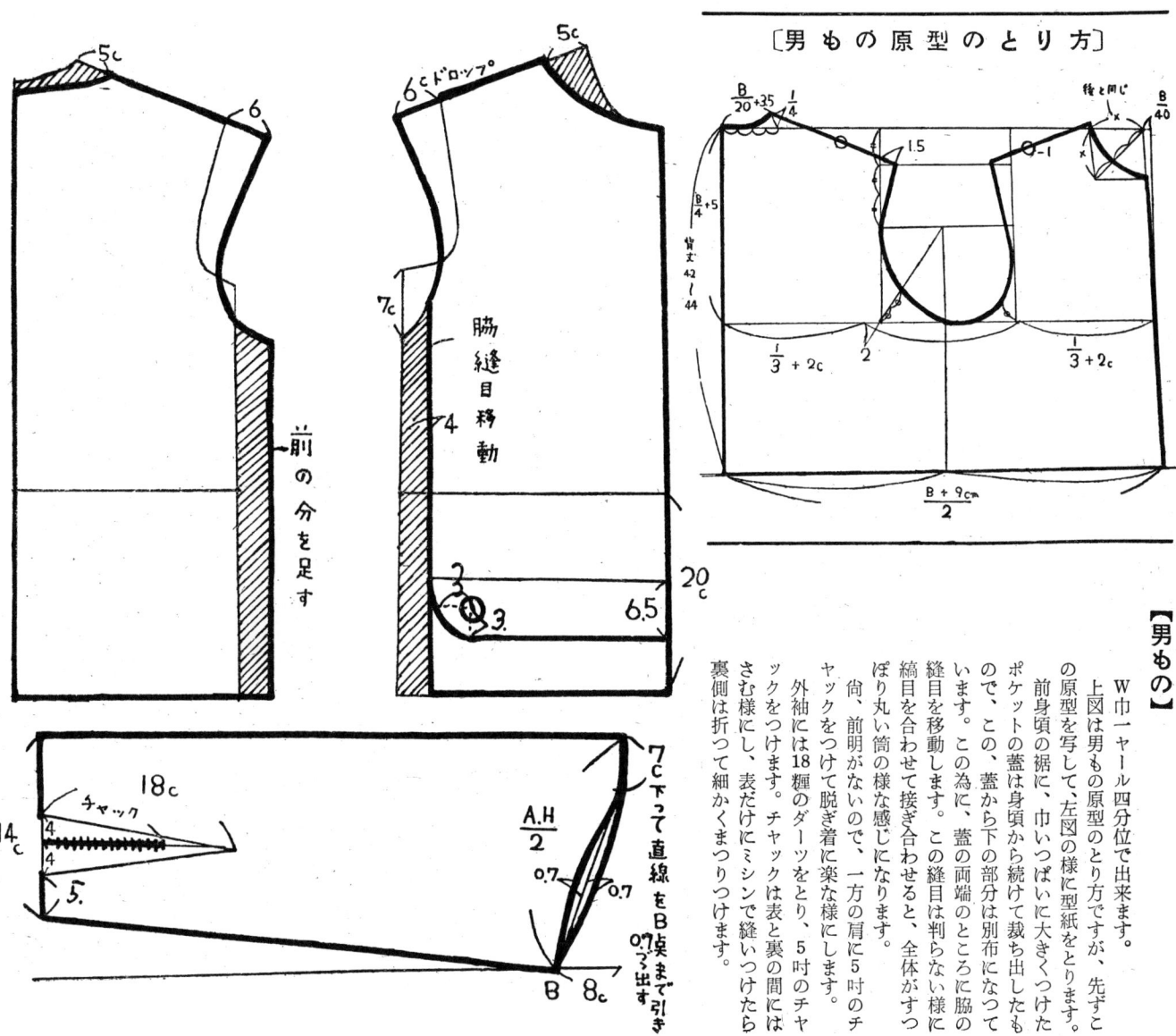

「私のいま望んでいること」

本号の"希望を育てる"特集に因んで、汎く各界の方々から、アンケートによる一文を寄せていただいた――

（順不同・敬称略）

作家　**阿部知二**

平和ということです。「それいゆ」のみなさんに青春のよろこびがあるのも、みな、この平和ということがあるからです。

アナウンサー　**藤倉修一**

イギリスから帰つて来て、一番驚いたのはクイズ番組のはんらんと低俗化である。明るい上品なクイズをひようぼうして新発足した「即興劇場」は、大衆参加番組としては一番高度のもの、私はこのクイズで放送の低俗化、アチャラカ化に立向う決意である。

映画俳優　**田村高広**

何よりも身じかなことから、たとえ、どんな小さな仕事でも、立派なゝ仕事をしたいのです。誰にでも、喜んで安心して観てもらえる仕事です。

もつと大きな夢は、日本の国から今の軍隊的な存在を全部消してしまつてほしいのです。本当の平和は戦争を忘れてしまうことです

歌手　**藤山一郎**

今のまゝが理想的です。つまりNHKでホームソングを力一ぱい歌つて、相当な御支持を頂いて居り、余暇を見つけては下手乍らもゴルフを楽しみ、スケートに興じ良い先輩や友達が沢山居られて、絶えず御注意を頂いたり、御指導を頂いたり、家庭は円満で、子供も私が希望している方面に育つて行き、自分の体もこの一年程は完全な健康状態で、お店も繁昌しています。この状態が長々続く事だけを望んで居ります。

作家　**尾崎一雄**

小生は昭和十九年秋、病牀に就く身となり、一時は危かつたのをどうやら切り抜けて、昨年十二月二十五日、満五十五歳になることが出来ました。発病当時、出来ればと願つていたことを実現したことになり、何ものにとも知れず感謝して居ります。今日以後は、さらに一日一日を大切に生きてゆきたいと思います。

女優　**水谷八重子**

行動を共にしている人（見物も劇場事務の人も、大道具小道具も演技する人も）「たのしくたのしめる芝居」が演りたいと願つて居ります。

実業家　**小林一三**

近く議会は解散、そして総選挙があると思うが、立派なよい代議士を選挙して一日も早く日本再建の実をあげてほしいと祈つている

南海監督　**山本一人**

私の今望んでいること、それは唯一つ、首位を奪還し最後の目的の日本選手権の栄誉を獲得することに常に斗志を燃しています。早いもので、戦後から今日までの十年間、南海の監督として苦難の道を歩み、その間五度のペナントの掌握を果し、最高殊勲の栄をも得て、大なる喜びを味わいましたがしかし三年連続日本選手権を巨人にしてやられました。この苦しみと言うか口惜しさは其の責任ある私自身のみが解するもので、筆舌に語ることは出来ません。野球に生きる私、男であるなら是が非でも栄えある日本選手権をものにして大阪の御堂筋をオープンカーに乗つて、選手一同とファンの皆さんに大手を振つて「有難うございました」と心から感激と感謝を述べる日を一日として思わない日はありません。幸い十年の歳月で南海ホークスの基礎は出来ました。

今年あたりはホークス自体としても、ファンの皆様に対しても大きく脱皮すべき秋なのです。「巧」から「豪」へ一段と成長しつゝあるホークスの選手一同と共に火の玉となつて宿望達成全国ファンの期待に添うべく努める事です。

映画女優　岸　恵子

一、したいこと。
遠方へ旅行してみたい。
一、欲しいもの。
一貫目の肉。というとびつくりなさるでしょうが、大変目方が少いのであと一貫目くらい肥えたいという意味。

作家　由起しげ子

一つは子供達と一しよに住みたいと云うこと、今小さなアトリエを建てゝいますが、その間別れていてさみしく思つています。
もう一つは、よい眼とよい筆を持ちたいと言うこと、それはよい仕事をしたいということですが、外側の形が出来上るということに先立つて、そんな仕事が出来る人間になりたいと云うことです。

俳優　トニー・谷

暫らく人里離れた山の中の温泉でも、海辺の漁師の離れでも、ヒツソリと今迄のことを反省して、これからのやりたい仕事のシナリオ、企画を考え乍ら、グッスリねむりたい、やすみたい。

映画俳優　高田浩吉

全然戦争のない世界。人間は皆楽しい生活を享楽しているし、国境などというものはなくて、人々は自由に世界中を旅行する事が出来る平和な世界。自然、世界語というものができるだろうし、心配する事がなくなつて人間の平均年齢は百二、三十歳まで伸びる…
…等々、数え上げればきりがないが、世の中がこうした文字通りの楽園となる日は何時だろうか？
他愛ない夢かも知れないが、私は時々こんな空想を描くのである。

俳優　宇野重吉

ボンヤリ他人の映画や芝居を見て歩きたい。煙草を今の半分にしたい。夜十一時にはもう眠りたい。劇団の稽古場を改築したい。人にだまされないようにしたい。

映画俳優　石浜　朗

この一月やつと二十才になつて大人の仲間入りをしたわけです。どうやらフランス行きが実現しそうなのですが、いずれにしても、いろんな意味で大切な時期だし、大人の自覚をもたなければいけないと思います。慾張りのようですが、学校も仕事も続けたいし、フランスへも行きたいのです。

ドラマー　フランキー・堺

シティスリッカーズに良いスポンサーがついて、テレビの番組が演れたらナア……畜生！

作曲家　古関裕而

明るい楽しい、そしていつでも国民全体が合唱出来る様な歌曲が欲しい。又是非作り度いと思つている。
平易な歌詞。明朗な旋律。お説教じみたものでないものを。

映画女優　野添ひとみ

一番平凡な事
俳優ならば誰でも望んでいることですが、良い作品に出たい、いわゆる芸術作品で無くてもいいから私達の年代でしか画けぬ物をやり度いと思います。

女優　夏川静江

「私の今望んでいること」というのは、慾張りですから沢山ありますが、其の中の一つ！
私の所に今若い娘さんが十人程来ています。映画、声優、バレリーナ、日舞、とそれぞれ志望は違うのですけれど自分自分の目的を立派につらぬいてやりとげてほしいと望んでいます。若い人々が成長して行くという事は何と楽しい事でしようと、最近つく〴〵感じさせられました。年のせいかしらいや若返つたのかな!?

画家　猪熊弦一郎

出来ることなら新しいアトリエを建てゝ見度い。今のアトリエに二十五年住つていますので、こゝで一つうんと面白いアトリエを設計して心気一転をやつてみたいですね。新居に就いては色々とプランもありますが、今のところ実現の可能性薄です。
でもこれだけは何とか実現したいです。

劇作家　梅田晴夫

僕が今望んでいることは、望んで叶えられないことは望まないようにしようということである。しかし僕はそれにも拘らず世界中のすべての犬たちが倖せになり食のない野良犬や虐待される犬が一匹もいなくなるような、そういう世の中を望んでいる。それとは別に欲しいものはなにかと云えば、それは色々ある。でも色々あるということはあまり欲しくもないのだとも云えるだろう。

歌手　雪村いづみ

今年は良い音楽映画に出演してファンの皆様の御期待に添い度く思つております。

私のいま望んでいること

評論家　**古谷綱武**

私個人の事では、今の様に健康で死ぬまで働き度いということ。
また私たちみんなのために、病気のときは国でみてくれるということができたらと思つています。

文学座　**文野朋子**

一日一日を悔いのない様な生き方をしなければと思います。
そして今年も落ちついて良い芝居をしたいと思います。

作曲家　**原六朗**

いゝ歌を作りたい
みんなの胸をうつような歌をつくりたい
それを誰かに唄つてもらいたい
それをきゝながらビールを飲みたい

映画女優　**北原三枝**

良い作品に出演し演技の勉強をしたいと思う一方、又人間として女性としても、立派な人格者になりたい事を望んでいるのですが、なか〳〵むずかしい事なので一生かゝりそうです。

東響常任指揮者　**上田仁**

みんなの望んでいることが、必ず実現されるような社会になることを望んでいるといつたら政治問題になるかな？
さて、宮城前広場だが――最も理想的な音楽演奏会場とオペラ・バレエ劇場を建てゝ、その音楽効果、演奏曲目、容量、実験舞台、照明、研究室、音楽図書館等々としても果てしがない。

評論家　**村岡花子**

長い間望んでいたカナダの作家L・Mモンゴメリ女史のアン・ブックスとして知られている一連の長編の二冊までを訳出して出版しましたので、なおあと少くとも六冊を訳して出したい（代表的なものになつていますから）というのが目下私が明けても暮れても考えていることです。既刊の二冊のアンの物語で、わが国の若い女性たちにカナダの作品のおもしろさをかなり感じさせることが出来たと思つています。私がライフ・ウォーク（life work）の一つとして択んだのが飜訳などと云う労多くしてとくのつかない仕事ですが、それも十代の青春に楽しい読みものを与えたいとの望みからです。

帝劇社長　**秦豊吉**

欲張つていろいろありますが
一、前年挫いた足が早くなおつて馳けてみたいこと。
一、「ラインハルト伝」「ハーゲンベック伝」を書きたいこと。
一、新しく映画の勉強をしたい事
一、短篇のミュージカルスを考えたいこと等々。

作家　**浜本浩**

書きたいことが、もりもりあつて、そして、それがすらすら書ければいいと思つています。それ以外に何も望みはありません。

東和映画社長　**川喜多長政**

日本映画が国際的に認められて来たので、今後日本の映画人の活躍が国際的になると思います。私は日本人の中から世界中の人々から憧憬される映画女優が生れてくれればよいと望んでいます。
一人のそうした女性は一そうの軍艦より国の為にも世界のためにも役立つと思います。

作家　**井上友一郎**

好きな時に、好きな所へ旅行したいと思う。何もせずにボンヤリしたいと思う。しかし、当分、実現の見込みありますまい。

作曲家　**渡久地政信**

日本の著作権法を世界で認めて欲しい。

声楽家　**日高久子**

私の希望はあまり沢山ですので、何を取り上げてよろしいか自分で迷います。いつも夢を見てるわけでも御座居ませんが、でも今年はヨーロッパ（ドイツ、イタリー）へ参りますので四月には私の望が叶います。たつた三ケ月の予定ですが、その間にオペラを沢山観て、又オペラの練習等見学出来たらとても嬉しいのですけど、主人が一緒ですし、私も歌わねばなりませんので、これは一寸、半分位きり望めません。でも短期間でも勉強出来る事を望んで居ります。

映画プロデユサー　**藤本真澄**

藤本プロで女優募集をやり、一九五五年の新スタアを発見し大スタアに育てたいと思つて居ります

バレリーナ　**松山樹子**

一、施費が用意出来るとすれば、フランス、イギリス、ソヴィエート、中国に行きバレエを勉強したいと思います。私の一番望んでいることですが、なか〳〵実現は困難です。外国から立派な振付者をよぶ事も大切と存じます。
二、専門的にバレエを勉強する人人が経済的に困つておりますのでそれらの若い男女の人々が仕事を持ち、一定の固定給がありながらバレエを勉強して行かれる様な適当な所がないでしょうか。あつたら、日本のバレエ界の為にどんなにプラスになることでしょう。

三バレエを観る層を、もつと〱広くしなければならないと思います。切符を安くする為に、都民劇場や労音で例会にとり上げて下さつたり、音楽やその他の費用を安くして頂き、特に多く人々が共感をよぶ今の日本の現状に適したバレエを創作したり、更に観客のいろ〱な批判や意見を取り入れて良いものを作りたいと思います。四、年に一回ぐらいは各バレエ団が合同公演を持ち、東宝か松竹が製作者となり、配役を適材適処に配して、観客の為の立派なバレエを上演したいと思います。これが実現すればどんなに素晴しい事だか分りません。

歌手　宝　とも子

ジャズファンの客層が一応安定した現在音楽（唄）を主体とした劇や映画に出演して思う存分唄つて踊りお芝居も演りたいと思います。右の様な多角的な行き方を希望し、又其の方向に向つて精進致して居ります。

映画プロデューサー　永島一朗

貧乏国日本なのにお正月気分が永すぎるし暮の二十四日（クリスマスイヴ）から一月の十五日迄――なんとなくお休み気分である。小生正月は三年か四年に一度で良いと思う。出来るなら四年に一度余つた一月大いに遊んだ方が良いと思う。

映画俳優　佐野周二

まどか・グループでの自主作品。八木保太郎作〝人生案内〟の映画化。出来れば三月上旬クランクインしたい希望。

画家　朝倉　摂

ネオン下の夜の銀座を歩いていると、小さな女の子の花売りに出

あいます。新しい自動車や新しい電車がはしつているよこでニコヨンのおばさん達が働いています。

私はそうした人々をみすごして横を向いてとおれない性分で、どうしたらそのようなさまざまな世の中の差がなくなつて、皆んな健康的で明るい社会が出来るだろうかといつも考えています。結論的には政治がわるいからだと思います。それには来るべき選挙に私達は皆んなが幸福になるような政治をする党を正しくみつけて欲しいと思います。

ラジオ作家　三木鮎郎
夫人　門川美代子

私達――と複数でお答え致します――は、現在の毎日に非常に満足しています。私達の希望と云えば、このままでいつまでも現在の平和な状態が続いて行く事でしようか……慾を云えば、長男につゞいて長女がほしいと思います。それもウンと可愛らしい……そして彼女が映画のスタアとなつて、我我は左ウチワ……イヤハヤ慾はカギリのないものです。

映画女優　浜田百合子

私は小さい時、日舞をやつて居りましたが、映画界に入り、やめて居りましたのを、昨年十一月に（私、水木派なので）栗島すみ子さんに奨められ十幾年振りに踊りました。それからと言うもの、又日舞熱が出まして今暇を見ては稽古をして居りますが、自分の稽古場が出来たら思う存分勉強が出来るんだけどなアーと思つて居ります。現在、会場があまり無いので困つてる人も多い様なので、一寸したおさらい会も出来るくらいの稽古場を是非作りたいと思い、一生懸命働いてる次第です。

歌手　旗　照夫

歌の勉強を大いにしたいと思つ

ています。そして歌の技術的な勉強だけでなく、自分の人間を磨くことも忘れたくありません。人生の凡ゆる経験を一つ〱大切に消化して、自分を充実させて行く積りです。『文は人なり』。先ず人間が出来てから、その後で個性が芸ににじみ出て来るものだと信じています。今年は何事にも思い切つてぶつかつて見る積りですが、歌を歌う時に気持のムラが歌に出ない様注意したいと思つています。例え、幾らかムラが出来ても、その差を少なくしたいものです。それでなければ、何時迄も玄人になれないでしようから……兎に角、人間を作る事が第一。凡ゆる困苦に耐えられるだけの精神力を養つて行きたいと思います。

劇作家　水木洋子

誰れでもが、自分の実力と働きに、公平に報いられる生活が出来たら、どんなに生きることが楽しいでしよう。今は、あまりに不公平が目立ちます。

二期会　秋山雅一郎

さし当り国立歌劇場が出来て、オペラ、バレー等が生活を保証され自由に研究出来る様になる事。

そうなれば、もつと〳〵立派な芸術が生れるだろうし、ひいては創作オペラも軌道にのり、外国への進出も可能となろう。
次に、これは作曲家への希望だが、もつと大衆が親しめる健全で楽しい歌を作つてもらいたい。そして我々クラシックの歌手も進んで協力する事を説えたい。
最後に、和製の音楽映画企画者へ一言、古くは「夜明け」「大音楽会」そして新しくはぐつと洒落た「掠奪された七人の花嫁」の如きものを作つていたゞきたい。キャストの人材は豊富な筈である。

医学博士
作家　**林　髞**

青少年のヒロポンを絶滅したい。

画家　**岩田専太郎**

しつかりしたいと思つています。

劇作家　**飯澤　匡**

世界の人口をもつとへらすこと。へらせば……いろいろの望みが叶うことうけあいですからね。

映画監督　**吉村公三郎**

「それいゆ」の読者にお聞かせするのも随分気のきかないことなんですが、現在私の望んでいるのは「お金」です。
自分で費いたいことよりも、私の仕事のために「お金」があつたらなあと思います。
どんな芸術的良心も情熱も、こんなに貧しくつてはどうにもなりません。映画を作るにはどうしても「お金」が必要なのです。
それから、もう少し準備を充分にしてゆつくり仕事がしたいと思います。今の映画界はいろ〳〵と制約が多すぎるのです。
それから……まだまだありますが、愚痴になりますからやめておきましよう。

映画俳優　**三橋達也**

望んでいると言うより希つていると言うべきかも知れませんが……今年こそ演技賞を獲得したい。……これも、今始つた希いではなく……毎年々々思つていた事であり、今後も恐らく何時迄も希い続ける事でしようが……今年は日活へ入社しての新しいスタートの年なので、殊更、切実に希つています。そんな事、希い続け乍ら生涯駄目かも知れませんけどネ。

劇作家　**田中澄江**

仕事を、するだけして、一人で旅にでたい。さしあたつて三月は奈良の二月堂のお水取りやたきぎ能にゆきたい。帰りに室生寺の古い仏たちを見にいきたい。それも病気の子供の病状によつてどうなるかわかりません。ですから一ばんのぞんでいる事は病児の全快。念頭を去らないといいたい様です。仕事の合間に時々マラソンがしたくなる。主婦のマラソン会などだれかつくつてくれないかしらと思つています。大体に於て歩くより走る方が好きです。

女優　**越路吹雪**

待望のアーニイパイルも開きますので、今年こそは良いミュウジカルプレイに出演したいと思つて居ります。

歌手　**柳澤眞一**

さて改つて〝私の今望んでいること〟をと尋ねられても、御承知の通り未だやつと芸界の一年生。あれもやりたい、これもしたいと望みばかり大きくて困ります。そうですね、映画・ステージ・放送・レコードと間口を拡げ過ぎた様ですから今年は一つじつくりレコードの方をうんと勉強して行こうと思つております。どうぞ長い目で見ていて下さい。

作家　**横山美智子**

健康……一にも二にもいま望んでいるのは健康です。これは心の健かさにもとづく希いで、安らかな落ちついた力強い心もちで、じつくりと大きな仕事を……いゝえたとえ何枚かの細かい仕事でも精根こめて楽しくやり上げていきたいのです。心の強さ明るさ健かさを、一番望み願い求めています。

女優　**柴田早苗**

毎年、今年こそはと張り切つていろ〳〵と希望もございましたが(そのうち十分の一も実行されないと云うよりチャンスがございませんが)今年の私は、仕事の上で勿論夢もございますが、それよりも何よりも、人間として進歩したいと思います。よく芸界で、あいつは芸はうまいが、アンナイヤナヤツはいないと、方々で耳にする言葉ですが、こんな事は云われない様に人間として勉強したいと思います。立派な芸術家かも知れませんが、人間的に魅力のないのは淋しいものです。誰にも同じ態度でありたいと思います。

ＮＨＫ
婦人課長　**江上フジ**

例年のことですが、三月になると若い女性が多勢、学窓を巣立つて社会に飛びたちます。殊に近頃は高い教育をうけた婦人が多いのに、それを受け入れる職場はだんだん狭くなつていることは本当に悲しい事だと思います。けれど若い方たちなのですから、困難や悪い条件にもまけないで、実力で社会人になつて頂きたいと思います

声楽家　**安西愛子**

殆んど毎日のようにと云つてよ

い程、小さい人と生活を共にしている私は、何かにつけて、子供を中心にして考えてしまいます。それで、今、皆さんとお稽古している場所その他の設備が、第一に狭すぎること、小さい人には不適当な調度品その他で（これらの点で）今年こそは何とかお稽古にも事欠かない広さを持つた場所と建物を造り度いと思つています。どなたかオチエ拝借出来ませんかしら？

声楽家　**伊藤京子**

最近友達から「貴女車位買つたら？」と言われました。なるほど便利でしようけれど、車の乗り心地を味わう前にすてきな家が私の今の夢です。いつまで夢でいるか分りませんが……。それまではアメリカ映画でも見ていゝ気持になつていましよう。

歌手　**美空ひばり**

私が望む事は、第一に体をこわさない事。それから素敵な音楽映画を撮りたいと思つています。これはいつも考えている事ですが、でもなか〳〵日本では出来ないので残念に思つております。ですから一日も早くそういう映画の出来る事をいつも考えております。

文芸評論家　**西村孝次**

よく眠ること。何か気にかかつていること、不快なことがあると眠れないものだ。目を覚ましているあいだに、できるだけのことをしておく。そして、こゝろよい疲れを覚えたとき、床につく。みんなで仲よく眠る――眠れない夜がつづくので、ぼくは今それをいちばん望んでいる。

ドラマー　**ジョージ川口**

世界的ジャズマンになりたい。

歌手　**芦野宏**

世界一周旅行してみたいデス。

作曲家　**清水脩**

ついこの間、私の最初のオペラ「修禅寺物語」を公演したが、そのとき痛感したことがある。それは、オペラを上演できる劇場がほしいということである。舞台の構造やら、オーケストラ・ボックスやら、そして、音響の効果など、……考えると、今のまゝではどうにもしようがない。

歌手　**高英男**

僕は音楽と芝居と同じ位好きなので、それを結びつけたものとして良い音楽劇がやつてみたい。又歌を抜きにした芝居だけでもやつてみたい。それには芝居の勉強がしてみたいが、これは一人では出来ないからなか〳〵困難なことだ。それから、これはつけたしだけれど、今までは仕事に追われて来た自分の生活のことは放つて来たが、今年あたり生活の充実ということをしきりに考える。漠然としているようだけれど時には、あらためて自分自身をみつめて反省したり思索したり出来る様な、時間と気持の余裕も持ちたいものだ。

作家　**安部公房**

一、一日三時間の睡眠で足りる薬が発明されること

一、こんどの選挙で国民が保守党のロウラにだまされないこと

一、現実を見失つて、主観に陥入らないよう、もつといろ〳〵なことが知りたい

一、いまの三倍くらい仕事がしたい（同時にもつとなまけたい）

バレリーナ　**横山はるひ**

事バレエやスタヂオに関するとなると、至極欲張りになりますので、書ききれない程ですが――。組織立つたバレエ団をつくりたい願望は、いよ〳〵已みがたくという所ですし、そのためには外国から先生を招きたいです。もう良い加減各バレエ団合同してもいゝのではないかと思います。自分の身辺の事で望みと云えば、すこぶる現実的な大望で自動車の欲しい事です。身体を一番使うバレエ舞踊家が経済的に一番めぐまれずにあくせく歩き廻つて身体をすりへらすのは情けない事です。

歌手　**東郷たまみ**

シネラマを見たらベニスに行きたくなつた。フロリダで水上スキーがしたくなつた。五十四年の赤いスチュード・ベイカーを帝国ホテルで見かけた途端それも欲しくなつたし、ゴルフもしたい。だけど学校へ行つたり、歌の勉強したりで、結局何も出来ない。だから歌が上手になりたいと言うことだけがほんとうののぞみです。

声優　**中村メイコ**

一、こないだうち病気して、しばらくぼんやりしてたら、なんとなく胸の中がすきとおりました。もう少しすきとおつてしまいたい気がします。

二、映画〝ママ横をむいてて〟の私……見て下さつた人に不愉快をな感じあたえないですみますように。

三、お仕事の点でもつと強い（イヤなことはイヤだつて言いきれる……という意味デス）メイコになりたい。

四、いつも、ノーマルで健康な生活をキチンと営んでいたいナ。

それいゆ BACK NUMBER

No. 29
春の支度
¥180 〒10

特集 学窓を巣立つ人の為に
中島健蔵・村岡花子
中原淳一他
高峰秀子さんのお宅ときもの拝見
私の美しいと思う七人の人…
三島由紀夫・越路吹雪・徳川夢声
渥美延さんの春の支度……
中原淳一
伊東絹子さんのドレス拝見
のれんときもの………………
木暮実千代・乙羽信子・
岡田茉莉子他
文学を通して恋愛を語る
男女のチョツキ……中原淳一
僕のことあれこれ……柳沢 真一
春の102スタイル・中原淳一

No. 30
女のくらし
¥180 〒10

特集 女の探求
武者小路実篤・渋沢秀雄
森田たま・中原淳一他
雨の日も愉しく……中原淳一
しぼりによる個性実験室……
江利チエミ・淡路恵子
片山 明彦・水野正夫
私のごひいき女性七人
中村扇雀・吉村公三郎
高橋貞二・永井 龍男
明治・大正・昭和女さまざま
山本健吉・西村孝次
杉森久英
ざぶとんを贈る……中原淳一
12いろに着る………中原淳一

No. 31
二人の幸福
¥180 〒10

それいゆ・ぱたん…中原淳一
幸福への段階………河盛好蔵
長火鉢を新らしく生かす…………
中原淳一
山本富士子さんの衣裳調べ
特集『愛の告白』
田中澄江・荒 正人
遠藤周作
舞 扇 抄…………天津乙女
盛り場今昔物語り
浅 草・浜本 浩
道頓堀・平井房人
松本幸四郎夫妻のきもの拝見
SLACKES………中原 淳一
フアッションモデル8人集
ラ・ボエームの衣裳を作る
中原 淳一

No. 32
魅力の探求
¥180 〒10

私はこんな人に魅力を感ずる
田中絹代・高 英男
伊東絹子・石垣綾子他
特集「魅力の探求」世界名作より
田宮虎彦・山本健吉他
春 を 待 つ　中原 淳一
滞日中の砂原美智子さんを訪ねて
私はこんな贈物を貰つた
池 部 良・望月優子
中村メイコ・中原淳一
特集 「女の一生」(小説)
10代・中村メイコ 20代前期・
梅田春夫 20代後期・田中滑江
30代前期・飯沢 匡・外各年代
有馬稲子さんの休日
お正月のためにショートカットで
日本髪を作る　中原 淳一
筆の姿を求めて
――佳人・町春草さんの衣裳調べ
それいゆ歳時記

それいゆ発行予定
SPRING 2月
SUMMER 5月
AUTUMN 8月
WINTER 11月

No.33 希望を育てる
それいゆ

編集人 中原 淳一
発行人 中原 啓一
定価180円
地方売価185円

印刷所 ライト印刷株式会社　株式会社 東京印書館
株式会社 技報堂
発行所 東京都中央区
銀座東8の4
ひまわり社
TEL. 銀座(57)7611～4・7025

昭和30年2月15日印刷 昭和30年2月25日発行